刘坤 田浩◎主编　关培超 尤川川◎副主编

移动应用开发

基础教程

——基于uni-app框架

人民邮电出版社

北　京

图书在版编目（CIP）数据

移动应用开发基础教程 : 基于 uni-app 框架 / 刘坤,
田浩主编. -- 北京 : 人民邮电出版社, 2025. --（软件
开发人才培养系列丛书）. -- ISBN 978-7-115-65976-7

Ⅰ. TN929.53

中国国家版本馆 CIP 数据核字第 2024AD0979 号

内 容 提 要

本书以移动应用程序开发为核心，介绍 ES、Node.js 和 Vue 等的基础知识以及目前流行的 uni-app
框架，涉及内置组件、扩展 API 和扩展组件等知识；着重讨论移动应用程序的开发过程与代码重构，并
通过综合案例将知识串连起来，帮助读者提高编程水平，树立"工程"意识。

本书对于知识点，先简明扼要地介绍其理论知识，接着以丰富的代码演示知识点的使用方法，并对
代码进行详细的讲解。本书提倡读者动手输入代码，为此本书提供详细的操作步骤，非常适合自学。本
书案例丰富，涉及地图定位、图像识别、短视频播放、博客资讯等常见移动应用程序。本书提供 uni-app
案例基于 Vue 2 语法和 Vue 3 语法两种版本的源代码。

本书适合作为普通高等院校软件工程、计算机科学与技术等专业相关课程的教材，也可用作对移动
应用开发感兴趣的读者的参考书。

◆ 主　编　刘 坤　田 浩
　　副主编　关培超　尤川川
　　责任编辑　刘 博
　　责任印制　胡 南
◆ 人民邮电出版社出版发行　　北京市丰台区成寿寺路 11 号
　　邮编　100164　电子邮件　315@ptpress.com.cn
　　网址　https://www.ptpress.com.cn
　　大厂回族自治县聚鑫印刷有限责任公司印刷
◆ 开本：787×1092　1/16
　　印张：14　　　　　　　　　　2025 年 8 月第 1 版
　　字数：339 千字　　　　　　　2025 年 8 月河北第 1 次印刷

定价：59.80 元

读者服务热线：**(010) 81055256**　印装质量热线：**(010) 81055316**
反盗版热线：**(010) 81055315**

在移动互联时代，移动应用开发成为当今软件开发的热门话题，本书主要基于流行的 uni-app 框架介绍移动应用开发。针对初学者，本书安排的内容包括 ES 语言基础、Vue 语法、uni-app 等，除此之外，本书还介绍移动应用程序的开发过程，这部分内容可以让开发者知晓在移动应用程序的开发过程中各个阶段的工作内容和所采用的技术与工具，以便实现团队协作。

1. 本书内容安排

第 1 章主要对移动应用开发进行概要性介绍，介绍的内容涉及移动应用开发所包含的技术体系。

第 2 章主要对 ES 进行介绍。本章主要从初学者的角度出发介绍移动应用开发中常用的 ES 语言知识，以满足初级阶段的开发需求为主。ES6 是 ES 语言发展史上一个重要的版本，因此本章也介绍这个版本的一些语法特性，包括箭头函数、模板字符串等。

第 3 章介绍 Node.js 平台的一些内容。开发 uni-app 应用程序时，了解一些 Node.js 平台的知识会有帮助。

第 4 章介绍 uni-app 所用到的 Vue 语法知识，涉及的内容包括插值表达式，v-on、v-bind、v-if、v-for、v-show 等常用指令，样式绑定和计算属性，组件注册和使用等。

第 5 章主要介绍 uni-app 框架的基础知识，包括内置组件、扩展 API 和扩展组件等。其中内置组件主要涉及 view、scroll-view、swiper、button、form、image 等组件，扩展 API 主要涉及路由与页面跳转、网络请求、数据缓存等，而扩展组件主要涉及 uni-forms 的导入和使用方法。

第 6 章介绍 uni-app 的一些高级技术，包括用于获取位置的 uni.getLocation()，以及如何与 map 组件协作。AI 是当今移动应用的热门话题，本章借助百度智能云的 API 提供一个"拍照识物"的应用程序：用户能够使用该应用程序识别照片中的物体。而在娱乐领域，短视频很受欢迎，本章基于 video 组件介绍开发一个能够通过上下滑动来切换短视频的小程序。本章还介绍 uniCloud 云存储的申请和使用方法。

第 7 章从前端开发人员角度出发介绍其在移动应用程序的开发过程中所做的事情，让前端开发人员明确与之对接的岗位有哪些，彼此之间在开发流程上如何衔接。本章使用一个示例，阐述移动应用开发过程中"先静态，后动态；先结构，后样式"的开发原则。

第 8 章通过一个博客系统综合案例较详尽地讨论如何从需求开始设计和开发一个 uni-app 程序。

第 9 章从系统优化的角度介绍重构。本章将以第 8 章的代码为基础，仅通过"封装为模块"这一重构手段来改进代码的"可重用性"。

虽然本书主要介绍的是 uni-app 框架，但很多章节对于采用其他技术来开发移动应用仍然具有启发性和参考性。

2．本书特色

（1）精心设计学习路线，注重项目实践

本书以系统化的思想，将学习路线精心设计为"基础知识—技术拓深—系统构建—系统改进"，引领读者由浅入深地学习移动开发技术。同时，本书还设计了几个移动应用场景下的常见应用程序，以扩展读者的技术视野。

（2）践行"学中做，做中学"的教学理念，操作详尽，讲解细致

本书对于每个知识点简明扼要地介绍其核心概念，不求面面俱到，力求减少初学者的记忆量，并且通过丰富的代码展示如何运用这些知识点，在实际操作中引导读者对知识点进行进一步的思考，在"做"的过程中学习。同时本书提供详细的操作步骤，并且对于代码中的要点或难点进行详细的解释，非常方便自学。

3．学习建议

本书要求读者至少具备一门编程语言的编程经验。同时，本书要求读者对 HTML 和 CSS 有所了解。在内容安排上，第 1、2、3、4、5 章讲解的知识属于基础知识，第 7、8 章则讲解如何借助所学的移动开发技术开发系统，让初学者从软件工程的角度体会本书所讲解的移动应用开发知识。这 7 章讲解的知识属于必学知识。第 6 章选取几个比较典型的移动应用场景，讲解与此相关的一些开发技术。第 9 章则从系统的质量属性角度提出一些构建和改进系统的方法，让初学者在学习移动应用开发之初就树立起软件质量的意识。对于第 6、9 章，读者可根据情况选学。

俗语云"眼过千遍，不如手过一遍"，本书鼓励读者手动输入代码，从实践中学习。正文所涉及的代码都在配套资料中提供完整的可运行的版本。

这里特别指出一点：由于 uni-app 主要采用了 Vue 语法，而在编写本书时 Vue 处于 2.0 版本和 3.0 版本的过渡时期，在学习顺序上建议读者先学习 Vue 2 再学习 Vue 3。为了便于读者学习，本书以 Vue 2 为主进行讲解，并同时提供了基于 Vue 2 语法和 Vue 3 语法的两个版本的代码，读者可根据需要选择合适的版本。

为了不影响对正文内容的阅读，同时也为了方便查阅，本书将各章开发环境的配置过程集中编成"附录"。当学习到相应章时，读者一定要通过附录把该章所涉及的开发环境先配置好。

本书所使用的各软件的版本（以 Windows 系统为主）如下。

HBuilder X：3.96。

VS Code：1.7。

Node.js：14.17。

JDK：1.8。

MariaDB：10.11。

在本书的编写过程中，这些软件的版本可能发生变动，但总体上它们的向后兼容性还不错，因此安装它们的最新版本一般也能运行本书的代码。如果运行时出现问题，则可以采用此处所指明的版本。

本书代码和所使用的软件可以通过人邮教育社区（www.ryjiaoyu.com）下载，同时后续关于本书代码等的变动也会及时在人邮教育社区发布。

本书在编写过程中得到了湖北经济学院信息工程学院的大力支持，在此表示衷心的感谢。本书是集体智慧的成果：田浩教授负责全书的统筹安排，并编写第 1 章和第 7 章；刘坤负责编写第 3、5、6、8、9 章以及附录；关培超、尤川川负责编写第 2、4 章。在编写本书的过程中，编者还邀请来自企业的软件开发人员为本书提供素材和参与本书的审校：其中武汉超星数图教育科技有限公司的罗蝶为本书提供了第 7 章的部分素材，并审校了第 7 章的内容；上海喜马拉雅科技有限公司的许杨杨审校了第 2～6 章及第 8 章的内容。同时，本书在正式出版前以讲义的形式在湖北经济学院信息工程学院 2019、2020、2021 级软件工程系的学生中被使用，不少同学都提出了他们宝贵的意见和建议，在此一并表示感谢。

如果读者在使用过程中有任何意见或建议，可以通过此电子邮箱进行反馈：lk@hbue.edu.cn。

编者
2025 年 3 月
写于武汉汤逊湖畔

目录
Contents

第 9 章

重构

附　录

第1章 概述

本章首先分析移动应用的特点，着重比较其与网页程序的不同，然后对近年来流行的前端开发与跨端开发的技术进行简明扼要的梳理，接着对本书所涉及的 ECMAScript、Node.js、Vue.js、uni-app 等技术进行简要的介绍。

1.1 移动应用与前端开发

在智能手机、平板电脑等移动设备出现之前，用户主要通过 PC（Personal Computer，个人计算机）上的浏览器以网页的形式使用 Web 应用程序，即访问网站。开发并不严格区分前端和后端，浏览器从服务器端得到的便是能运行的网页。而智能手机、平板电脑等的出现使得在传统的以网页形式访问 Web 应用程序之外，出现了 App（移动应用程序）、小程序等。前端开发也逐渐独立出来，自成体系，并形成了庞大的开发生态圈。

1.1.1 移动应用的特点

"移动应用"泛指运行于智能手机、平板电脑等移动设备上的应用程序。与传统的桌面应用程序，或者运行于 PC 端浏览器的 Web 应用程序相比，其特点如下。

（1）移动应用所运行于的移动设备大多是小屏幕设备，呈现的内容比网页程序呈现的内容更精简、内容聚焦度更高。由于移动设备种类繁多且屏幕的尺寸千差万别，分辨率也有所不同，移动应用在屏幕适配性上的要求相比网页程序的更高。

（2）移动设备大多为手持设备，使用手指或触控笔操作，很少使用鼠标和键盘操作，因此移动应用在操作方式上要适应手指的操作习惯，尤其是对于精细化操作，如 PC 上的 ComboBox 组件可以使用鼠标操作，而移动设备上的 picker 组件则只能使用手指操作。

（3）移动设备提供了 GPS（Global Positioning System，全球定位系统）定位、陀螺仪、传感器、摄像头等配置，运行于其上的移动应用更容易满足人们工作、生活、娱乐、出行等方面的需求。相比之下，网页程序不太容易满足这些需求。

1.1.2 前端开发

正因为移动应用的兴起，前端开发的要求变高，前端开发逐步从传统的企业应用开发中独立出来，而与后端开发相提并论。前端开发主要先由服务器端渲染出 HTML（Hypertext

Markup Language，超文本标记语言）页面，再将 HTML 页面交给浏览器运行，JavaScript 负责实现表单校验、动画效果等辅助功能。前后端分离架构的出现使得前端开发能够脱离服务器端开发的限制，在开发方式上自成体系，呈现出工程化的趋势。前端开发的发展特点可以归纳如下。

（1）标准化

PC 端浏览器的发展竞争史让业界了解了遵守标准所带来的便利。各大浏览器厂家抛弃了自家对网页标准的差异化与自主化发展思路，积极投身于制定各类标准，典型标准如 W3C（World Wide Web Consortium，万维网联盟）组织的 HTML、CSS（Cascading Style Sheets，串联样式表）标准，ECMA（European Computer Manufacturers Association，欧洲计算机制造联合会）组织的 ECMAScript（简称 ES）标准等。这让开发人员摆脱了针对浏览器兼容性所做的繁杂的编写与调试工作，节省了前端开发的时间。

（2）工程化

前端开发工程化的典型特征就是借助各种工具显著减少人工操作，通过自动化和规范化操作让前端开发人员能够快速应对需求变更和上线维护等要求。

在项目的初始或迭代阶段使用"脚手架"。脚手架作为一种创建项目初始文件的工具，能在很大程度上替代人工操作，如快速生成功能模块配置、自动安装依赖等。

在项目的构建阶段，使用 webpack 等工具完成依赖打包、资源嵌入、文件压缩、CSS 预编译语法转译、ES 规范转译、HTML 模板渲染等任务。

在项目的部署阶段，通过 Git 等代码管理平台管理版本，同时使用本地打包工具将项目部署至远程服务器，或者借助 Docker 部署方式实现镜像部署。更进一步，则通过 CI（Continuous Integration，持续集成）/CD（Continuous Delivery，持续交付）工具将开发和部署的流程连接起来，实现从开发到部署的自动化操作。

1.1.3 跨端开发

在 2007—2008 年智能手机初露锋芒时，移动应用所运行于的平台主要为 iOS 和 Android，彼时的移动应用多采用原生开发，俗称"Native App"（原生 App），由于两大手机端开发平台的存在，跨端开发的需求应运而生。到 2010 年，出现了以原生开发为主，对于非核心业务则引入 Web 开发的方式，从而形成了"混合 App"，这种改变主要是为了满足某些具有时效性的业务的需求，比如网页抽奖。而到了 2017—2018 年，随着微信小程序的兴起，各类小程序（诸如支付宝小程序、百度小程序等）层出不穷，此时跨端开发的需求则更为强烈：人们迫切希望开发出的应用能运行于 H5、App 平台或各小程序平台。如果通过多套代码解决跨端开发问题，其开发成本和维护成本将比较高。而通过一套代码来解决跨端开发问题则要考虑平台的兼容性问题，随着功能增加和应用规模变大，开发成本和维护成本也越来越高。

国内外都涌现出了不少能满足跨端开发需求的移动应用开发框架，例如 PhoneGap、Ionic、React Native、AppCan、uni-app、APICloud、Taro 等，这些框架的特点如下。

（1）以 Web 端技术为主体。这些框架主要使用 HTML5（H5）+ CSS + JavaScript 开发，有的框架则基于特定的 Web 前端框架，比如 Ionic 基于 AngularJS、uni-app 基于 Vue 等。

（2）具有丰富的 UI（User Interface，用户界面）库。这些 UI 库在平台兼容性和性能、效率上会存在一些差异，要根据应用程序的类型进行选择。

（3）在 ES 标准 API（Application Program Interface，应用程序接口）之外的扩展 API 中提供平台功能或设备底层硬件访问功能。比如摄像头、传感器、通讯录、GPS、文档、媒体等，通过 JavaScript 就能调用这些功能，便于熟悉 Web 技术的开发者迅速上手使用。

除了以 Web 端技术为主体的移动应用开发框架外，还有基于特定编程语言的移动应用开发框架，比如基于 Dart 的 Flutter、基于 C#的 Xamarin 等。

小程序可以被认为是国内移动应用生态与国外移动应用生态的一个不同点，所以国外的移动应用开发框架并不能直接用于开发小程序。不过，近几年出现的小程序容器技术可以弥补这一不足。

1.2 本书所涉及的技术

本书以开发 uni-app 应用程序为中心，主要介绍 ES 语言、Node.js 平台、Vue.js 语法和 uni-app 框架等知识，其中 ES 和 Vue.js 提供开发 uni-app 应用程序所必备的语法基础，而 Node.js 提供丰富的第三方库来扩展 uni-app 应用程序的功能。

1.2.1 ES

人们通常所见的 JavaScript 实际上是 ES 的一种实现，多运行于浏览器端。而 JavaScript 与流行的 Java 语言几乎是没有联系的。在强调 Web 标准的今天，ES 标准也逐渐为大众所认识。为了满足浏览器端开发的需要，近些年 ES 标准经过了几次修改，尤其以在 2015 年发布的第 6 版（ES6）的变化最大。此后从 ES6 开始，ES 标准每年发布一个版本，其名称也以年份结尾，如 ES2016、ES2017……ES2020 等。

ES6 中引入了许多新的语法特性，本书介绍其中的解构赋值、模板字符串、箭头函数、class、Promise 等，这些语法特性简化了之前 ES5 中相同功能的烦琐写法，提高了 ES6 的易用性，降低了它的学习门槛。

1.2.2 Node.js

2009 年 5 月，Node.js 的作者 Ryan Dahl（瑞安·达尔）在 GitHub 平台上发布了 Node 包，这一事件可以看作 ES 发展史上的重要里程碑：Node 将 JavaScript 从浏览器的"玩具"语言地位提升到了前端开发的"王者"地位，并涉足了服务器端开发领域。Node 的创新之处在于基于 Chrome V8 引擎构建了独立于浏览器之外的 JavaScript 运行时环境，加上 Node.js 平台所提供的 file、http、process 等模块，JavaScript 具备了编写服务器端程序的能力，从而可与 Java、C#、Python 等服务器端编程语言比肩。

Node.js 技术可以看作"ES 语言规范+ Node API + Chrome V8 运行时环境"这样一个组合，Node API 的设计采用了 JavaScript 的异步编程模型，在语法上也遵循 ES 语言规范，因此 JavaScript 开发人员大体上能很顺畅地使用 Node.js。

本书从开发 uni-app 应用程序的角度介绍如何通过 Node.js 平台引入第三方包，这对于 uni-app 开发人员比较重要。如果要独立开发第三方包供其他人使用，就需要深入学习 Node.js。

1.2.3　Vue.js

Vue 的读音为/vju:/，类似于 view 的读者。Vue.js 的作者尤雨溪在 2013 年受 AngularJS 的启发，开发了轻量级框架 seed，后更名为 Vue，其后又吸收了 React 的虚拟 DOM（Document Object Model，文档对象模型）的设计思想而逐渐将其发展成熟。2014 年，Vue 0.8 正式对外发布，2015 年发布 1.0 版本，2016 年发布 2.0 版本，2020 年发布 3.0 版本。

Vue.js 采用了 MVVM（Model-View-ViewModel，模型-视图-视图模型）模式，MVVM 模式是 MVC（Model-View-Controller，模型-视图-控制器）模式的改良版本。

（1）Model 代表模型，可以在 Model 中定义数据修改和操作的业务逻辑。

（2）View 代表视图，负责将 Model 转化成 UI 展现出来。

（3）ViewModel 用于监听 Model 的改变，处理用户交互。

具体来说，View 通过 ViewModel 的 DOM 监听器将事件绑定到 Model 上，实现数据从 View 到 Model 的更新，Model 则通过数据绑定来管理 View 中的数据，实现数据从 Model 到 View 的更新。MVVM 模式如图 1-1 所示。

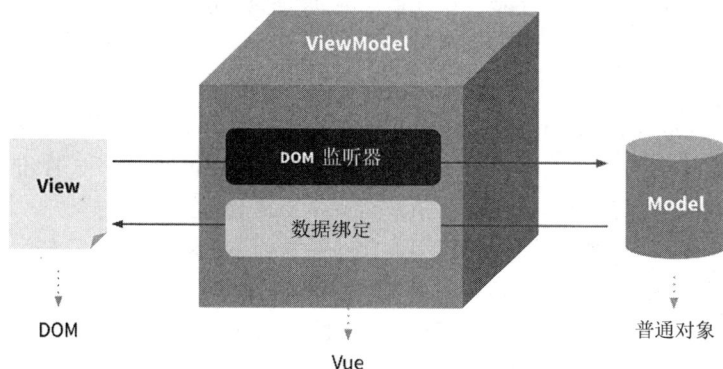

图 1-1　MVVM 模式

MVVM 模式可以看作一种数据驱动的设计思路，程序员不需要通过传统的 DOM API 进行烦琐的 DOM 编程来获取数据或更新页面，只需要将精力放在处理业务逻辑上。

由于 uni-app 应用程序主要使用 Vue.js 语法，因此本书主要介绍 Vue 的插值表达式、常用指令、样式绑定、计算属性、组件注册、组件间通信等相关基础知识。

1.2.4　uni-app

DCloud 公司出品的 uni-app 框架倡导"一次开发，多端运行"，所能运行于的移动端平台包括 Android 版、iOS 版 App，H5，以及微信小程序、支付宝小程序、百度小程序、头条小程序、QQ 小程序、360 小程序、小红书小程序等 12 个小程序平台。

uni-app 的特点如下。

（1）入门学习成本不高。由于它遵循 ES 语言规范，采用 Vue.js 语法，兼容微信小程序 API，所以具备这些技术基础的程序员都能比较快速地上手使用它。

（2）周边生态丰富，插件市场拥有数千款插件以满足程序员的个性化需求，同时 uni-app 也支持 NPM（Node Package Manager，Node 包管理器），使程序员可以方便地使用第三方包扩展程序的功能。uni-app 官方推出的 uni-pay、uni-id、uni-im、uni-admin 等插件则在支付、用户身份鉴权、即时通信、后端管理等方面提供了极为便利的功能封装库，能大大节省程序员开发相关功能的时间。

（3）通过条件编译方式支持对平台特有 API 进行调用，从而为某个平台编写特性代码。

（4）uni-app 的升级框架 uni-app x 将 App 直接编译为 iOS 的 Swift 语言程序或 Android 的 Kotlin 语言程序，从而使其具有与原生 App 相媲美的功能与性能。

本书主要介绍 uni-app 的常用内置组件、扩展 API 和扩展组件的用法，涉及博客资讯、地图定位、图像识别、短视频播放等常见的移动应用。

第2章 ES 基础

本章主要介绍 ES 语言，涉及基本语法、流程控制、函数、数组、对象、类、模块等方面的前端开发中的常用知识，对于 Promise 等涉及异步编程的知识将在第 5 章介绍。

本章的示例使用 Visual Studio Code（简称 VS Code）工具编写，其安装和使用方法参见附录 1。

2.1 基本语法

所谓 "基本语法"，指的是几乎每一门编程语言都具备的诸如变量、数据类型、操作符、表达式、语句、控制结构等语言知识。对于具备 C、C++、Java 等类 C 风格编程语言使用经验的开发者而言，由于 ES 的基本语法与这些编程语言的基本语法大致相同，因此初看 ES 代码，并不存在很大的障碍。ES 的弱类型和动态特性给 ES 代码带来很大的灵活性，但也容易让具备类 C 风格编程语言使用经验的开发者不能充分理解 ES 代码，甚至容易犯错，这是在学习 ES 时需要特别留意的地方。

2.1.1 标识符

ES 的标识符必须以字母、下画线（_）或美元符号（$）开头，后接数字、字母、下画线或美元符号。以数字开头的字符串不能作为标识符。ES 的保留字，诸如 if、for、const、let 等也不能作为标识符。

这里指出一点：类 C 风格编程语言大多以分号（;）作为语句的分隔符。ES 认可这一做法，比如：

```
1    a = 3; b = 5;
```

同时 ES 也提供了第二种做法：两句代码分别写在两行，省略分号，此时换行符充当分隔符。前述代码也可以写成：

```
1    a = 3
2    b = 5
```

但有时省略分号会出现问题，比如这样一个例子：

```
1    return
2    true;
```

使用其他编程语言，比如 C、C++、Java 时，这样将代码写成两行所表达的仍然是 "return true"，但对于 ES，它会将 return 所在的一行认为是一句代码，这就导致执行流程到此结束而直接返回，相当于：

```
1    return;  // 此时返回 null，与预期返回 true 不一样了
2    true;
```

在编写代码时采用的格式，最好由团队内部统一制定，可借助 ESLint 等工具检查代码的格式。

2.1.2　变量和常量

1．知识点

（1）let 关键字是 ES6 中提出的，它的作用与 var 的类似，都用来定义变量。但不同之处在于，let 所定义的变量的作用域是块作用域，而 var 所定义的变量的作用域是函数作用域。

（2）const 关键字可用于定义常量。使用 const 关键字定义的常量有以下特点。

- 使用 const 定义常量时一定要赋初始值。

```
1    const a;          // 不对
2    const b = 12;     // 一定要赋一个值
```

- 常量的值不能修改，但可以对数组或对象里的元素的值进行修改。

```
1    const c = 'ES';
2    c = 'JS';  // 此处报错: invalid assignment to const c
```

（3）解构赋值

解构赋值中等号的右侧是数组或对象，而左侧通过模拟数组或对象的字面量语法来使一个或多个变量成为赋值对象。比如：

```
1    let [a,b] = [1,2];      // 等同于 let a=1,b=2;
2    [a,b] = [a+1,b-1];      // 等同于 a = a+1, b = b-1;
3    [a,b] = [b,a]           // 交换了 a 和 b 的值
```

通过解构赋值既能获取变量，也能获取函数。解构赋值与变量名或函数名有关，与顺序无关。如果没有找到对应的变量名或函数名，则赋值为 undefined。

2．边做边学

【示例 2-1】　对比 let 和 var 的不同。

步骤 1：新创建一个 HTML 文件，在其中的<script>标签内输入如下代码。（本章后续示例只列出<script>标签内的代码。）

```
1    <!DOCTYPE html>
2    <html>
3      <head>
4      </head>
5      <body>
6      <script>
7        {
8          var lang = 'vue';
9        }
10       console.log(lang);
11     </script>
12     </body>
13   </html>
```

步骤 2：在该 HTML 文件上单击鼠标右键，在出现的关联菜单里选择 "Open with Live Server"（如图 2-1 所示）。Live Server 是一个 VS Code 插件，其安装方法参见附录 1。

当出现浏览器窗口后，打开 Web 开发者工具的"控制台"窗口（参见图附 1-6），在此便能看到代码的运行结果。（本章后续示例的运行方法与此一样，后面不再重复说明。）

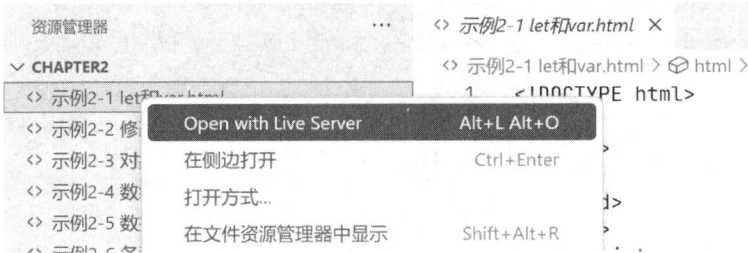

图 2-1　使用 Live Server 插件运行 HTML 文件

上面的代码会在控制台输出字符串"vue"。但如果将代码中的 var 换成 let，如下所示：

```
1    {
2        let lang="vue";
3    }
4    console.log(lang); // 输出出错信息
```

此时就会在控制台输出出错信息："Uncaught ReferenceError: lang is not defined"。这里的出错原因就是 lang 使用 let 来定义，而 let 处在一对{}中，那么就意味着变量 lang 的作用域不能超过这对{}。而 console 语句试图输出 lang 的值，因此会提示"lang is not defined"。ES 中使用未定义的变量或变量声明了但未赋值时，变量的值都会被设置为 undefined。

【示例 2-2】　修改值为数组的 const 常量。

新创建一个 HTML 文件，在其中的<script>标签内输入如下代码。

```
1    const LANGS = ['C++','Java','C','Ruby'];
2    LANGS[2] = 'Python';
3    console.log(LANGS);   // [ "C++", "Java", "Python", "Ruby" ]
4    //LANGS = 100;         //这句代码会报错
```

为 LANGS 赋值一个数组，而后修改了其中一个元素的值，此时是允许这样操作的。但如果修改 LANGS 的值为 100，就违背了 const 的语义。

【示例 2-3】　对对象使用解构赋值。

新创建一个 HTML 文件，在其中的<script>标签内输入如下代码。

```
1    const person = {
2      name:'jerry',
3      age: 20,
4      show:function(){
5        console.log("这是函数");
6      }
7    }
8
9    let {name,show,age:a,city } = person;
10   show();   // 输出"这是函数"
11   console.log('name='+name);      // name=jerry
12   console.log('a='+a);            // a=20
13   console.log('city='+city);      //city=undefined
14   console.log('age='+age);        // 抛出异常: age is not defined
```

第 9 行代码用于实现解构赋值，name、show、age 分别对应 person 对象中的 name、show、age。但 age:a 的写法表明 age 变量改名为 a，因此第 12 行代码可以输出 a=20，而第 14 行代码的 age 会抛出异常，提示"age is not defined"。第 13 行代码表明解构赋值时 city 并未从 person 对象中找到"city"，所以其值就是 undefined。

解构赋值可以用于比较复杂的对象，比如嵌套对象，但一般建议不要这样做：嵌套会增加解构赋值的复杂度，反而不利于阅读。

【示例 2-4】 对数组使用解构赋值。

新创建一个 HTML 文件，在其中的<script>标签内输入如下代码。

```
1    let [a,b,c] = [1,2,3];
2    console.log(a,b,c);    // 1 2 3
3    let [,,third] = ['foo','bar', 'baz'];
4    console.log(third);    // baz
5
6    let [x,y,...z] = [1,2,3,4,5];
7    console.log(x,y,z);    // 1 2 [3,4,5]
8    let [i,j,...k] = ['1'];
9    console.log(i,j,k);    // 1 undefined []
```

第 1 行和第 3 行代码属于完全解构，因此第 2 行和第 4 行代码都输出了相应的值。第 6 行代码的特殊之处在于"...z"：z 收集剩下的值，因此 z=[3,4,5]。第 8 行代码属于不完全解构，因此 j 的值为 undefined，k 为空数组。

2.1.3　数据类型

1．知识点

（1）原始类型和对象类型

ES 数据类型分为原始类型和对象类型，前者包括数值、字符串和布尔；后者包括基本的对象（即属性的集合），而数组、函数、类则是特殊的对象。这些数据类型都有自己的一些独特的操作方式。ES6 新增了符号（Symbol）类型。

（2）类型转换

ES 作为一门弱类型语言，比较麻烦的地方就在于数据类型的隐式转换，部分数据类型的转换规则如表 2-1 所示。

表 2-1　部分数据类型的转换规则

值	转换成字符串	转换成数值	转换成布尔值
""（空字符串）	""	0	false
"1.2"（字符串为数值）	"1.2"	1.2	true
"abc"（一般字符串）	"abc"	NaN	true
0	"0"	0	false
-0	"0"	-0	false
true	"true"	1	true
false	"false"	0	false
null	"null"	0	false
undefined	"undefined"	NaN	false
NaN	"NaN"	NaN	false
[]（空数组）	""	0	true
{}（任意对象）	根据特定规则	根据特定规则	true

关于数据类型的最为典型的应用场景之一就是判断变量相等或不相等。ES 中"==="

称为严格相等，表示相比较的两个变量不仅值要相等，而且数据类型要一样。而与它类似的"=="称为相等，表示仅值相等，数据类型可以不一样，此时比较规则如下。

（1）null 与 undefined 相等。

（2）其中一个值是数值，另外一个值是字符串时，把字符串转换为数值再比较。

（3）其中一个值是布尔值时，它会被转换成数值，即 true 被转换为 1、false 被转换为 0。

（4）其中一个值是对象，另外一个值是数值或字符串时，用特定的规则将对象转换成原始值再比较。

（5）其他任何变量与数值的比较结果都是不相等。

2．边做边学

【示例 2-5】 使用 typeof 操作符查看不同值的数据类型。

新创建一个 HTML 文件，在其中的<script>标签内输入如下代码。

```
1   let a = 1;
2   console.log(typeof a);          // number
3
4   let b = 'ES';
5   console.log(typeof b);          // string
6
7   let c = true;
8   console.log(typeof c);          // boolean
9
10  let d = null;
11  console.log(typeof d);          // object
12
13  let e = undefined;
14  console.log(typeof e);          // undefined
15
16  function show(){
17    console.log('show');
18  }
19  console.log(typeof show);       // function
20
21  function Lang(name){
22    this.name = name;
23  }
24  console.log(typeof Lang);       // function
25
26  let f = new Lang('ES');
27  console.log(typeof f);          //object
28
29  class Person{
30
31  }
32  console.log(typeof Person);     //function
33  let g = new Person();
34  console.log(typeof g);          //object
35
36  let h = [1,2,3]
37  console.log(typeof h);          //object
```

typeof 用来检测变量的值的数据类型，它是操作符。第 11 行代码的输出结果表明 null 是一个特殊的对象。第 14 行代码的输出结果表明 undefined 不属于任何数据类型，它就是一个非常特殊的值。第 19 行、24 行、32 行代码的输出结果表明普通函数 show()、构造函数 Lang()和类 Person 的类型是函数，尽管在 ES 中函数是一种对象，但 typeof 操作符给出的检测结果是函数。

【示例 2-6】 使用相等、严格相等、不相等、严格不相等。

新创建一个 HTML 文件，在其中的<script>标签内输入如下代码。

```
1   let a = 141;
2   if(a == '141'){
3      console.log("a 与字符串 141 相等");
4   }else{
5      console.log("a 与字符串 141 不相等");
6   }
7
8   if(a === '141'){
9    console.log("a 与字符串 141 相等");
10  }else{
11     console.log("a 与字符串 141 不相等");
12  }
13
14  let b = 5;
15  if(b !== '5'){
16     console.log("b 不等于字符串 5");
17  }else{
18     console.log("b 等于字符串 5");
19  }
20
21  if(b != '5'){
22     console.log("b 不等于字符串 5");
23  }else{
24     console.log("b 等于字符串 5");
25  }
```

运行后，第 2～6 行代码输出的结果是"a 与字符串 141 相等"。第 8～12 行代码输出的结果是"a 与字符串 141 不相等"。

第 15～19 行代码输出的结果是"b 不等于字符串 5"。可以这样理解"!=="：当用"==="进行比较的结果为 false 时，用"!=="进行比较的结果为 true。当 b 的值为 5 时，用"b==='5'"进行比较的结果为 false，意味着用"b!=='5'"进行比较的结果为 true，因此第 16 行代码被执行。

根据同样的道理，第 21～25 行代码输出的结果是"b 等于字符串 5"。如果无特殊目的，在类 C 风格编程语言中数值 5 与字符串 5 相等是不可能的，ES 的这种灵活性反而容易给程序埋下 bug。

从这个示例得到的启示是：如果无特殊目的，优先使用"==="和"!=="，也就是判等时需要考虑变量的数据类型。

2.1.4 操作符

1. 知识点

（1）ES 中操作符可以分为几个大类：算术操作符（如+、−、*、/等）、关系操作符（如>、<、==等）、逻辑操作符（如&&、||、! 等）、赋值操作符（如=、+=等）。

此外还有一些特别的操作符，如"?:"（三元操作符）、"??"（先定义操作符）、typeof 操作符、delete 操作符等。

（2）"..."称为扩展操作符。当将数组中的元素加入另外一个数组中时，使用扩展操作符会非常方便。可以直观地将扩展操作符的作用理解为：将数组"展开"，然后把元素加入另外一个数组中。扩展操作符对于对象的操作，也是这样。

2．边做边学

【示例2-7】 使用"??"操作符。

新创建一个HTML文件，在其中的\<script\>标签内输入如下代码。

```
1   let a = null;
2   let b = null;
3   if(a!==null&&a!==undefined)
4   {
5     b = a;
6   }else{
7     b = 'ES';
8   }
9   console.log(b);   // ES
10
11  let c = a??'ES';
12  console.log(c);   // ES
```

"??"操作符的含义是如果左操作数的值不是 null 或 undefined，那么就返回左操作数的值，否则，返回右操作数的值。因此第1~8行代码和第11、12行代码的作用一样。当调用函数得到其返回值时，一般要判断这个值是否为 null 或 undefined，使用"??"操作符就避免了类似于第3行代码的烦琐写法。

【示例2-8】 使用扩展操作符将一个数组的元素加入另外一个数组中。

新创建一个HTML文件，在其中的\<script\>标签内输入如下代码。

```
1   let a = [1,2,3];
2   let b = [0,4,...a];
3   let c = [0,...a,4];
4   console.log(b);   // [ 0, 4, 1, 2, 3 ]
5   console.log(c);   // [ 0, 1, 2, 3, 4 ]
6
7   let d = {name:'jerry',gender:false};
8   let e = {age:'1',...d};
9   console.log(e);   // { age: "1", name: "jerry", gender: false }
```

第2行代码和第3行代码便使用了扩展操作符将数组 a 原地展开，从而非常方便地将数组 a 中的元素加入 b 和 c 中。

第8行代码原地展开了对象 d，从第9行代码的输出结果可以看出，已经将 d 的两个属性加入了 e 对象中。

2.1.5　字符串

1．知识点

（1）字符串字面量

ES 中使用单引号、双引号或反引号（\`）所括起来的字符串就是字符串字面量，比如：

```
1   let a1 = 'coding';
2   let a2 = "ECMAScript";
3   let a3 = `Hello world`;   // 反引号有特殊用途，后面再详细讨论
```

单引号或反引号可以出现在由双引号所定界的字符串中。同样，由单引号或反引号所定界的字符串中也可以包含另外两种引号，比如：

```
1   let a4 = "write a sentence 'Hello world'";
2   let a5 = `write a sentence "Hello world"`;
```

```
3    let a6 = 'write a sentence `Hello world`';
4    console.log(a4); // write a sentence 'Hello world'
5    console.log(a5); // write a sentence "Hello world"
6    console.log(a6); // write a sentence `Hello world`
```

当字符串比较长，一行无法写完整时，可以换行写，并使用"\"（反斜线）连接，比如：

```
1    let a7 = "write a long sentence\
2                    hello\
3                    world ";
```

（2）模板字符串

当字符串需要与变量的值连接成一个字符串时，一般会采用"字符串拼接"的方式，比如：

```
1    let p1 = "Tom"
2    console.log(p1 + "和 Jerry 是一部动画片中的角色")  //Tom 和 Jerry 是一部动画片中的角色
```

当变量数量比较多时，这种写法就显得比较麻烦了。ES6 引入了模板字符串，也就是使用反引号（反引号按键在键盘上的"Tab"键的上方，其上档符是"~"）将变量和所要连接的字符串括起来，比如：

```
1    let p2 = "Jerry"
2    console.log(`${p2}是 Tom 的好朋友`);  // Jerry 是 Tom 的好朋友
```

在模板字符串中，变量用"${}"括起来，表明要取出变量的值。这种写法在 JSP、Velocity 等服务器端的模板技术中非常常见。

2．边做边学

【示例 2-9】 在模板字符串中进行简单的加法运算和比较运算。

新创建一个 HTML 文件，在其中的<script>标签内输入如下代码。

```
1    let x = 1;
2    let y = 2;
3    let result = `${x} + ${y} = ${x+y}`;
4    console.log(result);       // 1 +2 = 3
5    console.log(`${x>y}`);     // false
6
7    let obj = {x : 1, y : 2};
8    let result2 = `${obj.x} + ${obj.y} = ${obj.x+obj.y}`;
9    console.log(result2);      // 1 + 2 = 3
10   console.log(`${obj. y > obj.x}`);  // true
```

从第 3、5、8、10 行代码看，模板字符串里面的"${}"中可以使用变量，也可以使用表达式，甚至还可以调用函数。

2.2 流程控制

流程控制一般分为条件判断和循环。前者使用 if 和 switch 语句，后者使用 for、while、do…while 等语句，在循环语句中还可以使用 break、continue 等终止循环。

2.2.1 条件判断

1．知识点

（1）if 语句

基本的 if 语句的语法格式是：

```
if(逻辑表达式)
{
    执行语句;
}
```

if 经常会搭配 else 使用，if...else 的语法格式是：

```
if(逻辑表达式)
{
    执行语句;
}else{
    执行语句;
}
```

if 和 else 之后的{}虽然不是必须要写的，但如果执行语句多于一句，则一定要写{}。
if...else 可以嵌套，嵌套的形式千变万化，这样就能表达更为复杂的判断逻辑。

（2）switch 语句

switch 用于多分支的判断，switch 的语法格式是：

```
switch(表达式){
    case 值1:
        执行语句; break;
        …
    case 值n:
        执行语句; break;
    default:
        执行语句;
}
```

当执行 switch 时，计算表达式的值，判断该值与哪一个 case 的值相等（这里要求使用
"==="，即严格相等），如果该值与某个 case 的值相等，就进入该 case 分支执行其中的执行
语句。一般而言，case 分支会配合使用 break，表示它后面的 case 分支里的执行语句都不
执行。如果不加 break，那么就会接着执行随后的 case 分支里的执行语句。default 分支表
示表达式的值与所有的 case 的值都不相等时，执行该分支里的执行语句。

2．边做边学

【示例 2-10】 使用 switch 语句。

新创建一个 HTML 文件，在其中的<script>标签内输入如下代码。

```
1    let i= '1';
2    switch(i==1){
3      case true:
4        console.log("i是1");    // 运行后进入该case分支
5        break;
6      case false:
7        console.log("i不是1");
8        break;
9      case 'true':
10       console.log("i是字符串'1'");
11       break;
12     case 'false':
13       console.log("i不是字符串'1'");
14       break;
15     default:
16       console.log("无法判断i是不是1");
17   }
```

这段代码比较极端，实际操作中不会这么使用，在这里仅用来显示出 ES 中 switch 的特点。switch 中的表达式可以是任意表达式，只要它能求出值。而 case 后面既可以写值也可以写表达式，而且还允许值的数据类型不一样：示例中的值既有布尔值，也有字符串。

第 2 行代码中的 "i==1"，表示比较 i 是否等于 1，因为这里的比较不是严格相等比较，根据 2.1.3 小节介绍的比较规则，此处字符串 1 会先转换为数值 1 再进行比较，执行结果为 true。此时要进行严格相等比较决定进入哪一个 case 分支，所以进入 case true 这一 case 分支，而不是 case 'true'这一 case 分支。

2.2.2　循环

1. 知识点

ES 中的循环语句有：while、do...while、for、for...of、for...in。

（1）while

while 的语法格式是：

```
while(逻辑表达式){
    循环体语句
}
```

（2）do...while

do...while 的语法格式是：

```
do{
    循环体语句
} while(逻辑表达式)
```

do...while 与 while 的区别在于 do...while 至少会执行一次循环体语句，而实际操作中 do...while 的使用并没有 while 的使用频繁。

（3）for

for 的语法格式是：

```
for(初始语句;检测语句;修改循环变量语句)
{
    循环体语句
}
```

for 语句一般会使用一个循环变量，在初始语句中循环变量被初始化，在检测语句中查看是否满足循环条件，在修改循环变量语句中则增加或减少循环变量的值。for 语句这种紧凑的语法格式一方面利于阅读，另一方面也可以避免忘记对循环变量进行初始化或修改。

（4）for...of

ES6 提供了 for...of 语句，它不仅可用于遍历数组，还可用于遍历字符串、映射、集合等。比如数组的遍历用 for...of 语句实现的语法格式是：

```
for(const/let 临时变量 of 数组名){

}
```

for...of 支持 break 和 continue。

（5）for...in

for...in 一般用来遍历对象里的属性，比如：

```
for(let key in a){
  console.log(key);
  console.log(a[key]);
}
```

2. 边做边学

【示例 2-11】 使用 for...of 遍历数组。

新创建一个 HTML 文件，在其中的<script>标签内输入如下代码。

```
1   let personList = [
2     {id:1, name:"Jerry",gender:true},
3     {id:10,name:"Tom",  gender:false},
4     {id:20,name:"John", gender:false}
5   ]
6   //这段代码只输出 id 为 1 和 id 为 20 的两个元素
7   for(let i=0;i<personList.length;i++){
8       let person = personList[i];
9       if(person.id===10)
10        continue;  // 可以使用 continue
11    console.log(person);
12  }
13
14  //这段代码只输出 id 为 1 的元素
15  for(let i=0;i<personList.length;i++){
16      let person = personList[i];
17      if(person.id===1)
18        break;     // 可以使用 break
19    console.log(person);
20  }
```

第 1~5 行代码所声明的 personList 数组里面的每个元素都是对象，这样 for...of 遍历
该数组时每次所取出的元素就是对象，因此可以使用 person.id 来读取 id 属性的值。

2.3 函数

2.3.1 定义函数

ES 中定义函数有多种方式：function、函数表达式、Function 类和箭头函数。箭头函数
将在 2.3.2 小节专门介绍。

1. 知识点

（1）function

语法格式：

```
function 函数名(参数列表){
    函数体
}
```

（2）函数表达式

语法格式：

```
const 常量名 = function(参数列表){ 函数体 }
```

函数表达式的函数体中不会声明变量。函数体可以赋值给一个常量，也可以直接作为
其他函数的参数。

（3）Function 类

由于函数是对象，因此可以使用 Function 类来定义函数，语法格式是：

```
const 常量名 = new Function(参数列表, 函数体)
```

这里 Function 类的构造函数所接收的参数都是字符串。

2. 边做边学

【示例 2-12】 使用多种函数的定义方式。

新创建一个 HTML 文件，在其中的<script>标签内输入如下代码。

```
1    function fn1(x){
2      return x*x;
3    }
4
5    let fn2 = function(x){ return x * x; }
6
7    const fn3 = new Function('x', 'return x * x;');
8
9    console.log(fn1(3));        // 9
10   console.log(fn2(3));        // 9
11   console.log(fn3(3));        // 9
```

这段代码对于相同的函数用了 3 种不同的方式来定义，函数表达式和 Function 类的定义方式适合定义简短的函数。

2.3.2 箭头函数

箭头函数是 ES6 新增的语法特性，它相比 function 定义方式更为简洁，也减少了 this 的指向与期望不符的困扰。

1. 知识点

（1）定义方式

语法格式：

```
const 函数名 = (参数列表)=> {
    函数体
}
```

（2）简写方式

当参数列表只有一个参数时可以不写()；当函数体只有一句代码，且有返回值时，可以省略{}和 return。

2. 边做边学

【示例 2-13】 用箭头函数代替常规的 function 方式定义函数。

新创建一个 HTML 文件，在其中的<script>标签内输入如下代码。

```
1    let fn1 = function(a,b){
2      return a + b;
3    }
4    console.log(fn1(2,4));      // 6
5
6    let fn2 = (a,b)=>{
7      return a + b;
8    }
9    console.log(fn2(2,5));      // 7
10
11   // 当参数列表只有一个参数时, 可以省略()
```

```
12    let fn3 = n=>{
13      return n+n;
14    }
15    console.log(fn3(10));       // 20
16
17    // 当函数体只有一句代码，且有返回值时，可以省略{}和return
18    let fn4 = n=> n+n;
19    console.log(fn4(20));       // 40
```

3. 箭头函数与this

在 JavaScript 中 this 指向的内容不是固定不变的，它会随着执行环境的改变而改变，这种语法灵活但不好理解。ES 推出箭头函数的目的之一就是简化 this 的指向问题。

（1）对于对象的方法，this 指向该方法所属的对象。

```
1     var student = {
2       name: "John",
3       school: "hbue",
4       id   : 2301,
5       show : function() {
6           return this.name + " " + this.school;
7       }
8     };
9     let message = student.show();
10    console.log(message);  // John hbue
```

在这段代码中，this 所指向的是 show()方法所属的对象 student。

（2）HTML 定义的函数中 this 指向函数的所属者。

```
1     window.name="Vue";
2     function showName(){
3         return this.name;
4     }
5     console.log(showName()); // Vue
```

这段代码中的 showName()是一个全局函数。全局函数其实有一个所属者，也就是 window 对象。因此，该方法所返回的 this.name 就是 window.name。

代码中的 name 是一个全局变量，它前面的 window 是可以不用写的，此处写出来是为了表明 name 是属于 window 对象的，删除后也不影响结果。

window 对象是 JavaScript 的 BOM（Browser Object Model，浏览器对象模型），虽然它没有正式标准化，但得到了所有浏览器的支持。如果认为全局变量是 window 对象的属性，全局函数是 window 对象的方法，（2）就可以与（1）统一起来：this 指向方法所属的对象或函数的所属者。

（3）在 DOM 事件中，this 指向事件源。

```
1     <button onclick="this.style.display='none'">
2         点我后我就消失了
3     </button>
```

代码中，this 指向事件源 button。this.style.display='none'表明要将 button 的样式属性 display 设置为 none，即不显示。

下面来看一种比较复杂的情况。比如下面的代码，单击 DIV 元素，3s 后改变其背景色。

```
1     <body>
2         <div id="mydiv"
3     style="width:200px;height:200px;background:gray">
4
```

```
5          </div>
6          <script>
7            let mydiv = document.getElementById("mydiv");
8            mydiv.addEventListener("click",function(){
9             setTimeout(function(){
10                this.style.background="pink";   //此处会报错!
11              },3000);
12           })
13         </script>
14
15    </body>
```

这段代码通过 document 的 getElementById()方法取得 id 为 mydiv 的 DIV 元素。紧接着，对这个 DIV 元素通过 addEventListener()方法绑定了一个 click 事件，处理该事件的回调函数中使用了 setTimeout()函数。那么，此时 this 指向了谁呢？

该代码的本意是单击 DIV 元素，3s 后，该 DIV 元素的背景色由 gray（灰色）变为 pink（粉色）。我们当然希望 this 指向事件源 DIV 元素。

运行代码并单击 DIV 元素后，会发现报错："Uncaught TypeError: Cannot set properties of undefined (setting 'background')"。出现这个错误的原因在于此时 this 指向的是 window 对象，而 window 对象并未定义 style 属性，在未定义的属性上给 background 赋值，就是所谓的"set properties of undefined"。

为什么 this 指向 window 对象而没有指向事件源 DIV 元素呢？这是因为此时 this 所属的函数是定义在 setTimeout()中的，根据前述（1）和（2）的分析，函数中的 this 指向函数的所属者。而 setTimeout()是 window 对象的方法，因此 this 就指向 window 对象了。

第一种修改方法如下面的代码所示。在 setTimeout()函数之前加一句代码：let _this = this。此时 this 所指向函数的所属者就正好是 click 事件的事件源：id 为 mydiv 的 DIV 元素。再在 setTimeout()中使用_this，就能保证 DIV 元素的 style 样式属性被修改了。

```
1    let mydiv = document.getElementById("mydiv");
2    mydiv.addEventListener("click",function(){
3    let _this = this;  // 这里 this 指向 DOM 事件源，用_this 存储起来
4      setTimeout(function(){
5        _this.style.background="pink";
6        },3000);
7    })
```

第二种修改方法如下。

```
1    let mydiv = document.getElementById("mydiv");
2    mydiv.addEventListener("click",function(){
3      setTimeout(()=>{
4        this.style.background="pink";
5    },3000);
6    })
```

在箭头函数中，this 的指向是静态的：箭头函数定义在哪个作用域中，就使用哪个作用域的 this。也就是说在箭头函数中用了 this，解释器运行时会在箭头函数的外面寻找 this。在这段代码中，箭头函数的作用域是外层的 function()匿名函数，它有 this。而这个匿名函数是 click 事件的处理函数，那么 this 指向事件源，在本例中就是 DIV 元素。

前端开发中会经常使用 this 关键字。当遇到多个 function()嵌套的情形时，就要小心 this 的指向了。如有需要，可以将 function()函数改为箭头函数，从而简化 this 指向问题。

2.4 数组

在前端开发中会经常遇到数组的遍历问题，除 2.2.2 小节介绍的 for...of 能够用于遍历数组外，ES 还提供了非常丰富的数组方法来处理数组的各种遍历问题，详细的资料可以查阅 MDN 官网，本节仅列出几个常用方法。

1. 知识点

（1）forEach()

语法格式：

```
数组名.forEach(function(element){
    // element 代表数组中的一个元素
})
```

其含义是：在数组名上调用 forEach()。forEach()需要定义一个回调函数作为参数，表示每次从数组中取出一个元素传给这个回调函数进行处理。代码中将取出的元素命名为 element。

这个回调函数可以写成箭头函数（参见 2.2 节），这样写更方便：

```
数组名.forEach(element=>{

})
```

注意　　　forEach()不支持 continue 和 break。

（2）map()

语法格式：

```
let 新数组名 = 数组名.map( element => {

})
```

map()方法将对每个元素执行参数所指定的操作并将它们组成一个新的数组，原数组不改变。

（3）filter()

语法格式：

```
let 新数组名 = 数组名.filter( element => {

})
```

filter()将满足判断条件的元素组成一个新的数组，原数组不改变。

（4）join()

语法格式：

```
数组名.join(分隔符)
```

join()将数组中的所有元素通过参数指定的分隔符连接成一个字符串，原数组不改变。

（5）reduce()

语法格式：

```
数组名.reduce(回调函数,初始值);
```

reduce()用于对数组中的元素进行汇总。回调函数有 3 个参数，依次为：previousValue（上一次调用所返回的值，如果有第二个参数"初始值"，则第一次调用时使用该初始值作为上一次调用所返回的值，否则使用索引为 0 的元素）、currentValue（数组中当前被处理的元素）、index（当前被处理的元素的索引）。

（6）push()
语法格式：

```
数组名.push(参数);
```

push()实现向数组中添加元素的功能，其会将所添加的元素放到数组的末尾。参数可以有多个。

> 注意
>
> 该方法会改变原数组。

与 push()相关的方法是 pop()，其作用是：从数组中删除最后一个元素。push()和 pop() 方法可以实现"先入后出栈"的入栈和出栈操作。

还有一组方法，即 unshift()和 shift()，可以实现"先入先出队列"的入队和出队操作：unshift()用于往数组的开头插入一个或多个元素，而 shift()用于删除数组开头的元素。

（7）splice()
语法格式：

```
数组名.splice(start)
数组名.splice(start, deleteCount)
数组名.splice(start, deleteCount, item1)
数组名.splice(start, deleteCount, item1, item2, itemN)
```

splice()方法对数组既可以进行元素插入也可以进行元素删除操作。参数 start 表示插入或删除元素的起点索引。deleteCount 表示删除多少个元素，省略这个参数，就表示删除到数组的终点索引所在位置。item1, item2, ..., itemN 表示要插入的元素，插入的位置在 start 表示的位置之后。

该方法会改变原数组，返回由所删除的元素构成的数组。

2. 边做边学

【示例 2-14】 使用 forEach()、map()、filter()、join()、reduce()等数组方法。

新创建一个 HTML 文件，在其中的<script>标签内输入如下代码。

```
1    let arr1 = [1,2,3,4,5,6];
2    arr1.forEach(item => {
3       console.log(item);
4    });
5
6    let arr2 = ['ad','zdd','adddd','d','vddd','zdd','h'];
7    let newArr2 = arr2.filter(ele => ele.length>2);
8    console.log(newArr2); // ['zdd','adddd', 'vddd','zdd']
9
10   let arr3 = [1,2,3,4,5,6];
11   let newArr3 = arr3.map(ele => ele*2);
12   console.log(newArr3); // [2,4,6,8,10,12]
13
```

```
14    let arr4 = ["foo","bar","baz"];
15    console.log(arr4.join("-")); // foo-bar-baz
16
17    let arr5 = [
18        {id:1,name:"水杯",price:10,count:3},
19        {id:2,name:"毛巾",price:20,count:3},
20        {id:3,name:"牙刷",price:15,count:2}
21    ];
22    let sum = arr5.reduce((prev,next,index)=>{
23        console.log(prev,next,index);
24        return prev + next.price * next.count;
25    },0);
26    console.log(sum);      // 120
27
28    let arr6 = new Array();
29    arr6.push("foo");
30    arr6.push("bar");
31    arr6.push("baz");
32    console.log(arr6);     // [ "foo", "bar", "baz" ]
33    arr6.pop();
34    console.log(arr6);     // [ "foo", "bar" ]
35    arr6.unshift("baz");
36    console.log(arr6);     // [ "baz", "foo", "bar" ]
37    arr6.shift();
38    console.log(arr6);     // [ "foo", "bar" ]
39
40    let arr7 = [1,2,3,4,5,6,7,8,9,10];
41    let newArr7 = arr7.splice(1,3);
42    console.log(newArr7); // [ 2, 3, 4 ]
43    console.log(arr7);     // [ 1, 5, 6, 7, 8, 9, 10 ]
44    arr7.splice(3,1);
45    console.log(arr7);     // [ 1, 5, 6, 8, 9, 10 ]
46
47    let arr8 = [1,2,3,4];
48    arr8.splice(1,3,"11","12");
49    console.log(arr8);     // [ 1, "11", "12" ]
50    arr8.splice(1,0,"a","b");
51    console.log(arr8);     // [ 1, "a", "b", "11", "12" ]
```

下面主要解释 reduce()方法和 splice()方法，通过运行结果比较容易理解其他的方法。

第 17～26 行代码演示了 reduce()的用法：模拟计算购物车中物品的总价。其调用过程如表 2-2 所示。

表 2-2　reduce()方法调用过程

	previousValue	currentValue	index	返回值
第 1 次调用	0	{ id:1,name:"水杯", price:10,count:3 }	0	0 + 10*3
第 2 次调用	30	{id:2,name:"毛巾", price:20,count:3}	1	30 + 20*3
第 3 次调用	90	{id:3,name:"牙刷", price:15,count:2}	2	90 + 15*2

3 次调用完成后得到总价 120。

第 40～51 行代码演示了 splice()方法的用法。第 41 行代码表示从索引 1 开始删除 3 个元素，因此删除了"2""3""4"这 3 个元素。第 44 行代码表示从索引 3 开始删除一个元素，因此删除了"7"这个元素。第 48 行代码表示从索引 1 开始删除 3 个元素，因此删除了"2""3""4"这 3 个元素，同时从索引 1 开始插入"11"和"12"这两个字符串。而第

50 行代码表示从索引 1 开始删除 0 个元素，同时从索引 1 开始插入 "a" 和 "b" 两个字符串，这实际上只进行了插入操作。

2.5 对象

1. 知识点

在 ES6 之前，可以在 "{ }" 中定义对象。对象中的属性以 "propertyname : value"（键值对）的形式定义；对象中的方法以 "methodname : function(){ }" 的形式定义。

当 value 的值用一个变量存储，且变量名与 propertyname 一样时，此时对象中的属性可简写为 "propertyname" 的形式。

对于对象中的方法可简写为 "methodname(){}"，即省略冒号和 function 关键字。

2. 边做边学

【示例 2-15】 使用对象简写方式。

新创建一个 HTML 文件，在其中的<script>标签内输入如下代码。

```
1   let name = '湖经';
2   let change = function(){
3     console.log("在武汉市");
4   }
5
6   const school = {
7     name:name,
8     change:change,
9     show:function(){
10      console.log(name);
11    }
12  }
13
14  console.log(school.name); // 湖经
15  school.change();   // 在武汉市
16  school.show();     // 湖经
17
18  const school2 = {
19    name,   //属性名与所要赋值的变量名一样，则省略变量名
20    change, //方法名与所要赋值的函数名一样，则省略函数名
21    show(){ //函数不需要写 function 关键字
22      console.log(name)
23    }
24  }
25  console.log(school2.name); // 湖经
26  school2.change();   // 在武汉市
27  school2.show();     // 湖经
```

第 6~12 行代码中的变量 school 是一个对象，它包含一个名为 name 的属性，其值是变量 name 的值；一个名为 change 的方法，它的返回值是变量 change 的值；还有一个名为 show 的方法。可以发现，school 的属性名 name 与变量名 name 相同，方法名 change 与函数名 change 相同。第 18 行代码的 school2 对象对此进行简写，同时该对象中 show()方法的写法省略了 function 关键字，列出了参数列表和方法体。

2.6 类

ES6 提供了 class 和 extends 关键字用于简化类的定义，但本质上还是基于 prototype（原型）机制实现类的继承，因此一般将 class 和 extends 看作 "prototype" 的 "语法糖"。

1. 知识点

（1）定义类

语法格式：

```
class 类名{
  attr = val;          // 实例属性
  static attr = val;   // 静态属性
  #attr = val;         // 私有属性
  constructor(x,f){    // 这个构造函数必须有
   this.x = x;         // 实例属性
   this.f = f;         // 实例方法，f 是一个函数
  }
  get attr() {         // 属性的读取方法，attr 即前面所定义的属性名
   return val;
  }
  set attr(var) { }    // 属性的写入方法
  funName(){ }         // 原型方法
  static funName(){ }  // 静态方法
  #funName(){ }        // 私有方法
}
```

ES6 定义类的语法对于 Java 程序员更为友好，不过 ES6 没有使用 public、private 等关键字，而是使用 "#" 来修饰私有属性或方法。ES6 类的构造方法必须命名为 constructor()。

（2）定义类的继承

语法格式：

```
class 子类名 extends 父类名{
   constructor(){
     // 必须调用父类的构造方法
     super();
     // 对自己所声明的属性赋值
   }
}
```

子类中可以不用写 constructor()，但如果写了就必须调用 super()。除了父类的私有属性和方法不可继承外，其他属性和方法，如实例属性和方法、静态属性和方法、原型属性和方法等都可以继承。

2. 边做边学

【示例 2-16】 定义 Add 类，以及它的子类 Substract 类，完成加法和减法运算。

新创建一个 HTML 文件，在其中的<script>标签内输入如下代码。

```
1    class Add{
2        constructor(x,y){
3            this.x = x;
4            this.y = y;
5        }
6
7        setX(x){
```

```
8         this.x =x;
9      }
10     setY(y){
11        this.y = y;
12     }
13
14     // 原型方法
15     add(){
16        return this.x + this.y;
17     }
18
19     // 实例方法
20     add2 = function(){
21        return this.x + this.y;
22     }
23  }
24
25  class Substract extends Add{
26     constructor(x,y){
27        super(x,y);
28     }
29
30     substract(){
31        return this.x - this.y;
32     }
33  }
34  let s1 = new Add();
35  s1.setX(10);
36  s1.setY(12);
37  console.log(s1.add());     // 22
38  console.log(s1.add2());    // 22
39
40  let s2 = new Add(10,24);
41  console.log(s2.add());     // 34
42  console.log(s2.add2());    // 34
43
44  let s3 = new Substract(10,14);
45  console.log(s3.add());    // 24
46  console.log(s3.add2());   // 24
47  console.log(s3.substract());  // -4
```

第 1～23 行代码所定义的 Add 类有两个实例属性：x 和 y。第 2～5 行代码定义了构造方法对这两个实例属性赋初始值。第 7～12 行代码定义了 setX()方法和 setY()方法分别对 x 和 y 赋值。

第 15～17 行代码定义了原型方法 add()。第 20～22 行代码定义了实例方法 add2()。这两个方法的方法体代码一样：都可以访问实例属性。而从第 37 行和第 38 行代码的输出结果看，这两个方法的访问结果也一样。它们的区别是：原型方法在内存中只有一份，而实例方法在每创建一个实例或者对象时就增加一份。因此一般建议优先使用原型方法，这样可以节省内存。

原型方法和实例方法都可以被继承。第 25 行代码中的 Substract 类继承了 Add 类，而从第 45 行和第 46 行代码看，Substract 对象仍然可以调用 add()和 add2()方法。

2.7 模块

随着 JavaScript 代码规模的增大，管理和维护的复杂性也在增加，对"模块化"的需求与日俱增。在 ES6 发布之前，曾出现过多种模块化解决方案，比如 AMD（Asynchronous

Module Definition，异步模块定义）、CMD（Common Module Definition，通用模块定义）和 CommonJS 等解决方案。而 ES6 在语言层面实现了模块化功能，且在浏览器上就能直接使用，使用起来更加方便。ES6 的模块化功能由两个命令实现：export 和 import。前者用于规定模块向外界暴露的接口，后者则用于引入其他模块所提供的功能。

1. 知识点

（1）命名导出和导入

命名导出的语法格式是：

```
export 导出的名称
```

这里"导出的名称"，可以是已经存在的变量名、函数名、对象名等。也可以在导出的同时定义变量或函数。如果有多个名称需要导出，可以使用如下语法格式：

```
export {导出的名称1，导出的名称2…}
```

命名导入的语法格式是：

```
import {导入的名称} from '文件路径'
```

"导入的名称"必须与"导出的名称"一致。此处的"{ }"是不可缺少的。

（2）默认导出和导入

对于默认导出，每个模块只能有一个，它的语法格式如下：

```
export default 导出的名称
```

这里"导出的名称"的意义与命名导出的"导出的名称"的一致。对于一个.js 文件，默认导出只能有一个，且只导出一个值。如果要导出多个值，就将它们定义为一个对象。

对于默认导入，其语法格式是：

```
import 导入的名称 from '文件路径'
```

"导入的名称"不需要与"导出的名称"一致。与命名导入相比，默认导入的名称不需要用"{}"括起来。

2. 边做边学

【示例 2-17】 使用 export 和 import。

步骤 1：创建 aa.js 文件，命名导出变量 age 和函数 show()。代码如下：

```
1    let age = 18;
2    let show = function(){
3        console.log("show")
4    }
5    export {age, show}
6
7    // export let age = 20;  //命名导出的另外一种写法
8
9    // export function show(){console.log("another show")} //可以这样写
```

步骤 2：在同一文件夹下创建 bb.js，默认导出一个函数。代码如下：

```
1    export default function(a,b){
2        return a + b;
3    }
```

步骤 3：在同一文件夹下创建 cc.js，默认导出一个对象。代码如下：

```
1    export default {
2        name :"Vue",
```

```
3    show: function(){
4      console.log(this.name)
5    }
6  }
```

ES6 规定一个.js 文件只能有一个默认导出。当需要同时导出变量和函数时，可以像上述代码一样，将它们放入一个对象中。

步骤 4：在同一文件夹下创建 index.js。代码如下：

```
1  //命名导入
2  import { age, show } from './aa.js';
3  //默认导入函数
4  import add from './bb.js';
5  //默认导入对象
6  import Vue from './cc.js'
7
8  console.log(age); // 18
9  show(); // show
10
11 let result = add(1,6);
12 console.log(result);   // 7
13
14 Vue.show(); // Vue
```

步骤 5：在同一文件夹下创建"模块化.html"文件，以\<script>标签引入 index.js 文件，一定要写"type="module""。代码如下：

```
1  <!DOCTYPE html>
2  <html>
3    <head></head>
4    <body>
5      <script src="./index.js" type="module">
6      </script>
7    </body>
8  </html>
```

命名导入不一定要导入所有的名称，也可以选择性导入需要的名称，比如写成：

```
1  import { show } from './aa.js';
```

这句代码表示从 aa.js 文件中只导入 show()函数。

当从不同的文件导入相同的名称时，可以使用 **as** 来改变变量名或函数名，避免导入的名称冲突。

```
1  import {age as myage, show as myshow} from './aa.js'
```

步骤 6：在 index.html 文件上单击鼠标右键，在出现的关联菜单中选择"Open with Live Server"，如果没有该选项，说明还未安装 Live Server 插件，可参考附录 1 进行安装。在出现浏览器窗口后打开"控制台"窗口查看运行结果。

2.8 本章小结

ES 基本语法与类 C 风格编程语言的基本语法相似，因此具备类 C 风格编程语言使用经验的开发者对 ES 中的变量、操作符、表达式、语句等知识应该都比较熟悉，这使得入门 ES 并不难。但 ES 作为弱类型语言，表达式的隐式数据类型转换会给初学者造成很大的困惑，固有的编程经验反而会影响他们使用 ES，如其他语言对于基本数据类型的判等使用

"==",如果将这一用法套用到 ES 中,就会出现问题,使得"1=='1'"的结果也为 true,但其实 ES 很可能所需要的是判断"1==='1'"。ES 的动态特性也让具备 C、C++或 Java 编程经验的开发者觉得"神奇"而又不好理解。

ES 作为前端开发的核心语言,无论前端开发者处于前端开发的哪个阶段,经常回顾、学习 ES 都是很有必要的。ES 的权威参考文献是 David Flanagan(戴维·弗拉纳根)的《JavaScript 权威指南》,建议前端开发者熟读此书。但如果没有系统学习过一门编程语言,就不要把此书当作第一本编程语言学习用书。

JavaScript 是一种多范型融合的编程语言,除了结构化编程方式、面向对象编程方式,它还可以采用函数式编程方式,这种方式在很多情况下可以让代码更为简洁。

与 ES 相关的语言还有 TypeScript,该语言由微软公司提出。它将"类型"的概念引入 ES 中,使得 ES 从弱类型语言转变为强类型语言。TypeScript 已经得到了不少 JavaScript 框架、语言的支持,比较典型的如 Vue 3、华为公司的鸿蒙系统开发语言 eTS 等。

2.9 习题

1. 单选题

(1)ES6 中,关于关键字 const,下列说法错误的是(   )。

    A. 用于定义常量,声明后不可修改

    B. 不会发生变量提升现象

    C. 不能重复定义同一个变量

    D. 可以先定义,不赋值

(2)在对象的解构赋值中,var {a,b,c} = { "c":10, "b":9, "a":8 },解构赋值结果中 a、b、c 的值分别是(   )。

    A. 10、9、8   B. 8、9、10

    C. undefined、9、undefined   D. null、9、null

(3)关于箭头函数的描述,下列说法错误的是(   )。

    A. 使用箭头符号=>定义

    B. 函数体语句超过一句的时候,需要将函数体语句用{}括起来,用 return 语句返回

    C. 函数体语句只有一句时是没有返回值的

    D. 参数超过一个时,需要将参数用()括起来

(4)关于 for...of 的简述,下列说法错误的是(   )。

    A. 不可以用 break 来终止循环

    B. 可用于遍历数组

    C. 使用 continue 可以跳过当前循环

    D. 可用于遍历 DOM 列表对象

(5)关于 ES6 的模块,下列说法错误的是(   )。

    A. 可以有效解决大型系统文件复杂的依赖问题

    B. 使用 export 语句可以选择性地向外界暴露自己的属性或者方法

    C. 使用 import 语句可以导入其他模块的属性或者方法

    D. 可以有多个默认导出

（6）关于定义常量的关键字 const，定义一个对象{"name": "Jack"}，再对属性 name 的值进行修改，如 obj.name = "John"。下列说法正确的是（　　　　）。

        A. 修改了常量，程序抛出异常

        B. 程序不抛出异常，修改无效

        C. 修改成功，name 的值为 John

        D. 程序不抛出异常，name 的值为 undefined

（7）下列箭头函数的语法格式正确的是（　　　　）。

        A. const foo = (a,b)=>return a+b

        B. const foo = a => a++

        C. const foo = username => {username:username}

        D. const foo = x,y =>{ return x + y }

（8）关于代码 var {foo:baz} = {foo:'aaa',bar:'bbb'}，下列说法正确的是（　　　　）。

        A. console.log(baz)得到 aaa　　　　　　B. console.log(foo)得到 aaa

        C. console.log(baz)得到 bbb　　　　　　D. console.log(bar)得到 bbb

（9）以下代码执行后，控制台的输出是（　　　　）。

```
let x = 10;
let foo = () => { console:log(x); let x = 20;  x++;}
foo();
```

        A. 抛出 ReferenceError　　　　　　B. 10

        C. 20　　　　　　　　　　　　　　　　D. 21

（10）关于对象的解构赋值，下列说法错误的是（　　　　）。

        A. 变量名与属性名一一对应，次序不重要

        B. 变量名与属性名不一一对应时，值为 undefined

        C. 对象的解构赋值与次序有关

        D. 可以对变量重命名

2. 看程序写结果

（1）写出下面的代码执行完成后输出的结果。

```
const obj = {
    id:123,
    age:20,
    name:"Lancelot",
    school:"清华大学"
}

let obj1 = {
    age:18,
    ...obj,
    name:"李四"
}

console.log(obj1.age);
console.log(obj1.id);
console.log(obj1.name);
```

（2）下面是 ES6 的导出和导入模块，它们输出的结果是什么？

```
// a.js
const test = "测试"
```

```
export default {
    name:"李白",
    age:18,
    test
}

export function getName(){
    console.log(123)
}

export const cat = "皮皮"

// b.js
import aObj from './a.js'
console.log(aObj.name)

import {getName,cat} from './a.js'
console.log(cat)
getName()
```

3. 编程题

（1）找到所有姓杨的人；找到所有姓名包含"天"字的人；找到周芷若的 id。要求：使用箭头函数。

```
const list = [
    {id:3,name:"张三丰"},
    {id:5,name:"张无忌"},
    {id:13,name:"杨逍"},
    {id:33,name:"殷天正"},
    {id:12,name:"赵敏"},
    {id:97,name:"周芷若"},
]
```

（2）将下面的 for 循环修改为 for...of 形式的循环。

```
let arr = [11,22,33,44,55];
let sum = 0;
for(let i=0;i<arr.length;i++){
    sum += arr[i];
}
```

（3）用箭头函数的形式改写下面的代码。

```
arr.forEach(function(v,i) {
    console.log(i);
    console.log(v);
});
```

（4）利用 ES6 的模块，实现两个模块 A 和 B。A 模块导出变量 name、age 和 say()方法；B 模块只导入变量 name 和 say()方法，并且重命名 name 为 nickname。

第3章 Node.js

Node.js（后文简称 Node）通过将 Chrome V8 引擎与底层操作系统相结合，赋予了 JavaScript 读写文件、执行子进程、网络通信等能力，而 JavaScript 天生的"异步编程模式"又使得 Node 在处理高并发请求方面具有很大的优势，所以有些对 I/O（Input/Output，输入输出）操作性能要求高的应用程序会使用 Node 平台来构建后端程序。本章主要从移动应用程序开发的角度选取 Node 的部分内容进行介绍。

3.1 NPM

NPM（Node Package Manager，Node 包管理器）是 Node 平台的包管理和分发工具，它维护了一个公共库。NPM 网站首页如图 3-1 所示，在这个网站上汇集了大量的 NPM 开源包，它们类型多样、功能丰富，对于移动应用程序的开发非常有帮助。

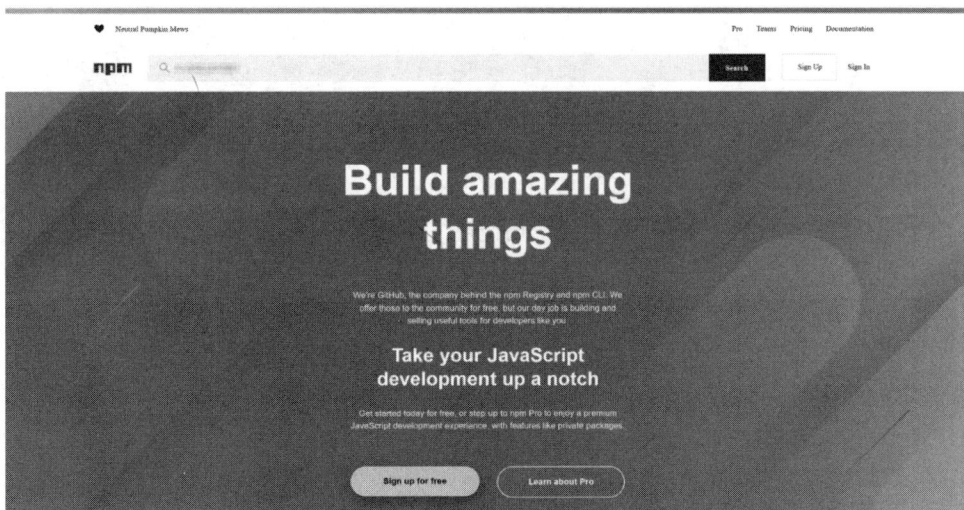

图 3-1　NPM 网站首页

开发移动应用程序会经常使用第三方包，因此读者应该学会创建 Node 项目以及通过 npm 命令安装和管理包，附录 2 中列出了 NPM 的基本使用方法。

本节将通过几个示例讲解 NPM 包的使用方法，这些示例可以让读者学习到如何通过 npm 命令安装包、如何在程序中使用包，起到"抛砖引玉"的作用。在后续开发移动应用程序时，读者要学会根据所遇到的问题寻找合适的包。

本节的示例基于附录 2 所创建的 nodepro 项目，使用 VS Code 编写代码。

3.1.1　number-precision

ES 的小数计算存在精度不足的问题，比如下面的代码：

```
let r1 = 0.1 + 0.2;
console.log(r1);
```

输出的结果是：0.30000000000000004。

而 number-precision 工具包可以进行精确的加、减、乘、除、四舍五入运算。

1.　知识点

number-precision 仅提供了加、减、乘、除、四舍五入这几种运算的函数，很容易使用。

2.　边做边学

【示例 3-1】　使用 number-precision。

步骤 1：在 nodepro 项目下安装 number-precision，参见附录 2。

步骤 2：在 nodepro 项目根目录下创建 number.js 文件，输入如下代码。

```
1    const NP = require('number-precision');
2
3    let r1= NP.plus(0.1,0.2);
4    console.log(r1);  // 0.3
5
6    let r2 = NP.minus(1.0,0.9);
7    console.log(r2);  // 0.1
8
9    let r3 = NP.times(3,0.3);
10   console.log(r3);  // 0.9
11
12   let r4 = NP.divide(1.21,1.1);
13   console.log(r4);  // 1.1
14
15   let r5 = NP.round(1.23653, 2);   // 根据第 2 个参数对第 1 个参数进行四舍五入
16   console.log(r5);  // 1.24
```

步骤 3：在 VS Code 的终端窗口通过以下命令运行这个程序。

```
node number.js
```

这个工具包提供的功能并不复杂，代码也不难理解，对有计算精度要求的场景还是比较适用的。

3.1.2　qrcode

在如今的移动应用程序中，二维码使用得非常频繁，从零开发一个生成二维码的功能会比较困难，但如果借助第三方包，就变得轻而易举了。

1.　知识点

在 Node 平台下能够生成二维码的第三方包数量不少，比如 qrcode、qr-images。本小节所使用的是 qrcode。

该模块中的函数分为在浏览器端使用的函数和在服务器端使用的函数两类。

（1）在浏览器端使用的函数有：create()、toCanvas()、toDataURL()和 toString()。

（2）在服务器端使用的函数有：create()、toCanvas()、toDataURL()、toString()、toFile()和 toFileStream()。

虽然在浏览器端和在服务器端使用的许多函数同名，但它们的有些参数不同，具体内

容可以登录 NPM 网站查阅。

本小节以 toFile() 为例，将指定的 URL（Uniform Resource Locator，统一资源定位符）生成为一个包含二维码的图片文件。该函数的 API 声明为：

```
toFile(path, text, [options], [cb(error)])
```

第 1 个参数 path 表示所生成图片文件的路径；第 2 个参数 text 表示待生成二维码的文本或 URL；第 3 个参数 options 是可选的，用来设置生成图片文件的参数；第 4 个参数 cb(error) 也是可选的，它是一个回调函数，其参数 error 用来记录生成过程中出现的错误（如果有）。

2. 边做边学

【示例 3-2】 生成一个扫描后能访问百度网站的二维码。

步骤 1：在 nodepro 项目下安装 qrcode 包，参见附录 2。

步骤 2：在 nodepro 项目根目录下创建 qrcode.js 文件，输入如下代码。

```
1   const qrcode = require('qrcode');
2   const fs = require('fs');
3
4   const url = 'http://www.baidu.com';
5   const options = {
6     width: 256,
7     height: 256,
8     margin: 1
9   };
10
11  qrcode.toFile('qrcode.png', url, options, function (err) {
12    if (err) throw err;
13    console.log('二维码已生成');
14  })
```

第 11 行代码的 toFile() 函数的第 1 个参数传递的值是"qrcode.png"，那么这个图片文件将放在 qrcode.js 文件所在的目录下。

步骤 3：在 VS Code 的终端窗口通过以下命令运行该程序。

```
node qrcode.js
```

此时在 nodepro 项目根目录下就能发现一个包含二维码的图片文件，打开该文件，用微信扫描二维码后便能访问百度网站。

3.1.3 chalk

console.log() 一般输出的是黑底白字的信息，如果希望输出的信息多姿多彩，那么可以使用 chalk 包。

1. 知识点

chalk 支持 256 种颜色和 160 万种真彩色（TrueColor）两种模式，因此它的颜色取值有如下几种方式。

（1）rgb：比如 chalk.rgb(255,136,0)。

（2）hex（十六进制）：比如 chalk.hex('#FF8800')。

（3）ansi256：比如 chalk.bgAnsi256(194)。

除此之外，chalk 使用常见的颜色的英文名作为函数名，比如 black、red、green 等，以及对应的背景色 bgBlack、bgRed、bgGreen 等。

2. 边做边学

【示例 3-3】 使用 chalk 的与颜色相关的 API 改变 console.log() 输出信息的样式。

步骤 1： 在 VS Code 的终端窗口执行如下命令。

```
npm install chalk@4 -S
```

命令中的"@4"表示所要安装的包的版本号，此处安装的是 chalk 4。

步骤 2： 在 nodepro 项目根目录下创建 chalk.js 文件，输入如下代码。

```
1    const chalk = require('chalk');
2
3    console.log(chalk.yellow('This is chalk'));
4    console.log(chalk.bgBlue("蓝色背景"));
5    console.log(chalk.bold('这是加粗后的文字'));
6    console.log(chalk.rgb(230,100,120)('这是改变了颜色的文字'));
7    console.log(chalk.rgb(15, 100, 204).inverse('Hello!'));
8    console.log(chalk.red.bold.underline('Hello', 'world'));
```

从这段代码可以看到，使用 chalk 的基本方式是先调用相关函数设置颜色以及粗体等样式，再设置相关的要输出的文本。

第 8 行代码展示了 chalk 的链式编码风格。

步骤 3： 在 VS Code 的终端窗口通过以下命令运行该程序。

```
node chalk.js
```

3.1.4 progress

在下载、安装等场景中，需要使用进度条来显示下载或安装的进度，progress 工具包可以用在这些场景中。

1. 知识点

progress 的核心类是 ProgressBar，它的构造函数有两个参数。

（1）进度条的格式

progress 提供一些指令（Token）来定制进度条的格式，包括":bar"（进度条本身）、":current"（当前进度的数字表示）、":total"（总数）、":percent"（完成的百分比）、":etas"（预计完成时间）等。

比如如下用来定制进度条的格式的字符串：

```
"downloading [:bar] :rate/bps :percent :etas"
```

产生的格式如下所示：

```
downloading [=====          ] 39/bps 29% 3.7s
```

（2）选项

以对象的形式指定进度条的一些参数，包括 total（需要完成的总数）、complete（已完成部分所显示的字符，默认使用"="）、incomplete（未完成部分所显示的字符，默认使用"–"）等。

比如：

```
{
    complete: '=',
    incomplete: ' ',
}
```

2. 边做边学

【示例 3-4】 使用 progress。

步骤 1： 在 VS Code 的终端窗口执行如下命令。

```
npm i progress -S
```

步骤 2：在 nodepro 项目根目录下创建 progress.js 文件，输入如下代码。

```
1    const ProgressBar = require('progress')
2
3    let bar = new ProgressBar(":bar",{total:10});
4
5    let timer = setInterval(() => {
6      bar.tick();
7      if(bar.complete){
8         console.log('\ncomplete\n');
9         clearInterval(timer);
10     }
11   }, 500);
```

第 3 行代码实例化 ProgessBar 类，得到名为 bar 的对象，接下来关键的操作就是在合适的时候调用 tick()方法让进度条显示的进度增加。此例中，第 5 行代码使用了 setInterval()来模拟这个操作，而实际应用中应该根据下载或安装情况进行计算，比如根据原文件大小和已经下载的文件大小进行计算。

步骤 3：在 VS Code 的终端窗口通过以下命令运行该程序：

```
node progress.js
```

3.2　Node Web 开发

本书后续章节的部分示例使用 Node 平台下的 Express 框架构建服务器端程序。Express 是 Node 平台下的 Web 开发框架，基于该框架可以构建常见的 Web 应用程序。Express 类似于 Java 平台下的 Spring MVC、Python 平台下的 Django 等框架。在本书的示例中，只将 Express 框架用于构建不包含页面的后端程序，这类程序接收访问请求后，只返回 JSON 数据，从而实现"前后端分离"的架构设计。

3.2.1　使用 Express 模拟提供数据

1．知识点

在前后端分离架构下，前端发送请求给后端以获取数据。前后端的开发可以彼此独立、同时进行。在后端还无法向前端提供数据的时候，前端开发人员就需要寻求一些能够模拟后端提供数据的工具，比如 Mock.js 等。

本小节将引入一款 Node 平台下的常用的 Web 开发框架 Express 来完成类似的工作，但实际上 Express 框架完全可以用于开发后端程序。

2．边做边学

【示例 3-5】 构建一个服务器端 Express 程序，模拟服务器提供数据。

步骤 1：根据附录 3 介绍的方法，创建一个 Express 项目作为本章 uni-app 应用程序的服务器端程序，本例就使用附录 3 所创建的 Express 项目 SERVER。在 VS Code 中打开所创建的 Express 项目，如图 3-2 所示。

步骤 2：修改 routes 目录下的 index.js 文件，在代码 "module.exports=router" 之前增加如下代码。

图 3-2　创建的 Express 项目

```
1    router.get("/getPersons",function(req,res,next){
2      res.json({
3      "status":200,
4      "content":
5      [
6        {
7          "id":1,
8          "name":"Jerry",
9          "city":"武汉"
10       },
11       {
12         "id":2,
13         "name":"Tom",
14         "city":"合肥"
15       }
16     ]
17     });
18   });
```

这段代码的含义是当浏览器以 GET 请求访问 "/getPersons" 时，该程序就模拟了一个数据的直接返回，没有进行数据库的读写，也没有进行业务的处理。

返回的数据是一个对象，其具有 status 属性和 content 属性。content 的值是一个数组，这个数组的每个元素都是对象，这里是 person 对象。在服务器端，status 一般表示此次业务操作是否成功，如果成功，将 status 的值设置为 200，通过 content 属性返回业务数据，这里就是一个 person 数组。如果失败，将 status 的值设置为其他数字，该数字将表示服务器端出现的某种业务错误，同时将业务错误信息用诸如 errorMsg 这样的属性来封装。由于这里的数据是模拟数据，所以就只考虑了业务操作成功的情况。

根据附录 3 所提到的方法启动这个程序，此时在浏览器的地址栏中输入如下地址并按 "Enter" 键：

```
http://localhost:3000/getPersons
```

如果能看到类似图 3-3 所示的结果，则说明项目构建成功。

图 3-3　请求访问 "/getPersons" 的返回结果

步骤 3：解决跨域问题。

Express 程序的端口号默认为 3000，而前端程序运行后的端口号不会与此相同，所以前端程序向 Express 程序发出网络请求时会出现跨域问题。

当遇到如下情况时，将出现跨域问题。

（1）协议不同，如 HTTP（Hypertext Transfer Protocol，超文本传送协议）和 HTTPS（Hypertext Transfer Protocol Secure，超文本传输安全协议）。

（2）域名不同。

（3）端口号不同。

表 3-1 所示的示例都会出现请求的跨域问题。

表 3-1　请求的跨域问题示例

当前页面	被访问页面	跨域问题产生原因
http://www.test.com/test1.html	https://www.test.com/	协议不同，尽管域名一样
http://www.test.com/test1.html	http://www.hbue.edu.cn	域名不同
http://www.test.com:8090/test1.html	http://www.test.com:8080/test2.html	端口号不同，尽管协议、域名都一样

跨域问题的解决方法比较多，这里采用如下解决方法。

打开 app.js，找到 "app.use("/", indexRouter)" 这行代码，在这行代码之前添加如下代码：

```
app.all('*', function (req, res, next) {
  res.header('Access-Control-Allow-Origin', '*');
  res.header('Access-Control-Allow-Headers', 'Content-Type');
  res.header('Access-Control-Allow-Methods', '*');
  res.header('Content-Type', 'application/json;charset=utf-8');
  next();
});
```

注意，由于修改了 Express 项目中的文件，需要重新启动该项目才能使修改生效。在 VS Code 的终端窗口中首先按 "Ctrl + C" 快捷键停止项目运行，然后执行 npm start 重新启动项目。每次修改了代码，都需要先停止项目运行，再重新启动项目，修改才能生效。

3.2.2　处理文件上传的后端程序

1．知识点

在 3.2.1 小节举了一个使用 Express 处理 GET 请求的示例，本小节将通过 "文件上传" 来介绍 Express 如何处理 POST 请求。对于 POST 请求，一般使用 "表单" 来收集用户所输入的数据，POST 请求将表单里的数据放在请求的 Body 里面传递给后端程序，后端程序就从请求的 Body 里面取出数据，再进行后续的处理。对于从 POST 请求的 Body 里面取出数据，在 Node 平台上可以借助 formidable 工具包来完成。

2．边做边学

【示例 3-6】　实现一个简易的处理文件上传的后端程序。

步骤 1：选择一个文件夹（比如 E:\express），进入其命令提示符窗口，执行以下命令。

```
express --view=ejs upload
```

接着依次执行命令：

```
cd upload
npm install
```

对于 upload 项目，安装 formidable，执行命令：

```
npm install formidable@1.2.1 -S
```

步骤 2：将 upload 项目用 VS Code 打开。根据示例 3-5 的方法解决跨域问题。接着修改 router/index.js 文件，代码如下：

```
1   var express = require('express');
2   var router = express.Router();
3   var formidable = require('formidable');
4   var path = require('path');
5
```

```
6      /* GET 请求获取主页 */
7      router.get('/', function(req, res, next) {
8        res.render('index', { title: 'Express' });
9      });
10
11     router.post("/upload",function(req,res,next){
12         var form = new formidable.IncomingForm();
13         form.multiples = true;
14         form.uploadDir = path.join(dirname,"../public/myupload");
15         form.keepExtensions= true;
16         // console.log(form);
17         form.parse(req,(err,fields,files)=>{
18             if(err)
19                 console.log(err);
20             res.json({fields,files});
21         });
22
23     })
24
25     module.exports = router;
```

其中，为了配合第 14 行代码中的上传目录，需要在这个项目的 public 目录下面创建一个名为"myupload"的目录，所上传的文件都存储到这个目录下。随后启动项目即可。

这里只编写了处理文件上传的后端程序，它单独运行还无法达到上传文件的目的，需要有一个前端程序来上传文件，该部分功能可以参考 5.3.4 小节。

3.3 本章小结

在移动应用开发中可以通过 Node 平台引入一些第三方模块来帮助编写页面的 JavaScript 代码，同时也可以使用 Node 平台下的 Web 开发框架来构建后端程序。本章分别就这两方面的应用举了一些示例，比如当需要进行精确的计算时可以使用 number-precision 模块中的函数。在 NPM 网站上可以搜索所需要的模块。Express 是 Node 平台下的一款容易入门的 Web 开发框架，它无论是处理 GET 请求还是 POST 请求都比较直截了当，因此本章将它用于模拟服务器端提供数据，不过 POST 请求一般会涉及数据的更改，可以因地制宜地构造一些数据结构来存放数据。

3.4 习题

编程题

（1）修改示例 3-2 的代码，将一串文字生成为一个二维码。

（2）在网络上搜索关于 Node 平台上操作 MariaDB 或 MySQL 的 npm 包，将示例 3-5 的代码修改为从数据库中读取 person 数据。

第 **4** 章 Vue 基础

本章首先介绍 Vue 语法，涉及插值表达式、常用指令（如 v-on、v-bind、v-for 等），以及样式绑定、计算属性等；然后介绍 Vue 中组件的注册和使用方法，以及组件间通信，其中，"封装组件"在以后的开发中非常常用；最后介绍 Vue 的生命周期函数的使用方法。本书配套资料提供了 Vue 3 学习资料以及基于 Vue 3 的示例代码。

读者学习本章前，需要根据附录 1 的方法安装好 HBuilder X 开发工具，同时还需要安装好 "uni-app(Vue2)编译""scss/sass 编译"等插件。

4.1 Vue 语法

根据图附 1-4 的方法创建一个 uni-app 应用程序，本章中项目名为"基本语法"，所创建的 uni-app 应用程序目录结构如图 4-1 所示。

在图 4-1 中列出了一个 uni-app 应用程序的目录结构，其中各部分含义如下。

（1）基本语法

基本语法即所创建的 uni-app 应用程序的项目名，项目名可以使用中文或英文。

（2）.hbuilderx

.hbuilderx 是 HBuilder X 开发工具所生成的文件夹，存放一些配置信息。

（3）pages

pages 用于存放 vue 页面。pages 里面所创建的目录的名称建议使用英文，但对于页面的名称，HBuilder X 要求必须使用英文。

（4）static

static 用于存放图片、样式等静态资源文件。

（5）App.vue

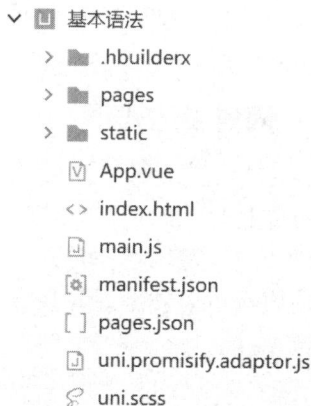

图 4-1　uni-app 应用程序目录结构

App.vue 是 uni-app 应用程序的主文件。uni-app 应用程序的生命周期函数写在这个文件中。uni-app 应用程序的公共样式也可以写在这个文件中。

（6）index.html

index.html 是系统的主页面，而实际上所编写的页面都是 vue 页面，HTML 页面只有这一个。

（7）main.js

main.js 是 uni-app 应用程序的入口文件。当需要在 Vue 的 prototype 中挂载一个实例对象（比如 Vuex）或者引入第三方组件时，一般在这个文件中进行定义。

（8）manifest.json

manifest.json 包含配置应用名称、appid、Logo、版本等打包信息。

（9）pages.json

pages.json 是 uni-app 应用程序的配置文件，诸如 pages、tabBar、全局样式变量等都在这个文件中进行配置。

（10）uni.promisify.adaptor.js

uni.promisify.adaptor.js 文件提供一个适配器函数，用于在 uni-app 内部将微信小程序传统的基于回调形式的 API 转换为 Promise 异步请求。

（11）uni.scss

uni.scss 中包含 uni-app 应用程序预设的一些全局样式变量。开发者后续可以将自定义的全局样式变量放在这个文件中。

uni-app 语法基本上与 Vue 语法保持一致，但在小程序平台运行时，部分 Vue 语法会受限。

一个 vue 页面包括以下 3 个部分，即 Vue 的"单文件组件规范"。

（1）页面的结构

构成页面的各标签放在<template>标签里。对于使用 Vue 2 构建的页面，必须使用一对<view>标签作为根标签，其他的标签都放在这对标签里。

（2）页面的逻辑

逻辑代码放在<script>标签里面。

（3）页面的样式

样式代码放在<style>标签里面，<style>标签有 lang 属性，取值为 scss、less 等。本书选择使用 scss。

4.1.1 插值表达式

1. 知识点

在双重花括号"{{ }}"中所书写的表达式称为"插值表达式"。在插值表达式中可以使用算术操作符、逻辑操作符，还可以调用函数或方法等，但不支持语句和流程控制。

以下代码都可以被编译和执行。

```
1    {{ number / 10}}
2    {{ isSuccess? "确定":"取消" }}
3    {{ username.length }}          // 5
4    {{ username.toUpperCase()}}    // JERRY
```

第 1 行代码是算术表达式。第 2 行代码是用三元操作符写的逻辑表达式。第 3 行代码使用了 string 类型数据的 length 属性，而第 4 行代码调用了 string 类型数据的 toUpperCase() 方法。从第 3 行代码和第 4 行代码可以发现，JavaScript 中的 API 仍然是可以在插值表达式中使用的。

而以下代码则报错。

```
{{ let number = 100}}          // 这是语句，不是表达式
{{ if(isSuccess) number/10}}   // 包含流程控制
```

2. 边做边学

【示例4-1】 了解插值表达式的基本用法。

打开4.1节所创建的"基本语法"项目，在pages/index目录下面创建一个名为expression的页面，**取消勾选"创建同名目录"**。在默认情况下"创建同名目录"是处于勾选状态的，这里取消勾选的目的是避免目录结构累赘。

<template>、<script>和<style>这3个标签的代码如下：

```
1    <template>
2        <view class="box">
3            <text>{{msg}}</text>, <text>{{username}}</text>
4        </view>
5    </template>
6
7    <script>
8        export default {
9            data() {
10               return {
11                   msg:"你好",//多个变量之间用逗号分隔
12                   username:"Jerry"
13               }
14           },
15           methods: {
16
17           }
18       }
19   </script>
20   <style lang="scss" scoped>
21       .box{
22           display:flex;
23           flex-direction:row;
24           justify-content:center;
25           align-items:center;
26           background-color: yellow;
27       }
28   </style>
```

当创建完成后，页面的运行方法可以参见附录1。uni-app应用程序可以分别运行到H5、App和各小程序平台。本书的示例代码主要以运行到浏览器（Firefox）的方式来讲解。

这段代码展示了uni-app页面的基本编写方式。在<template>标签里写页面的结构，此例的页面结构很简单，只在<view>标签里放了两对<text>标签，但<text>标签里的文本是以插值表达式{{msg}}和{{username}}的方式给定的。标签一般会配合使用一些指令来提升其表达能力，后续会重点介绍这些指令。标签可以通过class或style属性来指定样式。如果使用class属性，其值来自<style>标签里所定义的样式。比如第2行代码的class="box"就引用了第21行代码所定义的box样式。

在<script>标签里的export default{}里面通过data()函数定义了<template>标签里面所需要的变量。将这些变量写在一个对象中，使用return作为data()函数的返回值，如第10~13行代码所示。

在插值表达式中所使用的变量都必须在<script>标签的data()函数中定义，如果未定义，页面不会出现异常，但在浏览器开发者工具的控制台（它的打开方式见附录1）中会输出图4-2所示的错误信息。

```
[Vue warn]: Property or method "week" is not defined
on the instance but referenced during render. Make
sure that this property is reactive, either in the
data option, or for class-based components, by
initializing the property. See: https://vuejs.org/v2/g
uide/reactivity.html#Declaring-Reactive-Properties.

found in

---> at pages/index/databinding.vue
```

图 4-2　插值表达式使用了未定义的变量的错误信息

在<style>标签里编写样式代码，其属性 lang 的值为 scss 表明采用 SCSS 语法（如果没有安装 SCSS 插件，这段样式代码是无法编译通过的）。这种语法是对 CSS 语法的一种改进，如果读者对 CSS 语法比较熟悉，就很容易理解 SCSS 语法。

4.1.2　常用指令

Vue 提供了一些指令来实现流程控制、数据绑定、事件处理等功能。这些指令基本上以“v-”开头。

1．v-on

（1）知识点

v-on 用来给标签绑定事件处理函数，这个指令是一个非常重要的指令。

① 绑定事件处理函数使用“v-on:事件名”的形式，以属性方式写在标签里。

②“v-on:事件名”的值是一个函数名，当该事件被触发后，调用该函数。函数定义在 methods 属性中。

③“v-on:事件名”可以简写为“@事件名”，比如“v-on:click”可以简写为“@click”。这种简写方式更常用。

③ v-on 所绑定的事件处理函数可以传递参数。

（2）边做边学

【示例 4-2】 通过点击页面中的按钮改变页面中所显示的数字。

打开 4.1 节所创建的“基本语法”项目，在 pages/index 目录下面新建一个名为 von 的 uni-app 页面，**取消勾选“创建同名目录”**。对<template>和<script>标签分别添加如下代码：

```
<template>
    <view>
        数字：<text v-text="number"></text>
        <button type="primary" v-on:click="changeNumber">改变数字</button>
    </view>
</template>

<script>
    export default {
        data() {
            return {
                number:0
            }
        },
        methods: {
            changeNumber(){
                this.number = 10;
            }
```

```
19          }
20        }
21   </script>
```

在<script>标签里，第 12 行代码定义了一个变量 number，其初始值为 0，第 3 行代码的<text>标签通过 v-text 指令引用该变量，因此页面刚开始时显示的数字是"0"。第 15 行代码的 methods 属性里面定义了一个 changeNumber()函数，第 4 行代码的<button>标签通过 v-on 指令将该函数设置为了 click 事件的处理函数，意味着当"改变数字"按钮被点击时会调用 changeNumber()函数。注意此行代码的 v-on:click="changeNumber"可以简写为@click="changeNumber"，这种写法更为常用。

changeNumber()的函数体只有一句代码：

```
this.number = 10;
```

this 可以理解为当前这个页面组件。第 12 行代码所定义的 number 便是这个页面组件的一个数据属性，因此这句代码中的 this 是绝对不能缺少的。初学者容易犯的一个错误就是引用 data()里定义的变量时忘记写 this。

图 4-3 和图 4-4 分别展示了点击按钮前后的页面。（注意：如果项目运行后看到的是主页面，可以在浏览器的地址栏中输入需要的页面的地址，比如本例的 http://localhost:8080/#/pages/index/von，并按"Enter"键。）

图 4-3　点击按钮之前的页面　　　　　图 4-4　点击按钮之后的页面

changeNumber()函数通过 this.number=10 改变了 number 变量的值，v-text 指令引用了 number 变量，当 number 变量的值发生改变时，<text>的值随之自动更新。这种"数据绑定"的机制可以避免操作 DOM 来更新组件所引用的变量的值。

【示例 4-3】 通过事件处理函数传递参数。

打开 4.1 节所创建的"基本语法"项目，在 pages/index 目录下新建一个名为 von2 的页面，**取消勾选"创建同名目录"**。对<template>、<script>和<style>标签分别添加如下代码：

```
1    <template>
2      <view class="container">
3        <view class="box">
4          <text v-text="count"></text>---<text v-text="message"></text>
5        </view>
6        <button type="primary" size="mini" @click="changeInfo(10,'更改后的文本')">更改</button>
7      </view>
8    </template>
9
10   <script>
11     export default {
12       data() {
13         return {
14           count:0,
15           message:"Hello,uni-app"
16         }
17       },
```

```
18          methods: {
19            changeInfo(count,message){
20              this.count = count;
21              this.message = message;
22            }
23          }
24        }
25    </script>
26
27    <style lang="scss" scoped>
28      .container{
29        display: flex;
30        flex-direction: column;
31        align-items: center;
32        .box{
33          display: flex;
34          flex-direction: row;
35          justify-content: center;
36        }
37      }
38    </style>
```

第 6 行代码演示了如何在事件处理函数中传递参数。第 19～22 行代码中的 changeInfo() 函数使用了两个形参来接收所传递的值。

这段代码还演示了 SCSS 的嵌套式 CSS 的编写方法。如第 28～37 行代码所示，在 container 样式里面嵌套了一个 box 样式。container 样式被第 2 行代码的<view>标签使用，box 样式被第 3 行代码的<view>标签使用，这两对<view>标签的嵌套层次与两个样式的嵌套层次一样。运行效果如图 4-5 所示。

图 4-5　具有嵌套样式的 SCSS 代码运行效果

container 样式使用了 Flex 布局，以垂直方向为主轴，align-items: center 使得项目在水平方向（交叉轴）上居中对齐，因此在图 4-5 中可以看到文本整体是在水平方向上居中对齐的。但两对<text>标签被一对<view>标签包裹，而这对<view>标签使用了 box 样式，这个样式的主轴是水平方向，因此两对<text>标签在水平方向上居中对齐。对于复杂的页面结构，一般都采用这种技巧：将一些标签用<view>标签包裹起来作为一个整体，内部的样式服从外部的样式，而内部根据需要使用其他布局方式。关于 Flex 布局，第 5 章将对其详细介绍。

【示例 4-4】　通过 event 参数接收关于事件本身的信息。

打开 4.1 节所创建的"基本语法"项目，在 pages/index 目录下新建一个名为 von3 的页面，**取消勾选"创建同名目录"**。对<template>和<script>分别添加如下代码，von3 页面的<style>标签里面的代码与 von2 页面的一样。

```
1     <template>
2       <view class="container">
3         <button type="primary" @click="changeInfo">点击</button>
4       </view>
5     </template>
6
7     <script>
8       export default {
9         data() {
10          return {
```

```
11                }
12            },
13            methods: {
14                changeInfo(event){
15                    console.log(event);
16                }
17            }
18        }
19    </script>
```

第 15 行代码在控制台输出类似图 4-6 所示的信息。

```
▼ Object { type: "click", timeStamp: 30186, detail: {…}, target: {…}, currentTarget: {…},
  touches: (1) […], changedTouches: (1) […], preventDefault: preventDefault() ↗,
  stopPropagation: stopPropagation() ↗, mp: {…}, … }
    _processed: true
  ▶ changedTouches: Array [ {…} ]
  ▶ currentTarget: Object { id: "", offsetLeft: 355, offsetTop: 0, … }
  ▶ detail: Object { x: 409, y: 29 }
  ▶ mp: Object { "@warning": "mp is deprecated", type: "click", timeStamp: 30186, … }
  ▶ preventDefault: function preventDefault() ↗
  ▶ stopPropagation: function stopPropagation() ↗
  ▶ target: Object { offsetLeft: 355, offsetTop: 0, x: 409, … }
    timeStamp: 30186
  ▶ touches: Array [ {…} ]
    type: "click"
  ▶ <prototype>: Object { … }
```

图 4-6 uni-app 所封装的点击事件信息

从图 4-6 可知，event 是一个对象，type 属性的值 "click" 表明它是点击事件。还有一些其他属性，如 detail，其值表示点击的坐标位置。

2．v-show

（1）知识点

v-show 用来控制组件是显示还是隐藏。

① v-show 的值可以取 true 或 false，也可以取被定义为布尔值的变量。

② 实际上值为布尔值的表达式都可以作为 v-show 的值。

（2）边做边学

【示例 4-5】 通过点击页面中的按钮隐藏文本。

打开 4.1 节所创建的 "基本语法" 项目，在 pages/index 目录下新建一个名为 vshow 的页面，**取消勾选 "创建同名目录"**。对<template>、<script>和<style>标签分别添加如下代码：

```
1    <template>
2        <view class="container">
3            <view v-show="true">uni-app 欢迎您!     </view>
4            <view v-show="isVisible">这是被控制显示的文本! </view>
5            <button type="primary" size="mini" @click="showMessage">显示或隐藏文本</button>
6        </view>
7    </template>
8
9    <script>
10        export default {
11            data() {
12                return {
13                    isVisible:true,
14                }
15            },
```

```
16              methods: {
17                  showMessage(){
18                      this.isVisible = false;
19                  }
20              }
21          }
22      </script>
23
24      <style lang="scss" scoped>
25          .container{
26              display: flex;
27              flex-direction: column;
28              align-items: center;
29          }
30      </style>
```

这段代码定义了一个 isVisible 变量，其初始值为 true，第 4 行代码中的<view>标签通过 v-show 指令引用了 isVisible 变量，因此文本刚开始是显示出来的。当第 5 行代码定义的按钮被点击后，其所绑定的处理函数 showMessage()修改了 isVisible 的值为 false，导致第 4 行代码定义的文本被隐藏了。

3. v-if

（1）知识点

v-if 是一个流程控制指令，类似于编程语言中的 if 语句，与之匹配的还有 v-else、v-else-if 等指令。使用 v-if 或 v-else-if 指令时，它们的值需要为"逻辑表达式"。

（2）边做边学

【示例 4-6】 通过点击不同的按钮显示不同的文本。

打开 4.1 节所创建的"基本语法"项目，在 pages/index 目录下新建一个名为 vif 的页面，**取消勾选"创建同名目录"**。对<template>和<script>标签分别添加如下代码：

```
1   <template>
2       <view>
3           <view v-if="current==='search'">点击了"显示搜索框"按钮</view>
4           <view v-else-if="current==='keywords'">点击了"显示搜索关键字"按钮</view>
5           <view v-else>点击了"显示搜索结果"按钮</view>
6
7           <button @click="current='search'">显示搜索框</button>
8           <button @click="current='keywords'">显示搜索关键字</button>
9           <button @click="current='results'">显示搜索结果</button>
10      </view>
11  </template>
12
13  <script>
14      export default {
15          data() {
16              return {
17                  current:"search"
18              }
19          },
20          methods: {
21
22          }
23      }
24  </script>
```

从代码中可见，v-if 指令的匹配形式与 C、Java 等编程语言中的条件控制语句非常类似。v-if 所匹配的指令是 v-else-if 和 v-else。v-if 也可以单独出现。

第7～9行代码将对按钮的点击事件的处理直接写在了指令中，而没有另外绑定函数。

如果单就是否显示页面元素来看，v-if 的作用似乎与 v-show 的作用一样。但这两个指令在内部机制上是有区别的：v-if 在 DOM 层次上控制元素的存在与不存在；v-show 实际上是在操作该元素的 style 样式的 display 属性，当隐藏元素时，将其值修改为 none，但从 DOM 层次上看，该元素还存在。因此在频繁切换显示或隐藏元素时，使用 v-show 能提高页面渲染效率。遇到比较复杂的显示或隐藏操作时使用 v-if 比较合适。

4．v-for

（1）知识点

v-for 指令用来遍历数组或对象。v-for 需要结合 in 来使用。这个指令非常重要。它一般采用如下语法格式：

```
<li v-for="item in items" :key="item.message">
    {{ item.message }}
</li>
```

其中，"item in items" 中的 items 代表被遍历的数组名或对象名，item 代表数组元素的别名，也可以理解为临时变量。由于 v-for 指令写在<li>标签中，所以这个标签会被多次渲染。

（2）边做边学

【示例 4-7】 使用 v-for 指令遍历对象、数组和对象数组。

打开 4.1 节所创建的"基本语法"项目，在 pages/index 目录下新建一个名为 vfor 的页面，**取消勾选"创建同名目录"**。对<template>和<script>标签分别添加如下代码：

```
1   <template>
2       <view>
3           <!--
4               1. 通过 v-for 遍历对象
5           -->
6           <view v-for="(value, key, index) in person">
7               索引：{{index}} -- 键：{{key}} -- 值：{{value}} <br>
8           </view>
9           <!--
10              2. 通过 v-for 遍历数组
11          -->
12          <view v-for="(item, index) in city">
13              <view>索引：{{index}} -- 元素：{{item}}</view>
14          </view>
15          <!--
16              3. 通过 v-for 遍历对象数组
17          -->
18          <view v-for="(person,index) in persons" :key="person.id">
19              索引：{{index}} -- {{person.name}}  {{person.age}}
20                      {{person.city}}
21          </view>
22      </view>
23  </template>
24
25  <script>
26      export default {
27          data() {
28              return {
29                  person:{name:"xiaochen", age:20},
30                  city:["武汉","杭州","合肥"],
31                  persons:[
32                      {id:"1", name:"xiaochen", age:20, city:"武汉"},
```

```
33                           {id:"2", name:"xiaowang", age:19, city:"杭州"},
34                           {id:"3", name:"xiaozhang", age:21, city:"合肥"}
35                   ]
36               }
37          },
38          methods: {
39          }
40      }
41  </script>
```

第 29～35 行代码的 data() 函数里面定义了 3 个变量：person、city 和 persons。其中 persons 是一个对象数组。使用 v-for 遍历对象、数组、对象数组的方式如下。

① 遍历对象。

由于对象由键值对组成，第 6 行代码采用了"(value, key, index) in person"的写法，其中圆括号里的几个变量是有特定含义的：value 表示对象的"值"，key 表示对象的"键"，而 index 是 Vue 添加的，表示当前的键值对的索引。它们的顺序也是约定俗成的，即便写成 v-for="(key, value, index) in person"，使第 1 个参数命名为 key，Vue 仍然会将对象的"值"赋给它。Vue 在解析 v-for 的表达式时，是按照位置来赋值的：第 1 个参数将得到对象的"值"，第 2 个参数将得到对象的"键"，第 3 个参数将得到对象的索引。

② 遍历数组。

第 12 行代码中 v-for 遍历数组时使用了表达式"(item, index) in city"。其中第 1 个变量 item 表示 city 数组中的每一个元素，index 表示索引。

③ 遍历对象数组。

persons 是一个对象数组：它本身是一个数组，而它的每一个元素是一个对象。第 18 行代码中 v-for 遍历对象数组时使用的表达式是"(person, index) in persons"，其含义是从 persons 中取出的对象用 person 存储。由于 person 是一个对象，故可以继续访问对象中的每一个键值对："{{person.name}}"、"{{person.age}}"和"{{person.city}}"。

v-for 指令一般还搭配一个":key"属性，这个属性在很多时候是必不可少的。这涉及 Vue 的所谓"虚拟 DOM"。当 data() 函数中的数据发生变化时，Vue 会重新渲染使用了该数据的组件。如果该组件带有具备了唯一性的 key（如数据项的 id），那么它在 DOM 中只会被重新排序，而不是重新创建，这样能提高渲染的效率。

这段代码的运行效果如图 4-7 所示。

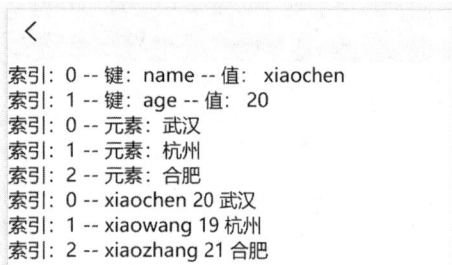

图 4-7　v-for 指令遍历对象、数组和
对象数组的运行效果

5.　v-bind

（1）知识点

组件具有多个属性，如果希望属性的值发生改变，就需要使用 v-bind 指令。

由于 v-bind 指令的使用频率非常高，Vue 提供了一种简写方式：省略"v-bind"，而只在属性名前加一个冒号，比如将 v-bind:src="imageName" 简写为 :src="imageName"。

（2）边做边学

【示例 4-8】实现这个小功能：当点击页面中的按钮时，将原本所显示的 uni-app 的 Logo 图片更换为其他图片。

打开 4.1 节所创建的"基本语法"项目，在 pages/index 目录下新建一个名为 vbind 的页面，**取消勾选"创建同名目录"**。对<template>和<script>标签分别添加如下代码：

```
1   <template>
2       <view>
3           <image class="img" :src="imageName" mode="scaleToFill"></image>
4           <button @click="changeImage" type="primary">更换图片</button>
5       </view>
6   </template>
7
8   <script>
9       export default {
10          data() {
11              return {
12                  imageName:"/static/logo.png",
13              }
14          },
15          methods: {
16              changeImage(){
17                  this.imageName = "/static/huawei.jpeg";
18              }
19          }
20      }
21  </script>
22
23  <style lang="scss" scoped>
24  .img{
25      width: 200rpx;
26      height:200rpx;
27  }
28  </style>
```

第 4 行代码给 button 组件的 click 事件绑定处理函数 changeImage()。第 12 行代码添加了一个 imageName 变量，其初始值为 static 目录下的 logo.png。第 16～18 行代码中的函数 changeImage()将 imageName 的值改为另外一张图片的路径（为了让程序呈现预期效果，需要在 static 目录下放置一张名为 huawei.jpeg 的图片）。代码的运行效果如图 4-8 所示。

图 4-8　点击按钮更换图片

4.1.3　样式绑定

1. 知识点

组件可以使用 style 和 class 两个属性来定义其样式，相应地可以针对这两个属性通过代码来修改样式。

（1）对象语法

对于 class 属性，其写法是：

```
:class="{active: isActive, 'text-danger': hasError }"
:class="isAction?active:''"   // 三元表达式的写法
```

这里的 isActive 和 hasError 都是布尔类型的变量。active 是样式类名。

对于 style 属性，其写法是：

```
:style="{ color: activeColor, fontSize: fontSize + 'px' }"
```

这里的 activeColor 取值类型为 Color，比如#ffffff，fontSize 取值类型为数值。

（2）数组语法

对于 class 属性，其写法是：

```
:class="[activeClass,errorClass]"
:class="[isActive ? activeClass : '', errorClass]"
:class="[{ active: isActive }, errorClass]"
```

对于 style 属性，其写法是：

```
:style="[{ color: activeColor, fontSize: fontSize + 'px' }]"
```

需要注意的是，使用了样式绑定后，组件仍然是可以再使用 class 属性或 style 属性的，比如：

```
<view class="static" :class="{ active: isActive}">111</view>
```

假如 isActive 为 true，那么此时 view 组件的 class 属性的值是：

```
<view class="static active"></view>
```

2. 边做边学

【示例 4-9】 借助样式绑定实现点击元素改变其背景色的功能。

打开 4.1 节所创建的"基本语法"项目，在 pages/index 目录下新建一个名为 classbind 的页面，**取消勾选"创建同名目录"**。<template>和<style>标签分别添加如下代码：

```
1    <template>
2        <view class="menu">
3            <view class="item" :class="currentItem===index?'active':''" v-for="(item,index)
             in menus" :key="item.id" @click="onClick(index)">{{item.name}}</view>
4        </view>
5    </template>
6
7    <script>
8        export default {
9            data() {
10               return {
11                   menus:[
12                       {id:1, name:"介绍"},
13                       {id:2, name:"教程"},
14                       {id:3, name:"全局文件"},
15                       {id:4, name:"组件"},
16                   ],
17                   currentItem:0
18               }
19           },
20           methods: {
21               onClick(index){
22                   this.currentItem = index;
23               }
24           }
25       }
26   </script>
27
28   <style lang="scss" scoped>
29   .menu{
30       display: flex;
31       flex-direction: row;
32       justify-content: space-around;
33       align-items: center;
34       background-color: lightgray;
35       height: 150rpx;
36       .item{
37           width:20%;
38           height: 80rpx;
```

```
39            line-height: 80rpx;
40            text-align: center;
41            background-color: white;
42            &.active{
43                color:white;
44                background-color: green;
45            }
46        }
47    }
48 </style>
```

这个示例模仿的是 uni-app 官网的导航栏。当点击某个菜单项时，其背景色变为绿色，字体颜色变为白色。比如当点击第二个菜单项时，所绑定的 onClick()函数将 currentItem 的值改为当前菜单项的 index 值，此时第 3 行代码的样式绑定的三元表达式值为 true，这样这个菜单项的 class 就增加了第 42~45 行代码中的 active 样式，其他菜单项的三元表达式值为 false，因此不增加样式。运行效果如图 4-9 所示。

图 4-9 点击菜单项，样式发生变化

4.1.4 计算属性

1．知识点

在 Vue 模板语法中如果需要编写比较复杂的插值表达式，比如购物车中放入了如下商品，在页面中要将这些商品的总价格显示出来：

```
items:[
    {id:1, name:'矿泉水',price:1.5,amount:7},
    {id:2, name:'饼干',price:4.15,amount:5},
    {id:3, name:'毛巾',price:3,amount:2}
]
```

此时计算总价格需要遍历每一件商品，将 price 和 amount 取出来进行计算，这些工作仅仅通过一个插值表达式是无法完成的，遇到这种情况时可以使用"计算属性"。

2．边做边学

（1）不使用计算属性的做法

【示例 4-10】 不使用计算属性显示商品的总价格。

打开 4.1 节所创建的"基本语法"项目，在 pages/index 目录下新建一个名为 computed1 的页面，**取消勾选"创建同名目录"**。对<template>和<script>标签分别添加如下代码：

```
1  <template>
2      <view>
3          <view>
4              购买的商品的总价格是{{total()}}元。
5          </view>
6      </view>
7  </template>
8
9  <script>
10     export default {
11         data(){
12             return {
13                 items:[
14                     {id:1, name:'矿泉水',price:1.5,amount:7},
```

```
15                    {id:2, name:'饼干',price:4.15,amount:5},
16                    {id:3, name:'毛巾',price:3,amount:2}
17                ]
18            }
19        },
20        methods:{
21            total(){
22                let totalPrice = 0
23                this.items.forEach(item => {
24                    totalPrice += item.price * item.amount
25                });
26                //toFixed(2)表示小数部分取2位
27                return totalPrice.toFixed(2);
28            }
29        }
30    }
31 </script>
```

这种做法在第21行代码中定义了一个total()函数,第23~25行代码通过数组的forEach()方法遍历 items 数组完成总价格的计算,然后返回这个总价格。在页面中插值表达式直接调用了该函数,故写成"{{total()}}"（4.1.1 小节提到过插值表达式是可以调用函数的）。

（2）使用计算属性

【示例4-11】 使用计算属性显示商品的总价格。

打开 4.1 节所创建的"基本语法"项目,在 pages/index 目录下新建一个名为 computed2 的页面,**取消勾选"创建同名目录"**。对<template>和<script>标签分别添加如下代码:

```
1  <template>
2      <view>
3          <view>
4              购买的商品的总价格是{{sum}}元。
5          </view>
6      </view>
7  </template>
8
9  <script>
10     export default {
11         data() {
12             return {
13                 items:[
14                     {id:1, name:'矿泉水',price:1.5,amount:7},
15                     {id:2, name:'饼干',price:4.15,amount:5},
16                     {id:3, name:'毛巾',price:3,amount:2}
17                 ]
18             }
19         },
20         methods: {
21
22         },
23         computed:{
24             sum(){
25                 let totolPrice = 0;
26                 this.items.forEach(item=>{
27                     totolPrice += item.price * item.amount;
28                 });
29                 return totolPrice.toFixed(2);
30             }
31         }
32     }
33 </script>
```

对于计算属性，需要在 export default{}中增加一个 computed 属性（第 23 行代码），在这个属性里面定义了一个 sum()函数（第 24～30 行代码），第 4 行代码在插值表达式中直接引用"{{sum}}"，这里的 sum 后面是没有圆括号的。

其实，这里看到的计算属性的写法是简化后的写法，原本的写法是：

```
1    computed:{
2      sum:{
3        get(){
4          let totalPrice = 0;
5          this.items.forEach(item => {
6            totalPrice += item.price * item.amount
7          });
8          return totalPrice.toFixed(2);
9        }
10      }
11    }
```

4.2 封装组件

对于在页面中反复出现的元素，比如导航栏，开发者可以将其封装为自定义组件，然后在页面中使用，这样既方便阅读代码，也利于后期维护。对于自定义组件，封装之后需要在页面中导入和注册方能使用。自定义组件和使用该组件的组件之间具有"父子"关系，两者之间传递数据的方式是读者学习的重点。

4.2.1 组件注册和使用

1. 知识点

自定义组件一般放在项目根目录的 components 目录下面，其只有在页面中被导入、注册，才能被使用。

2. 边做边学

【示例 4-12】封装一个自定义组件并在 index 页面中使用。

步骤 1：在 HBuilder X 中创建项目，命名为"封装组件"。

步骤 2：在项目名上单击鼠标右键，在出现的关联菜单里选择"新建"→"目录"，创建目录并将其命名为"components"。

步骤 3：在目录名上单击鼠标右键，在出现的关联菜单里选择"新建组件"，创建组件并将其命名为"test"，**创建的时候勾选"创建同名目录"**，如图 4-10 所示。

新建uni-app组件

test

E:/manuscriptv2/chapter4/封装组件/components

选择模板

默认模板
使用less的模板组件
✓ 使用scss的模板组件
使用stylus的模板组件
使用typescript的模板组件

☑ 创建同名目录

图 4-10 新建 uni-app 组件

步骤 4：在 test.vue 文件的<template>标签里面输入一些文字。

```
1    <template>
2      <view>
3        这是 test 组件。
4      </view>
5    </template>
```

步骤 5：修改 index.vue 文件，<script>标签内的代码如下，这些代码主要用于导入和注册组件。

```
1    <script>
2    // 导入 test 组件
3    import test from '@/components/test/test.vue'
4    export default {
5        data() {
6            return {
7                title: 'Hello'
8            }
9        },
10
11       onLoad() {
12
13       },
14       methods: {
15
16       },
17       // 注册 test 组件
18       components:{ ":" 左右
19           // ":" 左右两侧均为 test 时可以简写为 test
20           test:test
21       }
22   }
23   </script>
```

步骤 6： 修改 index.vue 文件，在<template>标签的<view>标签的最后添加代码，使用 test 组件。

```
1    <template>
2        // 其他的代码不变
3        <test></test>
4        </view>
5    </template>
```

运行程序，就能看到图 4-11 所示的结果。

图 4-11　使用了自定义组件的 index 页面

4.2.2　组件间通信

1. 知识点

简单地说，使用了自定义组件的组件可以称为"父组件"，所封装的自定义组件可以称为"子组件"。这种父子关系是可以嵌套的：子组件也可以成为其他组件的父组件，而父组件也可以成为其他组件的子组件。

具备直接父子关系的组件之间通过 props 属性和 Vue 实例的$emit()方法传递数据。除此之外，其他组件之间传递数据都称为"跨组件"传递数据。

父组件给子组件传递数据的方法是通过 props 属性给子组件定义 property。而子组件给父组件传递数据的方法是给子组件绑定自定义事件，通过$emit()方法主动触发该事件，在父组件中监听该事件，并获取数据。

2. 边做边学

【示例 4-13】 借助 props 属性，从父组件向子组件传递数据。

步骤 1：修改示例 4-12 的 test.vue 文件，给子组件添加 props 属性。为了表明该组件接收了来自父组件的数据，在<template>中加了一个按钮来弹出子组件所接收的数据。

```
1    <template>
2        <view>
3            这是 test 组件。
4            <button @click="clickHandler">显示接收的数据</button>
5        </view>
6    </template>
7
8    <script>
9        export default {
10           name:"test",
11           props:["num"], // 增加 props 属性，不要忘了后面的逗号
12           data() {
13               return {
14                   };
15           },
16           methods:{
17               clickHandler(){
18                   alert(this.num);
19               }
20           }
21       }
22   </script>
```

第 11 行代码定义了 props 属性，其值是一个数组，里面的元素就是给这个组件添加的props。这里所展示的是数组语法的写法，还有对象语法的写法，如下所示：

```
1    props:{
2        num:{
3            type:Number,
4            default:0
5        }
6    }
```

这种写法确定了 num 的类型为字符串，默认值为 0，那么 num 便只能接收字符串数据，如果父组件没有传值过来，则使用默认值。

Vue 官网文档提供了更多对象语法的写法。

步骤 2：修改 index.vue 文件，添加以下代码。

```
1    <test :num="100"></test>
```

子组件 test 所定义的 props 就如同给子组件自定义的一个属性，所以父组件可以通过v-bind 指令给这个属性传值。

步骤 3：继续修改 test.vue 文件，借助$emit()方法，从子组件向父组件传递数据。代码如下。

```
1    <!--在<template>里面添加-->
2    <button @click="sendMsg">给父组件传递数据</button>
3
4    <!--在 data()里面添加 -->
5      msg: "这是子组件 test 的消息"
6
7    <!-- 在 methods 里面添加 -->
8    sendMsg(){
9        this.$emit("subEvent",this.msg);
10   }
```

第 9 行代码通过组件的$emit()方法触发了 subEvent 事件，这个事件便是自定义事件，该方法的第 2 个参数用于传递数据。

步骤 4：修改 index.vue 文件，代码如下。

```
1    <!-- 监听子组件 test 的 subEvent 事件 -->
2    <test :num="100" @subEvent="getMsg"></test>
3
4    <!-- 在 methods 里面添加 -->
5    getMsg(msg){
6        alert(msg);
7    }
```

第 2 行代码表明监听子组件的自定义事件仍然采用 v-on 指令。到目前为止，页面的运行效果如图 4-12 所示。

图 4-12　组件间通信

4.3　生命周期函数

uni-app 应用程序的生命周期分为应用生命周期、页面生命周期和组件生命周期，uni-app 相应地提供了 3 组生命周期函数，表 4-1 列出了一些常用的应用生命周期函数。

表 4-1　常用的应用生命周期函数

函数名	说明
onLaunch	当 uni-app 应用程序初始化完成时触发。这个函数全局只触发一次
onShow	当 uni-app 应用程序启动或用户进入小程序时触发
onHide	当 uni-app 应用程序从前端转入后端时触发

应用生命周期函数只能写在 App.vue 文件中，每次新建一个项目时，HBuilder X 都会在 App.vue 中放入这 3 个应用生命周期函数，默认情况下的代码如下所示：

```
1   <script>
2   export default {
3       onLaunch: function() {
4           console.log('App Launch')
5       },
6       onShow: function() {
7           console.log('App Show')
8       },
9       onHide: function() {
10          console.log('App Hide')
11      }
12  }
13  </script>
```

在浏览器开发者工具的控制台中能看到这 3 个应用生命周期函数的输出结果，注意观察输出的时机。

在开发 uni-app 应用程序时，页面生命周期函数基本上能满足大部分的需求，常用的页面生命周期函数如表 4-2 所示。

表 4-2　常用的页面生命周期函数

函数名	说明
onLoad	当页面加载时触发
onShow	当页面显示时触发，比如从其他页面返回当前页面时触发
onReady	当页面初次渲染完成时触发
onHide	当页面隐藏时触发
onReachBottom	当页面上拉触底时触发
onBackPress	当页面返回时触发。返回方式分为点击左上角返回按钮返回或按 Android 返回键返回，以及使用 uni.navigateBack 返回

表 4-2 只列举了几个使用频率比较高的页面生命周期函数，读者在后面的示例中会看到它们的应用场合。

创建在 components 目录下的文件可以使用组件生命周期函数，它们实际上就是 Vue 标准组件的生命周期函数，如表 4-3 所示。

表 4-3　组件生命周期函数

函数名	说明
beforeCreate	Vue 实例初始化之后触发
created	Vue 实例创建完成之后立即触发
beforeMount	挂载开始之前触发
mounted	挂载到 Vue 实例上之后触发
beforeDestroy	Vue 实例销毁之前触发。在这一步，Vue 实例仍然完全可用
destroyed	Vue 实例销毁之后触发

4.4　本章小结

本章主要介绍了插值表达式、常用指令（如 v-on、v-bind、v-for 等）、样式绑定、计算属性等知识，还介绍了组件注册和使用、组件间通信，以及生命周期函数。在编写本书时（2023 年），Vue 2 已被官方宣布在 2023 年 12 月 31 日停止维护，但由于这个版本非常成熟以及有许多遗留项目使用 Vue 2 语法，学习这个版本还有必要性，因此本章及后续章节的 uni-app 示例是以 Vue 2 语法为主的。从长远看，普及 Vue 3 是一种发展趋势，学习 Vue 3 语法也是非常有必要的，为了方便读者学习和掌握基于 Vue 3 语法的 uni-app 应用程序，本章同时也提供了 uni-app 应用程序的 Vue 3 语法版本，该版本的获取方法见前言。本书的配套资料提供一份比较简明的 Vue 3 学习指南，从整体上看从 Vue 2 过渡到 Vue 3 并不存在很多语法上的障碍，对于这一点读者不用过于担心。

4.5 习题

1. 单选题

（1）v-on 指令的简写形式是（　　　）。

　　A. @　　　　　　　　B. :（冒号）　　　　C. on　　　　　　　　D. 没有简写形式

（2）关于插值表达式，下列说法错误的是（　　　）。

　　A. 使用双花括号，即{{和}}　　　　　　B. 不能调用 methods 属性中定义的函数

　　C. 不能写赋值语句　　　　　　　　　　D. 可以引用 data 属性中定义的数据变量

（3）关于 v-if 和 v-show 指令，下列说法错误的是（　　　）。

　　A. v-if 指令的值必须是布尔值

　　B. 与 v-if 指令匹配的是 v-else 指令或者 v-else-if 指令

　　C. v-show 指令实质控制的是标签的 display 属性的 none 值

　　D. 遇到需要频繁显示或隐藏的标签，优先使用 v-if 指令

（4）以下不是 Vue 指令的是（　　　）。

　　A. v-if　　　　　　　B. v-on　　　　　　　C. v-for　　　　　　　D. v-hidden

（5）Vue 页面结构不包括（　　　）。

　　A. <template>　　　B. <html>　　　　　C. <script>　　　　　D. <style>

（6）用于监听 DOM 事件的指令是（　　　）。

　　A. v-on　　　　　　B. v-model　　　　　C. v-bind　　　　　　D. v-html

（7）关于 v-for 指令，下列说法错误的是（　　　）。

　　A. v-for 指令可以遍历一个对象，所遍历的结果是对象里每个属性的 key 和 value

　　B. v-for 指令中 key 的作用主要是高效地更新虚拟 DOM

　　C. v-for 指令遍历数组时语法格式为 "(item, index) in 数组名"，其中的 index 必须写

　　D. v-for 指令可以嵌套使用

（8）以下指令中，能够将数据以纯文本形式显示的是（　　　）。

　　A. v-once　　　　　B. v-text　　　　　　C. v-bind　　　　　　D. v-html

2. 编程题

（1）修改示例 4-5 的代码，使得点击按钮时文本消失，再次点击按钮时文本出现。

（2）修改示例 4-6 的代码，使得第 3～5 行代码中的文本在水平方向上居中对齐。

（3）修改示例 4-13 的代码，从 uni-app 官网了解 uni.showToast()的用法，改写第 18 行代码的 alert()语句。

第5章 uni-app 基础

uni-app 是一款面向多平台的前端开发框架，借助于 HBuilder X 开发工具的编译和打包，uni-app 应用程序能运行于 H5、App（包括 iOS、Android、鸿蒙等）和各小程序平台。uni-app 的设计理念比较先进。其语法以 Vue 为基础，同时提供丰富的组件和 API，很适合用于开发移动应用程序。本章将介绍 uni-app 的一些基础知识，包括 uni-app 应用程序概述、内置组件、扩展 API 和扩展组件等。uni-app 框架的官网文档对这些组件和 API 的用法进行了详细介绍，因此本章的讲解也将围绕官网文档展开，帮助读者养成阅读文档的习惯。

5.1 uni-app 应用程序概述

开发者在开发 uni-app 应用程序时常以传统的 HTML、CSS 和 JavaScript 等网页技术为基础开发页面，而后借助不同的渲染引擎巧妙地解决跨端问题。因此具备 Web 开发经验的开发者对于编写 uni-app 页面会比较容易上手，但与编写 PC 端网页相比，开发者在开发 uni-app 页面时，在布局、尺寸单位等方面采用了一些独特的做法，其目的是使 uni-app 页面能适配不同分辨率的移动设备。

5.1.1 Flex 布局

1. 知识点

Flex 布局称为弹性布局，uni-app 使用该布局来支持各种不同的移动设备。传统的布局基于盒子（Box）模型，依赖 float、display、position 等属性实现灵活的布局。Flex 布局同传统的布局一样，也是基于盒子模型的，它依赖 flex-direction、flex-wrap、justify-content、align-items 等属性。

如果将容器里面放置的元素称为"项目"，那么项目在水平方向或垂直方向上的对齐方式是布局时关注的焦点。Flex 布局以主轴和交叉轴来决定这两个方向上项目的对齐方式，核心是以下 3 个属性：flex-direction 属性决定主轴方向（交叉轴则与主轴垂直）；justify-content 属性决定主轴上项目的对齐方式；align-items 属性决定交叉轴上项目的对齐方式。

flex-direction 取值为 row（水平方向，默认值），即起点在容器的左端，相应的交叉轴就是垂直方向。此时 justify-content 决定水平方向上各个项目的对齐方式，align-items 决定垂直方向上各个项目的对齐方式，如图 5-1 所示。

flex-direction 取值为 column（垂直方向），即起点在容器的上沿，相应的交叉轴就是水平方向。此时 justify-content 决定垂直方向上各个项目的对齐方式，align-items 决定水平方向上各个项目的对齐方式，如图 5-2 所示。

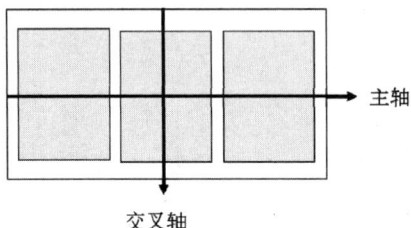

图 5-1　主轴为水平方向的 Flex 布局　　　　图 5-2　主轴为垂直方向的 Flex 布局

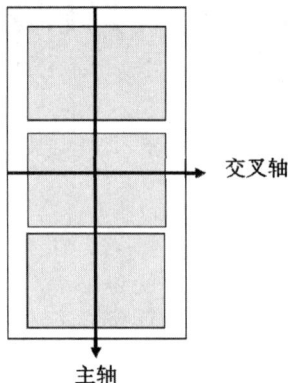

这 3 个属性的取值如表 5-1 所示。

表 5-1　Flex 布局的 3 个属性的取值

属性名	含义	取值
flex-direction	主轴的方向	（1）row：默认值，水平方向，起点在容器的左端。 （2）row-reverse：水平方向，起点在容器的右端。 （3）column：垂直方向，起点在容器的上沿。 （4）column-reverse：垂直方向，起点在容器的下沿
justify-content	项目在主轴上的对齐方式	（1）flex-start：默认值，左对齐。 （2）flex-end：右对齐。 （3）center：居中对齐。 （4）space-between：两端对齐，项目的间隔相等。 （5）space-around：项目的间隔相等
align-items	项目在交叉轴上的对齐方式	（1）flex-start：交叉轴起点对齐。 （2）flex-end：交叉轴终点对齐。 （3）center：交叉轴中点对齐。 （4）baseline：项目的第一行文字的基线对齐。 （5）stretch：默认值，如果容器未设置高度或高度为 auto，则占满整个容器的高度

2. 边做边学

【示例 5-1】 学习使用 Flex 布局。

步骤 1：新创建一个项目，将其命名为"内置组件"，在项目名上单击鼠标右键，在出现的关联菜单里选择"新建页面"，输入文件名为"flex"，勾选"创建同名目录"（**注意：本章在创建页面时均勾选"创建同名目录"复选框**），模板选择"使用 scss 的页面"，如图 5-3 所示。在项目的目录结构中这个页面的路径是 pages/flex/flex.vue。因此在后面的示例中，如果自动新建了如"flex/flex.vue"这样带有目录名的页面，则表示创建该页面时勾选了"创建同名目录"。

新建uni-app页面 ✕

| flex | 创建vue文件 ▾ | ☑ 创建同名目录 |

E:/manuscriptv2/chapter5/内置组件/pages ▾ 浏览

选择模板

默认模板
使用less的页面
✓ 使用scss的页面
使用stylus的页面
使用typescript的页面

```
<template>
  <view>


  </view>
</template>
```

图 5-3　新建名为 flex 的页面

步骤 2：打开 flex.vue 页面，给每对标签里添加如下代码。

```
1  <template>
2      <view  class="box">
3          <text>{{msg}}</text>,<text>{{username}}</text>
4      </view>
5  </template>
6
7  <script>
8      export default {
9          data() {
10             return {
11                 msg:"uni-app 欢迎您",//多个变量之间用逗号分隔
12                 username:"Jerry"
13             }
14         },
15         methods: {
16
17         }
18     }
19  </script>
20  <style lang="scss" scoped>
21      .box{
22          display:flex;
23          flex-direction:row;
24          justify-content:center;
25          align-items:center;
26          background-color: yellow;
27      }
28  </style>
```

本例中，第 21～27 行代码定义 box 样式。第 22 行代码 display:flex 表明使用了 Flex 布局，这是移动应用开发中经常使用的布局。第 23 行代码 flex-direction:row 表明主轴为水平方向，第 24 行代码 justify-content:center 表明在主轴上居中对齐，第 25 行代码 align-items:center 表明在交叉轴中点对齐。综合得知，第 23～25 行代码表明水平方向上居中对齐、垂直方向上居中对齐。根据附录 1 的方法将程序运行到某个浏览器中查看运行效果，如图 5-4 所示。

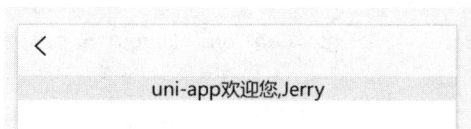

〈

uni-app欢迎您,Jerry

图 5-4　主轴为水平方向时的运行效果

如果将主轴设定为垂直方向，即将第 23 行代码修改为 flex-direction:column，由于此时主轴为垂直方向，那么交叉轴则是水平方向。

代码 justify-content:center 表明在主轴（即垂直方向）上是居中对齐的，align-items:center 表明在交叉轴（即水平方向）上是中点对齐的。此时的运行效果如图 5-5 所示。

这个示例中，在垂直方向上居中对齐在图 5-5 中看起来不明显，可以给 box 样式增加一行代码：

```
height:500rpx
```

此时的运行效果如图 5-6 所示，从该图可以很明显地看出在垂直方向上也是居中对齐的。

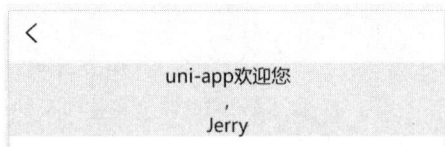

图 5-5　主轴为垂直方向时的运行效果　　图 5-6　增加 height 后的主轴为垂直方向时的运行效果

Flex 布局还有一个 flex-wrap 属性，它的值决定了当项目无法在一条轴线上排列时是否换行。

步骤 3：将<template>标签里面的代码修改为如下形式。

```
1  <view class="box">
2      <text>{{msg}}</text>, <text>{{username}}</text>,
3      <text>{{msg}}</text>, <text>{{username}}</text>,
4      <text>{{msg}}</text>, <text>{{username}}</text>,
5      <text>{{msg}}</text>, <text>{{username}}</text>
6  </view>
```

box 样式改为：

```
1  .box{
2      display:flex;
3      flex-direction:row;    // 主轴为水平方向
4      justify-content:center;
5      align-items:center;
6      background-color: yellow;
7      flex-wrap: wrap;          // 增加了这个样式
8  }
```

wrap 的含义是当项目无法在一条轴线上排列时换行。此时的运行效果如图 5-7 所示。flex-wrap 的默认值是 nowrap，其运行效果如图 5-8 所示。

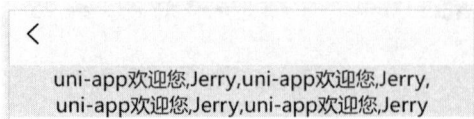

图 5-7　flex-wrap:wrap 的运行效果　　　图 5-8　flex-wrap:nowrap 的运行效果

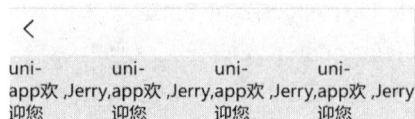

Flex 布局的各个属性值的含义可以通过很多方式来学习和领会，比如修改某个属性值，然后查看其运行效果，从运行效果中体会该属性值的含义。由于移动应用程序会频繁使用 Flex 布局，因此读者对于 Flex 布局要多加揣摩和练习。

5.1.2　尺寸单位

uni-app 应用程序一般采用以下几种尺寸单位。

1. rpx

"rpx"是 response px 的缩写，意思是"响应式 px"，它具有自适应设备尺寸的特点。

在开发 uni-app 应用程序时，一般会由 UI 设计师提供一个设计稿，而这个设计稿只有一种分辨率，比如 375px×667px。但现实中移动设备的尺寸多种多样，不一定与设计稿的分辨率一样。此时 rpx 就能发挥其自适应设备的特点，将设计稿中的以 px 为单位的尺寸先转换为 uni-app 中的以 rpx 为单位的尺寸，而 uni-app 应用程序实际运行时再将以 rpx 为单位的尺寸转换为实际运行设备中的尺寸。

uni-app 将屏幕宽度预设为 750rpx，那么设计稿中各元素在 uni-app 应用程序中的宽度的换算公式是：

元素在 uni-app 应用程序中的宽度=750×元素在设计稿中的宽度/设计稿的基准宽度

比如一个设计稿的基准宽度是 375px，某个按钮在设计稿中的宽度为 30px，那么这个按钮在 uni-app 应用程序中的宽度就是 750×30/375 = 60rpx。

而 uni-app 应用程序运行到真机上时会进行比例换算，得到元素在设备中的宽度。这时采用的换算公式就是：

元素在设备中的宽度=元素在 uni-app 应用程序中的宽度×设备宽度/750

比如在 uni-app 应用程序中宽度为 60rpx 的按钮，在宽度为 375px 的设备中的宽度为 30px，而在宽度为 414px 的设备中的宽度为 33px（舍弃小数部分）。

这样，原来设计稿中的各个元素就能适应分辨率不同的移动设备，保证了运行时页面效果的一致性，给用户提供了相同的页面体验。H5、App 和小程序平台等主要平台都支持 rpx，后续章节中的示例在编写页面的样式时也主要使用 rpx。

px 在 uni-app 应用程序中仍然可以使用，但它并不具备自适应设备的特点，可以使用它给某些元素固定其设计值，比如"border:1px"，这意味着在所有设备上运行时边框的宽度都是 1px。

2. vh 和 vw

"vh"指 viewpoint height，即视窗高度，1vh 等于视窗高度的 1%。对应地，"vw"指 viewpoint width，即视窗宽度，1vw 等于视窗宽度的 1%。

5.2　内置组件

uni-app 提供了几类内置组件，表 5-2 列出了主要内置组件。除此之外，uni-app 还提供了扩展组件 uni-ui 库，用于在功能和界面美化程度上进行提高。同时，uni-app 的插件市场提供了数以万计的第三方组件，能够满足 uni-app 应用程序的个性化需求。

表 5-2　uni-app 的主要内置组件

组件类别	组件名	说明
视图容器	view	所有的视图组件，本身不显示任何可视化元素
	scroll-view	可滚动视图区域，用于实现区域滚动
	swiper	滑块视图容器，一般用于左右滑动或上下滑动，常用于实现轮播图

组件类别	组件名	说明
基础内容	icon	图标
	text	文本组件，用于包裹文本内容
	rich-text	富文本组件，支持部分 H5 标签
	progress	进度条组件
表单组件	button	按钮组件
	form	表单，提交 switch、input、checkbox、slider、radio、picker 所收集的数据
	input	单行输入框组件。在 uni-app 中只是输入框。在 H5 中还可以有 radio、checkbox、时间、日期、文件等选择
	checkbox	多项选择组件，也就是常见的复选框，一般包裹在 checkbox-group 下
	picker	从底部弹起的滚动选择器。uni-app 支持 5 种 picker：普通，多列，时间，日期，省、市、区
	radio	单选组件。通过把多个 radio 包裹在一个 radio-group 下，实现 radio 的单选
	slider	滑动选择器组件
	switch	开关选择器组件
	textarea	多行输入框组件
媒体组件	audio	音频组件
	camera	页面内嵌的区域相机组件
	image	图片组件
	video	视频播放组件
页面跳转组件	navigator	页面跳转组件，只能跳转本地页面。目标页面必须在 pages.json 中注册
地图	map	地图组件，用于展示地图，获取坐标信息需要定位 API
画布	canvas	画布组件
webview	web-view	Web 浏览器组件，可以用来承载网页的容器，会自动铺满整个页面

uni-app 还提供一种 nvue 页面，它的渲染方式与 vue 页面的不一样，适用于满足某些 App 端的运行要求，本书主要讲解 vue 页面组件的用法。每个组件都有比较多的属性、事件和方法，有的属性或事件还具有平台差异性，读者在学习这部分内容时要多参考 uni-app 的官网文档。

5.2.1　容器组件

容器组件的主要用途是包裹其他真正显示可视化元素的组件，其本身不显示任何可视化元素。view 是最常用的容器组件之一。

1. view 组件

（1）知识点

view 组件是一种容器组件，类似于 H5 中的<div>标签，用于包裹其他各种组件，在页面布局时会被经常用到，在之前的示例中已经多次被用到。官方提供的"Hello uni-app"项目提供了许多关于使用 view 组件进行布局的示例代码，值得一看。

（2）边做边学

【示例 5-2】 通过 HBuilder X 创建 Hello uni-app 项目，学习其中使用 view 组件进行布局的方法。

步骤 1：新建项目，在模板中选择 "Hello uni-app"，如图 5-9 所示。项目名自定义。

步骤 2：运行该项目，主页如图 5-10 所示。

在图 5-10 所示的页面中，底部的 tabBar 有 "内置组件" "接口" "扩展组件" "模板" 4 个图标，点击图标就能进入相应的页面。现在点击页面中的 "视图容器"，在打开的下拉列表中看到 "view" 后点击它，就能进入图 5-11 所示的页面。

图 5-9 新建 Hello uni-app 项目

图 5-10 Hello uni-app 项目主页

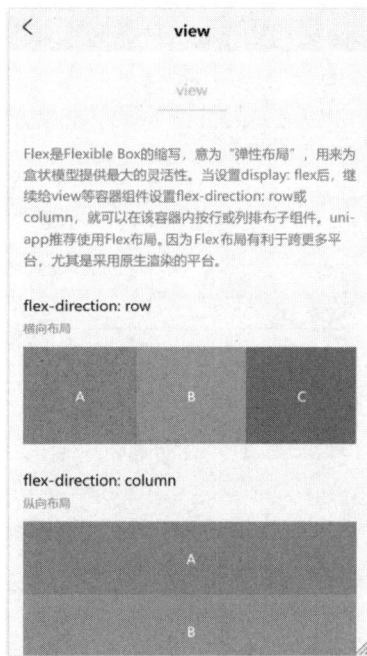

图 5-11 view 组件显示效果

图 5-12 固定宽度的布局方式

此时在浏览器的地址栏中可以看到 http://localhost: 8080/ pages/ component/view/view，后面的 "pages/ component/view/view" 就是该页面在项目中的源页面地址。在项目中找到这个页面，然后来学习图 5-12 所示的布局方式。

在源代码文件中找到相应的代码：

```
1    <view class="uni-flex uni-row">
2        <view class="text" style="width: 200rpx;">固定宽度</view>
3        <view class="text" style="-webkit-flex: 1;flex: 1;">自动占满余量</view>
4    </view>
```

```
5    <view class="uni-flex uni-row">
6        <view class="text" style="width: 200rpx;">固定宽度</view>
7        <view class="text" style="-webkit-flex: 1;flex: 1;">自动占满</view>
8        <view class="text" style="width: 200rpx;">固定宽度</view>
9    </view>
```

第 2、3 行代码展示了"左侧固定宽度，剩下的部分自动占满"的布局方式。第 6～8
行代码展示了"两侧固定宽度，剩下的部分自动占满"的布局方式。以后页面需要这种布
局方式的时候就可以使用这里的代码。

这个 Hello uni-app 项目包含官网文档中所提供的所有内置组件、扩展 API 和扩展组件
的示例代码，官网文档比较枯燥，但项目的演示效果是鲜活的，读者在后续学习过程中要
适时地对照阅读官网文档和本书内容。

2. scroll-view 组件

（1）知识点

容器组件对放置在其内的组件会有限制。比如对于 App 和小程序平台，不能在
scroll-view 中使用 map、video 等原生组件。

官网文档中指出：使用竖向滚动时，需要给 scroll-view 设置一个固定高度，即通过 CSS
设置 height；而使用横向滚动时，需要给 scroll-view 添加 white-space:nowrap 样式。

scroll-view 的几个重要属性的含义如表 5-3 所示。

表 5-3   scroll-view 的几个重要属性的含义

属性名	类型	默认值	含义
scroll-x	布尔	false	允许横向滚动
scroll-y	布尔	false	允许纵向滚动
show-scrollbar	布尔	false	控制是否出现滚动条

（2）边做边学

【示例 5-3】 改写官网文档中的示例代码，实现横向滚动效果。

打开示例 5-1 所创建的"内置组件"项目，本节后续示例的代码都放在这个项目中。
在 pages 目录下新建 scrollview/scrollview.vue 页面，<template>和<style>标签的代码如下：

```
1    <template>
2        <view>
3            <scroll-view class="scroll" scroll-x>
4                <view class="item">block1</view>
5                <view class="item">block2</view>
6                <view class="item">block3</view>
7                <view class="item">block4</view>
8                <view class="item">block5</view>
9            </scroll-view>
10       </view>
11   </template>
12
13   <style lang="scss" scoped>
14   .scroll {
15       white-space: nowrap;
16       .item {
17           width: 220rpx;
18           height: 220rpx;
19           background-color: green;
20           display: inline-block;
21           margin-right: 10rpx;
```

```
22        }
23    }
24  </style>
```

第 3~9 行代码中的 scroll-view 能够实现横向滚动效果的关键在于第 15 行和第 20 行这两行样式代码，二者缺一不可。

第 13 行代码指定了 <style> 标签的 lang 属性，其值为 "scss"。SCSS 语法是对 CSS 语法的改进，从第 14~23 行代码的 SCSS 语法来看，它以嵌套的方式来编写样式代码，SCSS 代码相比 CSS 代码具有更清晰的层级关系：在 scroll 样式下嵌套了 item 样式，第 3~9 行代码中引用这些样式的 scroll-view 组件之间的关系也是嵌套关系。组件的属性取值为布尔值时，如果取值为 true，可以只写属性名，比如第 3 行代码的 "scroll-x"，它等效于 scroll-x=" true "。

3. swiper 组件

（1）知识点

该组件最常用的地方之一就是 "轮播图"。对于 swiper 组件，需要设置 autoplay、indicator-dots、indicator-color、current、circular、duration 等属性，它们的含义如表 5-4 所示。

表 5-4   scroll-view 的几个属性的含义

属性名	类型	默认值	含义
autoplay	布尔	false	是否自动切换
indicator-dots	布尔	false	是否显示面板指示点
indicator-color	Color	rgba(0, 0, 0, .3)	面板指示点颜色，默认为黑色
current	数值	0	当前所在滑块的索引
circular	布尔	false	播放到末尾后是否重新回到开头
duration	数值	500	滑动动画时长
interval	数值	5000	自动切换时间间隔，区块的显示时间间隔

（2）边做边学

【示例 5-4】   用 swiper 实现简单的轮播图效果。

步骤 1：打开示例 5-1 所创建的 "内置组件" 项目，在 pages 目录下新建 swiper/swiper.vue 页面，<template> 和 <style> 标签的代码如下。

```
1   <template>
2     <view>
3       <swiper class="swiper" autoplay indicator-dots>
4         <swiper-item>
5           <image class="image" src="../../static/logo.png">
6           </image>
7         </swiper-item>
8         <swiper-item>
9           <image class="image" src="../../static/logo.png">
10          </image>
11        </swiper-item>
12        <swiper-item>
13          <image class="image" src="../../static/logo.png">
14          </image>
15        </swiper-item>
16      </swiper>
17    </view>
18  </template>
19
20  <style lang="scss" scoped>
```

```
21    .swiper{
22      width: 750rpx;
23      height:480rpx;
24      .image{
25        width: 100%;
26        height: 100%;
27      }
28    }
29    </style>
```

这段代码使用<swiper>和<swiper-item>标签组成轮播图的结构，在样式代码中将 swiper 组件的宽度设置为 750rpx，即屏幕宽度。而 image 组件的 width 和 height 都设置为 100%，这样图片将填满<swiper-item>标签。

步骤 2：使用数组来提供轮播图所需要的图片，对步骤 1 的代码进行如下修改。

```
1     <!-- 对<swiper-item>标签使用 v-for 指令 -->
2     <swiper class="swiper" autoplay indicator-dots="t">
3        <swiper-item v-for="item in imgList" :key="item.id">
4           <image class="image" :src="item.img" />
5        </swiper-item>
6     </swiper>
7
8     <script>
9        export default {
10          data() {
11             return {
12                imgList:[
13                   {id:1,img:'../../static/logo.png'},
14                   {id:2,img:'../../static/logo.png'}
15                ]
16             }
17          },
18          methods: {
19
20          }
21       }
22    </script>
```

第 12～15 行代码所定义的 imgList 是静态数据，读者在学习了网络请求 API 后可以从服务器请求数据，使轮播图的图片能够动态变化。

swiper 的许多属性值都可以通过 v-bind 指令绑定到某一个变量上，以便通过编程控制 swiper 的效果，这是使用组件的一种"常态"。

官网文档的示例代码将 view 组件放在<swiper-item>标签中，如下所示：

```
1     <swiper-item>
2        <view class="swiper-item uni-bg-red">A</view>
3     </swiper-item>
```

scroll-view 和 swiper 两个组件都具有在区域内滚动的特性。两者的区别是：前者在区域内连续滑动，可以实现类似于窗口的滚动条效果，当显示的内容溢出显示区域时使用该组件；而后者会一个区块一个区块地切换，一般用来实现轮播图效果。相比而言，scroll-view 的使用频率更高。

5.2.2 表单组件

表单组件用于收集用户所输入的数据，比如用户登录、注册等场景中用户所输入的数据，它以 form 为核心，通过 button、input、radio、switch、textarea、picker 等组件的配合来收集用户输入的数据。

1. button 组件

（1）知识点

官网文档中用表格列出了 button 组件的属性和事件，表格中特别用一列指出了该组件的属性对不同平台的支持情况，这一点是尤其要注意的。

官网文档中还给出了示例代码，这段代码演示了组件的常见用法。有可能在表格中列出了几十个属性，但实际上常用的属性就只有几个，所以这个示例代码对于初次接触组件的读者来说非常有参考价值。

比如官网文档中给出的这一段代码：

```
1   <button type="primary">页面主操作 Normal</button>
2   <button type="primary" loading="true">
3     页面主操作 Loading
4   </button>
5   <button type="primary" disabled="true">
6     页面主操作 Disabled
7   </button>
8   <button type="default">
9     页面次要操作 Normal
10  </button>
11  <button type="default" disabled="true">
12    页面次要操作 Disabled
13  </button>
14  <button type="warn">
15    警告类操作 Normal
16  </button>
17  <button type="warn" disabled="true">
18    警告类操作 Disabled
19  </button>
```

从代码中可以看到 button 组件的 3 个属性：type、disabled 和 loading。查找官网文档中的表格可以知道这 3 个属性的含义，如表 5-5 所示。

表 5-5　button 组件的 3 个属性的含义

属性名	类型	默认值	含义
type	字符串	default	按钮的样式类型
disabled	布尔	false	是否禁用
loading	布尔	false	名称前是否带加载图标

而 type 是有多个取值的，在官网文档中也给出了具体的说明，如表 5-6 所示。

表 5-6　button 组件的 type 取值

值	说明
primary	微信小程序、360 小程序中按钮为绿色。 App、H5 应用、百度小程序、支付宝小程序、飞书小程序、快应用中按钮为蓝色。 抖音小程序中按钮为红色。 QQ 小程序中按钮为浅蓝色。 如想在多端统一颜色，请改用 default，然后自行写样式
default	按钮为白色
warn	按钮为红色

经过对官网文档的学习，读者应该对 button 组件的用法有了基本的了解，下面需要动手写代码。对于有些内容，读者仅通过文字介绍是很难理解其真正含义的，需要通过实际的运行效果才能理解。

（2）边做边学

【示例 5-5】 使用 button 组件。

步骤 1：打开示例 5-1 所创建的"内置组件"项目，在 pages 目录下创建 button/button.vue 页面，在<template>标签里面增加几个 button 组件，代码如下。

```
1    <template>
2        <view>
3          <button>点击</button>
4          <button type="primary">再点击</button>
5          <button type="primary" disabled>再点击</button>
6          <button loading></button>
7          <button type="warn">警告操作</button>
8        </view>
9    </template>
```

在这段代码中，第 3～7 行代码分别增加了几个 button 组件。属性 disabled 和 loading 的写法与官网文档的略有差别。这是由于这两个属性的类型都是布尔类型，当它们取值为 true 时，就简写成了"disabled"和"loading"，而不是写成 disabled=" true " 和 loading=" true "。button 组件的运行效果如图 5-13 所示。

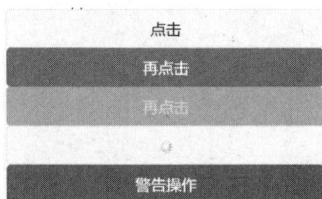

从图 5-13 中可以看出 button 组件在默认情况下是独占一行的。按钮的大小可以通过样式来调整。

步骤 2：继续修改 button.vue 文件，在<style>标签里定义一个 warning 样式，并给 type 为 warn 的 button 添加这个样式。

图 5-13　button 组件的运行效果

```
1    <!--修改 type 为 warn 的 button-->
2    <button type="warn" class="warning">警告操作</button>
3
4    <style>
5    .warning{
6        width: 100px;
7        height:50px;
8    }
9    </style>
```

第 2 行代码表示给 type 为 warn 的 button 添加了 CSS 样式 warning，第 5～8 行代码定义了 warning 样式。此时再运行程序，就会发现"警告操作"按钮的大小发生了变化。uni-app 的组件都可以通过添加 CSS 样式改变其默认样式。

2. form 组件

（1）知识点

form 组件用于提交各个组件所收集的数据。提交方法是：在<form>标签内放置一个 form-type 属性值为 submit 的 button 组件，从而触发 form 组件的@submit 事件。

（2）边做边学

【示例 5-6】 实现一个简单的"登录"页面，使用 form 组件提交用户输入的数据。

打开示例 5-1 所创建的"内置组件"项目，在 pages 目录下新建 login/login.vue 页面，代码如下。

```
1    <template>
2      <view>
3       <form @submit="login" class="userform">
4        <input type="text" name="name"
5           v-model="user.name" placeholder="请输入用户名……">
6        <input type="password" name="password"
7           v-model="user.password" placeholder="请输入密码……">
8        <button form-type="submit" class="butview">登录</button>
9       </form>
10      </view>
11    </template>
12
13    <script>
14      export default {
15        data() {
16          return {
17            user:{
18            }
19          }
20        },
21        methods: {
22          login(e){
23            console.log(e);
24            console.log(this.user)
25          }
26        }
27    }
28    </script>
29
30    <style lang="scss" scoped>
31    .userform{
32      input{
33        display: block;
34        border:1px solid #000;
35        margin: auto;
36        height: 60rpx;
37        width:90%;
38        font-size: 34rpx;
39        margin-bottom: 6rpx;
40      }
41      .butview{
42        display: block;
43        margin: auto;
44        width:40%;
45        background-color: royalblue;
46        color: white
47      }
48    }
49    </style>
```

第 4、6 行代码给每个 input 组件定义了 name 属性，同时也通过 v-model 指令绑定了一个数据变量。这两种做法都可以收集用户所输入的数据。

① 通过组件的 name 属性。

这种做法延续了 HTML 中<form>标签的做法。name 属性的值就是所收集数据的变量名，或者称为 key，而用户所输入的数据便是该变量的值，或者称为 value。

通过 name 属性收集到的数据需要通过 form 组件的@submit 事件的参数进行传递，所以第 22 行代码中的 login() 函数的参数 e 就包含各个 name 属性所收集到的数据。

运行程序后，第 23 行代码输出的值如图 5-14 所示。

```
▼ {type: 'submit', timeStamp: 0, detail: {…}, target: {…}, currentTarget: {…}, …} ℹ
    changedTouches: undefined
  ▶ currentTarget: {id: '', offsetLeft: 0, offsetTop: 0, dataset: {…}}
  ▼ detail:
    ▶ value: {name: 'Jerry', password: '123456'}
    ▶ [[Prototype]]: Object
  ▶ mp: {@warning: 'mp is deprecated', type: 'submit', timeStamp: 0, detail: {…}, target:
  ▶ preventDefault: ƒ ()
  ▶ stopPropagation: ƒ ()
  ▶ target: {id: '', offsetLeft: 0, offsetTop: 0, dataset: {…}, value: {…}}
    timeStamp: 0
    touches: undefined
    type: "submit"
```

图 5-14　第 23 行代码输出的值

从图 5-14 可知，这个参数 e 是一个对象，其中的 detail 属性的 value 存储了 name 属性所指定的 key 对应的 value，故获取具体的用户所输入的数据需要这样写：

```
1    this.user= e.detail.value
```

② 使用 v-model 指令。

第 5、7 行代码通过 v-model 指令分别将"用户名"和"密码"两个 input 组件与 user 的 name 和 password 属性绑定。数据变量 user 定义在第 17、18 行代码中。第 24 行代码输出的结果如图 5-15 所示。

```
▼ {__ob__: Observer} ℹ
    name: "Jerry"
    password: "123456"
  ▶ __ob__: Observer {value: {…}, dep: Dep, vmCount: 0}
  ▶ get name: ƒ reactiveGetter()
  ▶ set name: ƒ reactiveSetter(newVal)
  ▶ get password: ƒ reactiveGetter()
  ▶ set password: ƒ reactiveSetter(newVal)
  ▶ [[Prototype]]: Object
```

图 5-15　通过 v-model 所收集到的数据

从图 5-15 可见，this.user 的各个属性的值已经输出，说明 v-model 指令将组件中的值传给了 this.user。

对于这两种做法，本书推荐使用第 2 种做法。v-model 实现的是双向绑定，当 this.user 的值发生变化时，组件的值也会随之发生变化，但第 1 种做法做不到这一点。在有些场景下，这种双向绑定提供了一些便利，比如清空 input 组件的值时只需要写一句代码：

```
1    this.user = {}
```

这个示例演示了如何通过 form 组件收集数据，但其不足之处在于没有对收集的数据进行验证。在后面会通过 uni-ui 中的 uni-forms 表单组件对这个示例的代码进行改进。

5.2.3　媒体组件

image 组件

这个组件非常常用。读者需要首先在官网上通过官网文档大致了解 image 的属性和事件，然后查看其示例代码：

```
1    <view class="image-item"
2         v-for="(item,index) in array"
3         :key="index">
4      <view class="image-content">
5        <image
6          style="width:200px;height:200px;
7          background-color:#eeeeee;"
8          :mode="item.mode"
9          :src="src"
10         @error="imageError"></image>
11       </view>
12       <view class="image-title">{{item.text}}</view>
13   </view>
14   <script>
15   export default {
16     data() {
17       return {
18         array: [{
19           mode: 'scaleToFill',
20           text: 'scaleToFill: 不保持纵横比缩放图片，使图片完全适应'
21           }
22         ],
23         src:'https://bjetxgzv.cdn.bspapp.com/VKCEYUGU-uni-app-doc/6acec660-
     4f31-11eb-a16f-5b3e54966275.jpg'
24       }
25     },
26     methods: {
27       imageError: function(e) {
28         console.error('image 发生 error 事件，携带值为' + e.detail.errMsg)
29       }
30     }
31   }
32   </script>
```

从第 5～10 行代码可知 image 具有 mode 和 src 属性。代码中写的是":mode"和":src"，很明显这是用到了 Vue 语法中的动态属性绑定指令 v-bind。通过文档中对于 mode 和 src 的介绍，读者可以知道 mode 用于指定图片缩放、剪裁的模式，而 src 用于指定图片资源的地址。读者还可以知道 mode 的取值有 14 种，默认值是"scaleToFill"。文档还详细地给出了这 14 种取值的运行效果。可以认为关于 image 的用法，官网文档已经介绍得很清楚了，此处就不一一罗列。

对于内置组件，在后面的示例中还会涉及 navigator、video、map 等组件的用法。

5.3 扩展 API

扩展 API 是相比于 ES 规范的标准 API 而言的。各运行平台都会在标准 API 的基础上提供扩展 API，从而让开发者能充分利用平台的功能。比如常见的浏览器平台就提供了 Windows、DOM 等对象，Node 平台则提供了 fs、net、http 等模块。

uni-app 的扩展 API 的命名方式与微信小程序的保持一致，二者在功能上也大体相同，只不过前者的前缀是 uni，后者的前缀是 wx。鉴于 uni-app 所提供的扩展 API 的使用频率非常高，读者在学习这部分内容时需要至少先通读一遍这部分内容对应的官网文档，对 uni-app 提供哪些方面的 API 有印象，实际使用时再仔细阅读相关文档。

本节需要在 HBuilder X 中创建一个新的 uni-app 项目，将其命名为"扩展 API"，本节的代码都放在这个项目中。另外本节在创建新的页面时需要创建同名目录。

5.3.1 路由与页面跳转

uni-app 实现页面路由有两种方式，一种是使用 navigator 组件，另一种是使用编程式导航。这两种方式都能够实现跳转到普通页面或 tabBar 页面。

1. 使用 navigator 组件

（1）知识点

先通过官网文档了解 navigator 组件的属性和基本用法。以下为官网文档中给出的示例代码片段。

```
1   <navigator url="navigate/navigate?title=navigate"
2       hover-class="navigator-hover">
3     <button type="default">跳转到新页面</button>
4   </navigator>
5   <navigator url="redirect/redirect?title=redirect"
6      open-type="redirect"
7      hover-class="other-navigator-hover">
8     <button type="default">在当前页打开</button>
9   </navigator>
10  <navigator url="/pages/tabBar/extUI/extUI"
11     open-type="switchTab"
12     hover-class="other-navigator-hover">
13    <button type="default">跳到 tabBar 页面</button>
14  </navigator>
```

从示例代码片段中能看出 navigator 组件的几个常见属性：url、open-type 和 hover-class。从官网文档中找出关于这几个属性的说明：url 的值为跳转页面的相对路径或绝对路径，官网文档指出路径不能带.vue 扩展名；open-type 为跳转方式（如表 5-7 所示），其值有 navigate、redirect、switchTab 等，如果要跳转到 tabBar 页面，open-type 的值必须为 switchTab；hover-class 用于指定点击时的样式类。关于 tabBar 页面，在第 8 章随综合案例一起介绍。

表 5-7　常见页面跳转方式

open-type 值	等同于	解释
navigate（默认值）	uni.navigateTo()	保留当前页面，跳转到应用内的某个页面，使用 uni.navigateBack()可以返回原页面
redirect	uni.redirectTo()	关闭当前页面，跳转到应用内的某个页面
reLaunch	uni.reLaunch()	关闭所有页面，跳转到应用内的某个页面
switchTab	uni.switchTab()	跳转到 tabBar 页面，并关闭其他所有非 tabBar 页面
navigateBack	uni.navigateBack()	关闭当前页面，返回上一个页面或多级页面

（2）边做边学

【示例 5-7】 使用 uni-app 的 navigator 组件完成页面之间的跳转。

步骤 1：在 HBuilder X 中创建一个新的 uni-app 项目，将其命名为"扩展 API"。在 pages 目录下新建 about/about.vue 页面。然后打开 pages.json 文件，在 pages 属性中找到这个页面的配置项，将 navigationBarTitleText 属性的值改为"关于"，如下所示：

```
1    {
2        "path" : "pages/about/about",
3        "style":
4        {
5            "navigationBarTitleText" : "关于",
6            "enablePullDownRefresh" : false
7        }
8    }
```

步骤 2：在 pages 目录下新建 navigator/navigator.vue 页面，在<template>标签里增加两个按钮，一个按钮用于跳转到 index 页面，另外一个按钮用于跳转到 about 页面。

```
1    <template>
2        <view>
3            <navigator url="/pages/index/index">
4                <button type="primary">跳转到 index 页面</button>
5            </navigator>
6            <navigator url="/pages/about/about">
7                <button type="default">跳转到 about 页面</button>
8            </navigator>
9        </view>
10   </template>
```

此时 navigator.vue 运行效果如图 5-16 所示。

点击"跳转到 index 页面"或"跳转到 about 页面"按钮，会分别跳转到 index 页面或 about 页面。

读者在官网文档给出的示例代码中还可以发现 url 通过"?"携带了查询参数。而实际上 navigator 组件的工作方式类似于 H5 的<a>标签的工作方式。官网文档同时指出 url 的长度是受限制的，如果查询参数的值过大，使 url 的长度超过了这个限制，那么可以使用 encodeURIComponent()函数进行处理。随之而来有了另外一个问题：目的页面如何接收 url 所传递的参数值呢？

图 5-16　navigator.vue 运行效果

步骤 3：修改 navigator.vue 中的"跳转到 about 页面"按钮的 navigator 组件的代码，给 url 加上几个查询参数。同时给 about.vue 添加一个 onLoad()函数。

```
1    // 修改 navigator.vue
2    <navigator url="/pages/about/about?id=100&name=Vue">
3      <button type="default">跳转到 about 页面</button>
4    </navigator>
5
6    //修改 about.vue
7    <script>
8    export default {
9      data() {
10       return {
11         }
12     },
13     methods: {
14     },
15     onLoad(options){
16       console.log(options)
17       }
18   }
19   </script>
```

在 about.vue 中通过页面生命周期函数 onLoad()的 options 参数获取上一个页面传递的

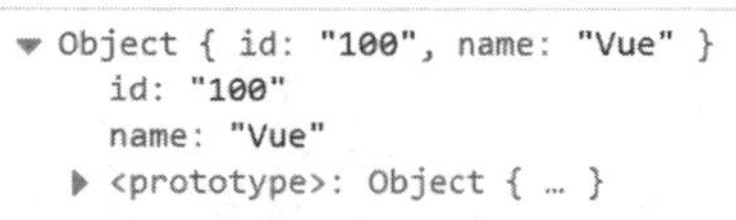

```
▼ Object { id: "100", name: "Vue" }
    id: "100"
    name: "Vue"
  ▶ <prototype>: Object { … }
```

图 5-17　options 参数的输出结果

参数。页面生命周期函数已经在 4.3 节介绍。options 参数的输出结果如图 5-17 所示。

从图 5-17 可以看出，options 参数是一个对象。如果要取出 id 或 name 的值，使用 options.id 或 options.name 就可以了，注意它们的类型都是字符串。

2．使用编程式导航

（1）知识点

uni-app API 提供了几个函数来进行编程式页面之间的跳转。表 5-7 列出了这几个函数的名称及应用场景。这几个函数的参数类型都是对象，也就是要传递一个"对象"：该对象的属性主要是 url，即目的页面 URL。

实际操作时要根据所要跳转页面的类型选取合适的函数，比如跳转到 about 页面，由于这是一个普通页面，因此需要使用 uni.navigateTo()或 uni.redirectTo()或 uni.reLaunch()，具体使用哪个函数取决于是否保留当前页面。而跳转到 tabBar 页面，就需要使用 uni.switchTab()函数。

（2）边做边学

【示例 5-8】　使用 uni-app 的扩展 API 完成页面之间的跳转。

步骤 1：打开示例 5-7 所创建的"扩展 API"项目，继续修改 navigator.vue 页面。在 <template>标签中给该页面再增加两个按钮：当点击其中一个按钮后跳转到 index 页面，点击另外一个按钮后跳转到 about 页面。这两个按钮都需要对其 click 事件绑定一个处理函数。

```
1  <button type="primary" @click="gotoIndex">
2  通过编程式导航跳转到 index 页面
3  </button>
4  <button type="default" @click="gotoAbout">
5  通过编程式导航跳转到 about 页面
6  </button>
```

步骤 2：在<script>标签的 methods 中增加 gotoIndex()和 gotoAbout()函数，代码如下。

```
1   gotoIndex(){
2     uni.navigateTo({
3      url:"/pages/index/index"
4     });
5   }, //此处的逗号不能缺少
6   gotoAbout(){
7     uni.navigateTo({
8      url:"/pages/about/about"
9     });
10  }
```

可以将第 7 行代码中的 uni.navigateTo()函数修改为 uni.redirectTo()或 uni.reLaunch()，运行后体会它们在跳转页面时的不同。

第 3 行和第 8 行代码的参数 url 也可以通过 "?" 携带查询参数传递给目的页面，操作方法与使用 navigator 组件时的操作方法一样，此处不赘述。

5.3.2　网络请求

uni-app 提供了一个 uni.request()来发送网络请求，用于同服务器之间传输数据，这个函数非常重要，其重要属性如表 5-8 所示。

表 5-8　uni.request()的重要属性

属性名	类型	是否必填	说明
url	字符串	是	后端服务器接口地址
data	对象/字符串/ArrayBuffer	是	请求的参数
methods	字符串	否	默认值是 GET，必须大写
header	对象	否	其中 content-type 默认为 application/json

对于 data 属性，官网文档指出如下内容。

（1）对于 GET 方法，数据会被转换为 query string（查询字符串），例如{ name: 'name', age: 18 }转换后的结果是 name=name&age=18。

（2）对于 POST 方法，header['content-type']作为 application/json 的数据，会进行 JSON 序列化，即服务器端所接收到的是 JSON 数据。

（3）对于 POST 方法，header['content-type']作为 application/x-www-form-urlencoded 的数据，会将数据转换为 query string。

这几点对于服务器端的开发人员很重要，它决定了服务器端的代码采用何种方式取出 uni.request()发送的数据。

由于网络请求是异步操作，因此这里就涉及 JavaScript 中的一个重要议题：如何处理异步操作的结果。uni.request()函数提供了两种方法，第一种方法是使用传统的回调函数，而第二种方法是使用 ES6 的 Promise 语法。从目前的趋势看，API 的 Promise 化已是大势所趋，所以读者对于第二种方法要多加关注。

本小节使用了 3.2.1 小节所构建的 Express 项目 SERVER 作为服务器端程序，编写和运行本小节的代码须首先运行这个 SERVER 项目。

1. 使用回调函数

（1）知识点

uni-app 的官网文档是以回调函数的语法形式来介绍 uni.request()的使用方法的。该 API 的 success、fail、complete 这 3 个属性用于接收回调函数。

（2）边做边学

【示例 5-9】　使用回调函数处理网络请求的返回结果。

步骤 1：在 VS Code 中打开 3.2.1 小节所创建的 SERVER 项目，并运行该项目。

步骤 2：在 HBuilder X 中打开示例 5-7 所创建的"扩展 API"项目，打开项目的 about.vue 文件，给这个文件添加一个 getMessage()函数，在 onLoad()页面生命周期函数中调用 getMessage()，然后通过<template>标签显示获取到的数据。

```
1   <template>
2     <view>
3       <view v-for="item in persons" :key="item.id">
4          {{item.id}} -- {{item.name}} -- {{item.city}}
5       </view>
6     </view>
7   </template>
8
9   <script>
10    export default {
11      data() {
12        return {
13          persons:[]
```

```
14              }
15          },
16      methods: {
17          getMessage(){
18              uni.request({
19              url:"http://localhost:3000/getPersons",
20              success:(res)=>{
21                  console.log("成功获取数据");
22                  console.log(res);
23                  console.log(res.data);
24                  this.persons = res.data.content;
25              },
26              fail:(err)=>{
27                  console.log(err);
28              }
29          });
30          }
31      },
32      onLoad(options){
33          // console.log(options)   //注释掉之前的代码
34          this.getMessage();
35      }
36  }
37  </script>
```

在这段代码中，uni.request()的 url 属性用于给定请求的后端服务器接口地址（第 19 行代码），同时给 success 和 fail 属性各传递一个回调函数，这里用箭头函数作为回调函数。

在 success 回调函数中（第 20~25 行代码），通过 console.log(res)输出了 uni.request()访问 URL 后获取的返回结果。res 接收 uni-app 传递给这个回调函数的值，这个回调函数名可以自定义。从图 5-18 中可以看到 res 中的数据，摘抄如下：

```
1   {
2   data: {
3     status: 200,
4     content:[
5     {
6       id:1,
7       name:"Jerry",
8       city: "武汉"
9     },
10    {
11      id:2,
12      name:"Tom",
13      city: "合肥"
14    }
15    ]
16  },
17  statusCode: 200,
18  header:{
19    content-length: '104',
20    content-type: 'application/json; charset=utf-8'
21  },
22  errMsg: 'request:ok'
23  }
```

这个结果与通过浏览器访问 URL 时所显示的结果不太一样。这是由于 uni-app 对服务器所返回的数据是做了封装的：将服务器返回的数据用 data 属性封装，同时还用 statusCode、header 和 errMsg 属性封装了一些值（见图 5-18），这些值供前端开发人员在必要时使用。

成功获取数据

```
▼ Object { data: {…}, statusCode: 200, header: {…}, errMsg: "request:ok" }
   ▶ data: Object { status: 200, content: (2) […] }
     errMsg: "request:ok"
   ▶ header: Object { "content-length": "104", "content-type": "application/json;
charset=utf-8" }
     statusCode: 200
   ▶ <prototype>: Object { … }
```

图 5-18　返回值 res 中的数据

res 所包含的 statusCode 和 status 虽然值都是 200，但两者的含义是完全不同的：status 是服务器所封装的属性，它用于表明服务器程序是否成功得到数据，这个值由后端开发人员定义；而 statusCode 是 uni-app 对此次网络请求的状态的封装，其值为 200 表明此次网络请求是成功的，没有发生故障，且获取到了服务器所返回的数据，这个值是 uni-app 框架所定义的。

图 5-19 所示为 console.log(res.data)输出的结果，res.data 中的数据才是服务器所返回的数据。

```
▼ Object { status: 200, content: (2) […] }
   ▼ content: Array [ {…}, {…} ]
      ▶ 0: Object { id: Getter & Setter, name: Getter & Setter, city: Getter & Setter, … }
      ▶ 1: Object { id: Getter & Setter, name: Getter & Setter, city: Getter & Setter, … }
      ▶ __ob__: Object { value: (2) […], dep: {…}, vmCount: 0 }
        length: 2
      ▶ <prototype>: Object { … }
     status: 200
   ▶ <prototype>: Object { … }
```

图 5-19　res.data 中的数据

在服务器返回的数据中，并不是所有的值都需要。比如这段代码中只取出了 content 属性的值，它存储的是 persons 数组：

```
1    this.persons = res.data.content;
```

此处的 this 是不可缺少的，它表示要引用 data()所定义的 persons 数据变量。

对于 success 和 fail 回调函数，只会执行其中的一个。那么，什么时候执行 fail 回调函数呢？只要此次网络请求发生异常，比如服务器的服务停止了，fail 回调函数就会执行。

步骤 3：在 SERVER 项目的终端窗口中按 "Ctrl+C" 快捷键，停止运行 SERVER 项目，观察项目的运行结果，如图 5-20 所示。

为了能继续进行后续学习，读者需要重新启动 SERVER 项目，在终端窗口输入并执行：

```
▼ {errMsg: 'request:fail'} ⓘ
    errMsg: "request:fail"
  ▶ [[Prototype]]: Object
```

图 5-20　fail 回调函数结果参数

```
npm star
```

2. 使用 Promise 语法

（1）知识点

ES6 规范中提出的 "Promise" 语法用于解决 JavaScript 的 "回调地狱" 问题，而如今在 API 的 Promise 化的情况下，"回调地狱" 也成了 "老古董"，初学者也不用花太多时间去理解什么是 "回调地狱"，着力理解 Promise 就可以了。

对于一个异步操作（典型异步操作如这里的网络请求），Promise 会经历一个完整的生命周期：当操作未完成时，Promise 处于"进行中"状态，这个状态称为 pending；而一旦操作完成，Promise 会进入"fulfilled"或"rejected"这两种状态中的一种。

有 3 种方法来处理 uni.request()函数的返回结果。

① Promise.then()方法。

Promise.then()方法接收两个参数：第一个参数是 Promise 的状态变为 fulfilled 时所调用的函数，称为"完成函数"（Fulfillment Function），异步操作完成后有关的数据作为参数传递给这个完成函数；第二个参数是 Promise 的状态变为 rejected 时所调用的函数，称为"拒绝函数"（Rejection Function），当异步操作发生异常时将相关的数据作为参数传递给这个拒绝函数。这两个参数是可选的：完成函数和拒绝函数都传递，或者只传递完成函数，或者只传递拒绝函数。如果只传递拒绝函数，由于拒绝函数是 then()的第二个参数，那么第一个参数需要传递一个 null。

② Promise 的构造函数。

Promise 的构造函数只接收一个参数，这个参数称为"执行器"（Executor）函数，执行器函数接收两个参数，分别是 resolve()函数和 reject()函数。当执行器函数成功执行完成时，也就是异步操作成功完成时，调用 resolve()函数，否则调用 reject()函数。

③ async 和 await 语法。

关于前面两种方法，无论是 uni-app 的 API 所返回的 Promise，还是自己所定义的 Promise，对返回结果的处理都使用 then()方法或者 catch()方法。ES2017 提供了 async 和 await 语法来简化这一处理过程。它基于将 Promise 的异步代码变为同步代码的形式，在语法上简化了 Promise 对象的 then()和 catch()写法。注意，只能在 async 声明的函数内部使用 await。

（2）边做边学

【示例 5-10】 使用 Promise 语法处理网络请求的返回结果。

步骤 1：此时仍保证示例 5-9 的 SERVER 项目处于运行状态。打开示例 5-7 所创建的"扩展 API"项目，将 about.vue 中 methods 的 getMessage()函数注释掉或者删除，使用 Promise 语法来重写 getMessage()。重写的代码如下。

```
1  getMessage(){
2    let promise = uni.request({
3      url:"http://localhost:3000/getpersons"
4    });
5    promise.then((data)=>{
6      console.log(res);
7      this.persons = res.data.content;
8    });
9  }
```

运行程序后，在控制台能看到图 5-21 所示的结果。

```
▼ Object { data: {…}, statusCode: 200, header: {…}, errMsg: "request:ok" }
  ▶ data: Object { status: 200, content: (2) […] }
    errMsg: "request:ok"
  ▶ header: Object { "content-length": "104", "content-type": "application/json; charset=utf-8" }
    statusCode: 200
  ▶ <prototype>: Object { … }
```

图 5-21　uni.request()的 Promise 写法

以下代码中 uni.request()没有传递 success、fail 和 complete 等 callback 参数，那么该函

数将返回一个 Promise 对象。

```
1    let promise = uni.request({
2      url:"http://localhost:3000/getPersons"
3    });
```

这段代码使用 Promise 的 then()方法来处理网络请求所返回的结果。这里 then()方法只传递了一个参数，在代码中该参数被写成一个箭头函数，它是完成函数。参数 res 是 uni-app 传递给完成函数的参数，需要了解清楚它包含的内容。

```
1    promise.then((res)=>{
2      console.log("Promise 的写法");
3      console.log(res);
4      this.persons = res.data.content;
5    });
```

从图 5-21 来看，该图中 res 中的数据与图 5-18 中的一样。接下来的一句代码才把所需要的 persons 数组取出来了。

```
1    this.persons = res.data.content
```

在实际开发中，一般将 then()直接接在异步操作函数的后面，同时还会接一个 catch()函数用于处理异常情况，这种写法称为"Promise 的链式写法"。代码如下所示：

```
1    uni.request({
2      url:"http://localhost:3000/getPersons"
3    }).then((res)=>{
4      console.log("Promise 的链式写法");
5      console.log(res);
6      this.persons = res.data.content;
7    }).catch((err)=>{
8      console.log(err);
9    });
```

在这段代码中，uni.request()异步操作所返回的是 Promise 对象，只不过该对象没有像前面一样专门命名，then()方法的参数就是完成函数，而 catch()方法的参数就是拒绝函数。当 then()里面的完成函数再次调用异步操作返回的 Promise 对象时，Promise 链式写法就会带来极大的便利。

步骤 2：将步骤 1 中所写的 getMessage()函数注释掉，然后使用 Promise 的构造函数重写 getMessage()函数，代码如下。

```
1    getMessage(){
2      let p = new Promise((resolve,reject)=>{
3        uni.request({
4          url:"http://localhost:3000/getPersons",
5            success:(res)=>{
6              resolve(res)
7            },
8            fail:(err)=>{
9              reject(err)
10           }
11       });
12     });
13     p.then((res)=>{
14       console.log("Promise 的构造函数写法");
15       console.log(res);
16       this.persons = res.data.content
17     }).catch((err)=>{
```

```
18          console.log(err);
19      })
20  }
```

如果步骤 1 中的写法需要借助 uni-app 所返回的 Promise，那么 Promise 的构造函数写法需要自己构造一个 Promise。这种写法的要点是在执行器函数内部根据异步操作的完成情况调用 resolve()或 reject()函数。比如这段代码就借助 uni.request()的 success 和 fail 回调函数，从而将原本基于回调函数的操作转换为了返回 Promise 对象。

所得到的 p 变量是一个 Promise 对象（第 2 行代码），对它的处理需要使用 then()方法和 catch()方法。当 Promise 的执行器函数调用了 resolve()函数时，意味着异步操作成功，就执行第 13 行代码的 then()方法。当 Promise 的执行器函数调用了 reject()函数时，意味着异步操作失败了，就执行第 17 行代码的 catch()方法。

第 13 行代码的 then()方法中的参数 res 就是 resolve()函数所返回的值，它就是网络请求成功时的返回值。这个值如图 5-22 所示。

```
▼ Object { data: {…}, statusCode: 200, header: {…}, errMsg: "request:ok" }
  ▶ data: Object { status: 200, content: (2) […] }
    errMsg: "request:ok"
  ▶ header: Object { "content-length": "104", "content-type": "application/json; charset=utf-8" }
    statusCode: 200
  ▶ <prototype>: Object { … }
```

图 5-22   Promise 调用 resolve()所返回的值

从图 5-22 可知，该图中 res 中的数据与图 5-18、图 5-21 中的是一样的：uni-app 将服务器所返回的数据封装为 data 属性。要得到服务器所返回的数据中的 persons 数组，就要写成：

```
1   this.persons = res.data.content
```

Promise 的构造函数写法看上去似乎有些累赘，也没有回避在 uni.request()中使用回调函数的情况，第 9 章将介绍该写法的应用场景，读者在学习第 9 章时将体会到这种写法的好处。

步骤 3：将步骤 2 中所写的 getMessage()函数注释掉，然后使用 async 和 await 重写 getMessage()函数，代码如下。

```
1   async getMessage(){
2       let res = await uni.request({
3           url:"http://localhost:3000/getPersons"
4       });
5       console.log("async 和 await 的写法");
6       console.log(res.data.content);
7       this.persons = res.data.content;
8   }
```

getMessage()函数前面加上 async 表明这个函数会以异步模式运行。步骤 1 中已经介绍了如果 uni.request()不传递 success、fail 或 complete 回调函数，那么该函数所返回的就是 Promise。使用 await 修饰后就能从 Promise 中取出结果。而这个结果与步骤 1 中完成函数的参数 res 中的数据一样，故第 2 行代码使用解构赋值取出了 res。

这段代码使用 async 和 await 来处理 uni-app 所返回的 Promise。对于步骤 2 中自己定义的 Promise 也可以采用这种写法。

5.3.3 数据缓存

1. 知识点

在 uni-app 中，"缓存"对于浏览器而言是 localStorage，对于 App 而言是 plus.storage，对于小程序而言是各个小程序平台自带的 storage api。uni-app 所提供的数据缓存 API 均提供了异步和同步接口。uni-app 提供的主要的数据缓存 API 如表 5-9 所示。

表 5-9　uni-app 提供的主要的数据缓存 API

API	解释
uni.setStorageSync(KEY,DATA)	将 DATA 存储在本地缓存指定的 KEY 中，会覆盖原来该 KEY 对应的内容，这是一个同步接口
uni.setStorage(OBJECT)	存储操作的异步接口。OBJECT 是一个对象，包含 key、data、success 等参数。以下同此解释
uni.removeStorageSync(KEY)	从本地缓存中同步移除指定 KEY，这是一个同步接口
uni.removeStorage(OBJECT)	移除操作的异步接口
uni.getStorageSync(KEY)	从本地缓存中同步获取指定 KEY 对应的内容，这是一个同步接口
uni.getStorage(OBJECT)	获取操作的异步接口
uni.clearStorageSync()	从本地缓存中同步清理数据
uni.clearStorage()	清理操作的异步接口

对于所存储数据，要求其是原生类型，比如数值类型、字符串类型、布尔类型等，如果是自定义的对象，则需要使用 JSON.stringify() 将之序列化成一个 JSON 字符串。

2. 边做边学

【示例 5-11】　往本地缓存分别存储一个用户名和一个用户对象。

打开示例 5-7 所创建的"扩展 API"项目，在 pages 目录下新建 storage/storage.vue 页面，<template>和<script>的代码如下：

```
1  <template>
2    <view>
3      <button @click="saveName">存储用户名</button>
4      <button @click="saveUser">存储用户对象</button>
5      <button @click="getName">获取用户名</button>
6      <button @click="getUser">获取用户对象</button>
7    </view>
8  </template>
9
10 <script>
11   export default {
12     data() {
13       return {
14         user:{
15           username:"jerry",
16           password:123456,
17           gender:false,
18           city:"wuhan"
19         }
20       }
21     },
22
23     methods: {
```

```
24              saveName(){
25                  uni.setStorageSync("username","uni-app");
26              },
27              saveUser(){
28                  uni.setStorageSync("user",this.user);
29              },
30              getName(){
31                  const name = uni.getStorageSync("username");
32                  console.log(name);
33              },
34              getUser(){
35                  const user = uni.getStorageSync("user");
36                      console.log(user);
37              }
38          }
39      }
40  </script>
```

第 24～26、27～29 行代码的 saveName()和 saveUser()函数采用同步接口的方式向本地缓存分别存储了一个字符串"uni-app"和一个对象 this.user。将该页面运行到浏览器，分别单击"存储用户名"按钮和"存储用户对象"按钮，可以在开发者工具的"存储"窗口的"本地存储"（如果使用 Chrome 浏览器和 Edge 浏览器，则是"Application"）中找到存储的字符串和对象，如图 5-23 所示。

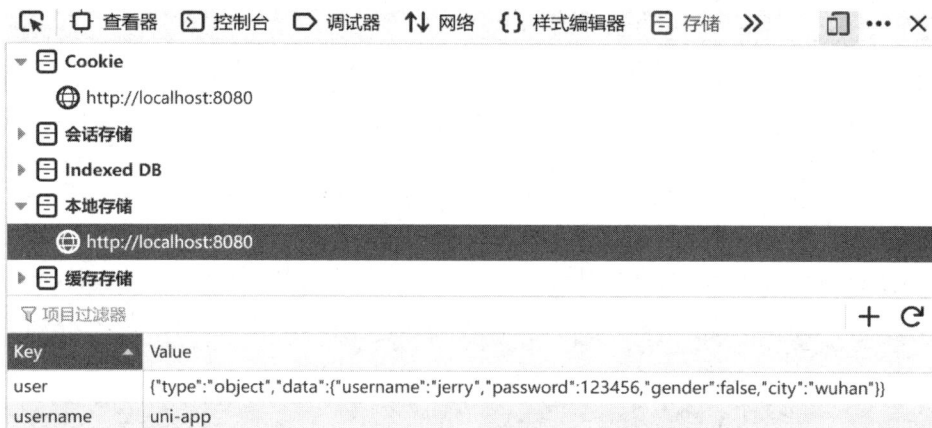

图 5-23   在开发者工具中查看本地缓存

在图 5-23 中可以看到两个 key，分别是 user 和 username，前者的值是对象，后者的值是字符串。

第 30～33、34～37 行代码分别使用 getName()和 getUser()函数从本地缓存中读取数据，这里使用 key 作为参数。读取结果如图 5-24 所示。

图 5-24   从本地缓存读取的数据

5.3.4　文件上传

1．知识点

uni.uploadFile()用于向指定的服务器上传文件，它所发出的是 POST 请求，其 Header 的 content-type 为 multipart/form-data，对服务器端编程来说，这个值很关键。

它有几个重要属性，如表 5-10 所示。

表 5-10　uni.uploadFile()的重要属性

属性名	类型	是否必填	说明
url	字符串	是	处理文件上传的服务器 URL
filePath	字符串	是	所上传文件的路径
name	字符串	是	文件对应的 key，开发者在服务器端通过这个 key 可以获取到文件的二进制内容
formData	对象	否	HTTP 请求中其他的表单数据
success/fail/complete	函数	否	接口调用成功/失败/完成时的回调函数，一个都没有设置时返回 Promise 对象

对于 success/fail/complete，如果一个都没有设置，那么 uni.uploadFile()返回 Promise 对象，如何从这个 Promise 对象中取出数据，可参见 5.3.2 小节。

得到属性 filePath 的值需要 uni.chooseImage()、uni.chooseFile()或 uni.chooseVideo() 这几个 API 的配合。它们用于选择不同的文件，这些文件依次是图片文件、非图片文件和视频文件。当选择文件后，经过一些处理就可以得到 filePath 的值。这几个 API 的用法大同小异。本小节以 uni.chooseImage()为例进行介绍，它的重要属性如表 5-11 所示。

表 5-11　uni.chooseImage()的重要属性

属性名	类型	默认值	说明
count	数值	100	非必填。最多可以选择的文件数量
type	字符串	'all'	非必填。取值还有 'video' 和 'image'
sourceType	Array<String>	['album', 'camera']	type 为 'video' 或 'image' 时才可以用

uni.uploadFile()只解决了客户端文件上传的问题，所上传的文件还需要由服务器端程序进行处理，比如保存。本小节使用一个单独的 Express 项目作为服务器端程序来处理所上传的文件，项目的构建方法见 3.2.2 小节。

2．边做边学

【示例 5-12】　实现一个向服务器端上传图片的小程序。

步骤 1：在 VS Code 中打开 3.2.2 小节所创建的 upload 项目，并运行该项目。

步骤 2：在 HBuilder X 中打开示例 5-7 所创建的"扩展 API"项目，在 pages 目录下创建页面 uploadfile/uploadfile.vue，代码如下。

```
1  <template>
2    <view>
3      <button @click="onUploadFile">上传图片</button>
4    </view>
5  </template>
6
```

```
7    <script>
8        export default {
9            data() {
10               return {
11               }
12           },
13
14           methods: {
15               onUploadFile(){
16                   uni.chooseImage({
17                       count:1,
18                   // sourceType:['album'],
19                       success: (res) => {
20                           console.log(res.tempFilePaths);
21                           uni.uploadFile({
22                               url:"http://localhost:3000/upload",
23                               filePath:res.tempFilePaths[0],
24                               name:'file',
25                               formData:{
26                                   'user':'test'
27                               },
28                               success: (uploadFileRes) => {
29                       // 注意data属性的数据类型是字符串
30                                   console.log(uploadFileRes.data);
31                           let f = uploadFileRes.data;
32                           //输出结果是字符串
33                           console.log(typeof f);
34                               }
35                           });
36                       } // success 回调函数结束
37                   });// chooseImage()函数结束
38               }
39           }
40       }
41   </script>
```

第 19～36 行代码是 uni.chooseImage()的 success 回调函数的处理代码，其中包含 uni.uploadFile()上传图片的代码（第 21～35 行代码），属性 filePath 要从 uni.chooseImage() 的 success 回调函数的参数 res 中获取（第 23 行代码）。res 的属性 tempFilePaths 存储所上 传文件的本地地址，它的数据类型是数组，这个数组的大小取决于第 17 行代码中 count 的 取值。本例中只上传了一张图片，故代码写成 res.tempFilePaths[0]。

uni.uploadFile()其他属性的值根据表 5-10 进行设置。success 回调函数将服务器的返回 值放在参数 uploadFileRes 的 data 属性里，不同的服务器端程序返回的值是不一样的，在使 用时可以根据第 30 行代码的做法把值输出并进行分析，再从中获取所需要的值，8.6.3 小 节会演示具体的做法。

5.4 扩展组件

uni-app 所提供的扩展组件 uni-ui 库提供了大概 50 个 uni-ui 组件，开发者借助这 些组件可以比较轻松地完成一些功能，比如数字角标、日历等。本节选取其中几个组 件进行介绍。

如果只是在项目中使用若干个 uni-ui 组件，那么可以使用下面的方法单独导入组件。

组件名	组件说明
uni-badge	数字角标🔗
uni-calendar	日历🔗
uni-card	卡片🔗
uni-collapse	折叠面板🔗
uni-combox	组合框🔗
uni-countdown	倒计时🔗
uni-data-checkbox	复选框🔗
uni-data-picker	数据驱动的picker选择器🔗
uni-dateformat	日期格式化🔗
uni-datetime-picker	日期选择器🔗

图 5-25　部分 uni-ui 组件

【示例 5-13】在项目中单独导入 uni-ui 组件。

步骤 1：在 HBuilder X 中创建一个新的 uni-app 项目，并将其命名为"扩展组件"，本节的代码都放在这个项目中。另外，本节在创建新的页面时需要创建同名目录。

步骤 2：打开 uni-app 官网，根据导航栏找到"uni-ui 组件"，会看到图 5-25 所示的表格，其中列出了部分 uni-ui 组件。

在这个表格中找到所想导入的 uni-ui 组件，单击"组件说明"中的超链接，此时会跳转到该组件在插件市场的页面。比如单击"uni-forms"的"组件说明"中的超链接，会跳转到图 5-26 所示的页面。

图 5-26　uni-forms 在插件市场的页面

在图 5-26 所示的页面中单击"使用 HBuilder X 导入插件"，接着根据提示选择需要导入该组件的项目名。使用该功能要求登录 HBuilder X 账号，附录 1 介绍如何安装 HBuilder X 时注册了一个账号，使用这个账号就可以了。

此时项目的目录结构多出一个 uni-modules 目录，如图 5-27 所示。后续所导入的其他 uni-ui 组件都会放在这个目录下面。

步骤 3：根据步骤 2 的方法，再导入 uni-easyinput、uni-data-picker、uni-datetime-picker 这几个组件，导入之后的目录结构如图 5-27 所示。

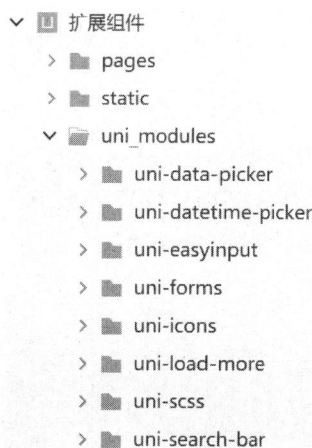

表单组件

图 5-27　导入 uni-ui 组件
后的目录结构

1. 知识点

uni-ui 的表单组件的最大的用处之一是使用其内置的表单校验功能，省略一些重复开发的工作。与表单相关的组件有 uni-forms、uni-easy-input、uni-data-checkbox、uni-data-select 等。

2. 边做边学

5.2.2 小节的示例 5-6 使用内置组件完成了一个简易的"登录"页面，下面使用 uni-ui 组件中的表单组件完成一个功能相对更强的"登录"页面。

【示例 5-14】 使用 uni-ui 组件中的表单组件完成"登录"页面。

打开示例 5-13 所创建的"扩展组件"项目，在 pages 目录下新建 loginui/loginui.vue 页面，<template>标签的代码如下。

```
1    <template>
2       <view class="loginform">
3          <uni-forms ref="form" :model="user" :rules="rules">
4             <uni-forms-item label="用户名" name="name" required>
5                <uni-easyinput type="text" v-model="user.name" placeholder="" />
6             </uni-forms-item>
7             <uni-forms-item label="密码" name="password" required>
8                <uni-easyinput type="password" v-model="user.password" placeholder="" />
9             </uni-forms-item>
10         </uni-forms>
11         <button @tap="submitForm" class="submit">登录</button>
12      </view>
13   </template>
```

第 3 行代码的 uni-forms 组件用到的属性有 ref、model、rules。ref 属性是组件的唯一标识，用在任何一个 uni-app 内置或扩展组件上，以便在 script 代码中引用该组件，其作用类似于 H5 中"id"的作用。model 属性用于将表单与某个对象绑定，对象中的属性名与各个表单项相对应。rules 用来指定各个表单项的校验规则，它被定义在 data()函数中。

uni-forms 里面的表单项需要放在<uni-forms-item>标签里，它的 name 属性用于指定校验规则名，比如第 4 行代码的 name="name"，说明这个表单项使用的是 rules 中名为"name"的校验规则。required 属性表示该表单项必填，在页面渲染时会出现红色的"*"。这个属性不具备校验功能，仅用于提示用户。"必填"的校验功能还是要在 rules 中定义。

uni-easyinput 组件对 input 组件进行了增强，v-model 和 placeholder 属性的含义与之前的一样。

第 11 行代码中 button 组件所监听的是 tap 事件，tap 与 click 具有同等的含义，但在移动应用中 tap 事件优于 click 事件。

<script>标签的代码如下：

```
1    <script>
2       export default {
3          data() {
4             return {
5                user:{
6
7                },
8                rules:{
9                   name:{
10                     rules:[
11                        {
12                           required: true,
13                           errorMessage: '请输入用户名',
```

```
14                            },
15                            {
16                                minLength: 3,
17                                maxLength: 5,
18                                errorMessage: '用户名长度为 {minLength} 到 {maxLength}
        个字符',
19                            }
20                        ]
21                    },
22                    password:{
23                        rules:[
24                            {
25                                required: true,
26                                errorMessage: '请输入密码',
27                            },
28                            {
29                                minLength: 3,
30                                maxLength: 5,
31                                errorMessage: '密码长度在 {minLength} 到 {maxLength}
        个字符',
32                            }
33                        ]
34
35                    }
36                }
37            };
38        },
39        methods:{
40            submitForm(){
41                this.$refs.form.validate().then(res=>{
42                    console.log(res);
43                    console.log(this.user);
44                }).catch(err=>{
45                    console.log(err);
46                })
47            }
48        }
49    }
50 </script>
```

data()函数中的 rules 对应了<template>标签中的第 3 行代码的 rules=" rules "，它是一个对象，用表单项的 name 的值作为校验规则名，比如本例中的 "name" 和 "password"。而每个表单项所定义的校验规则是一个数组，这样允许对一个表单项定义多条校验规则，比如对于密码表单项，使用 "name" 作为校验规则名，它有两条校验规则（第 24~27 行代码和第 28~32 行代码），分别表示必填以及输入长度限制。errorMessage 用作未通过校验规则中的校验时的出错提示信息。

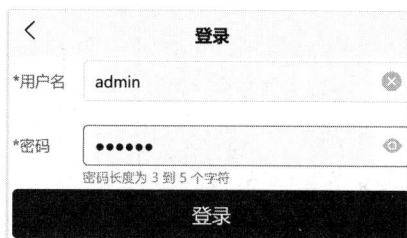

图 5-28   表单项下方出现出错提示信息

当表单项未通过 rules 对应的校验规则中的校验时，比如密码长度超过 5 个字符时，在表单项的下方就会出现出错提示信息，如图 5-28 所示。

uni-app 所提供的 rules 对应的校验规则只有 required、range、format、pattern、maximum、minimum、maxLength、errorMessage 这样几个进行声明式配置的属性，开发者可以通过 validateFunction 自定义校验规则以满足特定功

能需求。读者在学习第 8 章的综合案例时会了解到如何使用自定义校验规则。

第 40 行代码的 submitForm()是 button 组件所监听的 tap 事件的处理函数，第 41 行代码通过 this.$refs.form 引用之前的表单组件(<template>标签中的第 3 行代码的 ref="form")。此处调用了 uni-forms 组件的 validate()方法，用于对表单项按照定义的校验规则进行校验。当校验通过后便执行 then()里面的回调函数。本例中，回调函数输出了校验通过后的返回值 res 和 this.user 变量的值。它们的值如图 5-29 所示。

```
▼ Object { name: "admin", password: "12345" }
    name: "admin"
    password: "12345"
  ▶ <prototype>: Object { … }
▼ Object { name: Getter & Setter, password: Getter & Setter, … }
  ▶ __ob__: Object { value: {…}, dep: {…}, vmCount: 0 }
    name: "admin"
    password: "12345"
  ▶ <get name()>: function reactiveGetter() ↗
  ▶ <set name()>: function reactiveSetter(newVal) ↗
  ▶ <get password()>: function reactiveGetter() ↗
  ▶ <set password()>: function reactiveSetter(newVal) ↗
  ▶ <prototype>: Object { … }
```

图 5-29　uni-forms 组件的 validate()方法在校验通过后返回的信息

res 和 this.user 都是对象，里面都有 name 和 password 属性，而且值也一样，但它们是通过不同的方式收集到的表单数据。读者可以试着把<template>标签中的第 4 行代码或第 7 行代码的 name 属性删除，或者把<template>标签中的第 5 行代码或第 8 行代码的 v-model 属性删除，再运行程序，观察所输出的结果。

官网文档对 uni-forms 组件的属性、事件、方法、校验规则等进行了详细阐述，内容非常丰富，可供参考。

<style>标签代码如下：

```
1    <style lang="scss" scoped>
2    .loginform{
3       margin:6rpx;
4       .submit{
5          background-color: blue;
6          color:white;
7       }
8    }
9    </style>
```

再看一看其他 uni-ui 组件在 uni-forms 中如何使用。

【示例 5-15】 使用 uni-ui 组件实现一个"注册"页面。

打开示例 5-13 所创建的"扩展组件"项目，在 pages 目录下新建 register/register.vue 页面，<template>标签代码如下：

```
1    <template>
2       <view class="registerform">
3          <uni-forms ref="form" :modelValue="user" :rules="rules" class="form-item" :labelWidth="85">
4             <uni-forms-item label="用户名" name="name" required >
5                <uni-easyinput type="text" v-model="user.name" placeholder="请选择用户名"/>
6             </uni-forms-item>
7             <uni-forms-item label="密码" name="password" required >
```

```
8               <uni-easyinput type="password" v-model="user.password" placeholder=
   "请选择密码" />
9           </uni-forms-item>
10          <uni-forms-item label="地址" name="address">
11              <uni-data-picker v-model="user.address" placeholder="请选择地址"
   popupTitle="请选择城市"
12                  :localdata="addressarray"></uni-data-picker>
13          </uni-forms-item>
14          <uni-forms-item label="出生日期" name="born">
15              <uni-datetime-picker type="datetime" return-type="string" v-model=
   "user.born">
16              </uni-datetime-picker>
17          </uni-forms-item>
18      </uni-forms>
19      <button @tap="submitForm" class="submit">注册</button>
20  </view>
21 </template>
```

相比于之前的"登录"页面的代码，这里多了第 10~13 行和第 14~17 行两部分代码。前者使用了 uni-data-picker 组件，即"数据选择器"。它的属性 localdata 用于指定供选择的数据。后者使用了 uni-datetime-picker 组件，即"日期选择器"。它的属性 return-type 用于表示所选择日期的返回类型，本例表明返回的是字符串。

<script>标签代码如下：

```
1  <script>
2      export default{
3          data(){
4              return {
5                  addressarray:[
6                      {
7                          text:"武汉",
8                          value:"wuhan"
9                      },
10                     {
11                         text:"杭州",
12                         value:"hangzhou"
13                     },
14                     {
15                         text:"成都",
16                         value:"chengdu"
17                     }
18                 ],
19                 user:{
20                 },
21                 rules:{
22                     // name 和 password 的校验规则同"登录"页面中相应的校验规则
23
24                 }
25             };
26         },
27         methods:{
28             submitForm(){
29                 this.$refs.form.validate().then(res=>{
30                     console.log(res);
31                     console.log(this.user);
32                 });
33             }
34         },
```

```
35    }
36    </script>
```

第 5 行代码所定义的 addressarray 变量正好呼应前面第 12 行代码的 localdata 属性。addressarray 变量是数组，每个元素是对象，分别有 text 和 value 属性。text 显示在数据选择器的弹出框中，而 value 是用户为某个表单项选择了选项后该表单项的值，这个值会被 v-model 收集，程序员需要的是这个值。

图 5-30 所示为"注册"页面运行后填入用户名和密码的效果。

接下来看一个综合性稍微强一些的示例。

【示例 5-16】实现图 5-31 所示的"小学口算"页面。在图 5-31（1）所示的页面中，选择算式类型［见图 5-31（2）］和运算级别［见图 5-31（3）］后，点击"开始"按钮，随机生成 10 道口算题［见图 5-31（1）］。用户做完题后，点击"提交"按钮，页面对每道题的对错进行判断，并用"√"和"×"表示判断结果。点击"再做一次"按钮后，算式类型和运算级别恢复初始值，清空全部 10 道口算题。

图 5-30   "注册"页面运行后填入用户名和密码的效果

（1）   （2）   （3）

图 5-31   "小学口算"页面

步骤 1： 对页面的结构进行分析并编码实现。

页面的结构单指页面在静态情形下所包括的页面元素，例如文字、图片、组件（如按钮、文本框）等，以及它们之间的层次结构。特别对于组件，还需要区分自定义组件、UI 框架所提供的组件。

对于图 5-31 而言，可以把页面分成 3 个区域：上部的选择区域，包括两个文字提示、两个下拉框、一个按钮；中部的题目显示和答题区域，包括 10 道题，每道题依次放置题号、第一个操作数、操作符、第二个操作数、等号、文本框、显示对和错的图片或图标；底部的按钮区域，包括两个按钮。

其中有一个难点：10 道题是动态生成后以文字的形式显示出来的，对于题目的答案提供了一个文本框供用户输入，其后还要根据用户输入的答案是否正确显示出对、错的图片或图标。如何存储这 10 道题及正确答案会影响到此处的数据结构。

这里提供两种方案。

（1）算式的两个操作数、操作符、正确答案单独存储，那么数据结构类似于：

```
[
    [7,'-',3,4],
    [8,'+',3,11],
    [12,'÷',6,2],
    …
]
```

在页面的结构代码中通过 v-for 指令遍历这个数组，对于每道题依次取出第一个操作数、操作符、第二个操作数、正确答案。由于要显示人类所习惯的乘号和除号，还需要对取出的操作符进行显示的转换。而正确答案也不能显示出来。

（2）把算式整体存储为字符串，再在页面中以字符串的形式显示。那么数据结构类似于：

```
[
    ['7-3',4],
    ['8+3',11],
    ['12÷6',2],
    …
]
```

这意味着随机数和随机符号生成后，所生成的操作符被转换成对应的图片或图标，以拼接的方式形成能直接显示的算式。

这两种方案在本质上相似。前者需要花费更多的工夫在页面的结构代码中，而后者则将更多的工夫花费在页面的功能代码中。下面就以第一种方案为例来编写页面的结构代码。

```
1   <template>
2       <view class="content">
3           <!-- 上部的选择区域 -->
4           <view class="top">
5               <view class="type">
6                   <text>选择算式类型: </text>
7                   <uni-data-select
8                       v-model="type"
9                       :localdata= "typerange">
10
11                  </uni-data-select>
12              </view>
13              <view class="level">
14                  <text>选择运算级别: </text>
15                  <uni-data-select
16                      v-model="level"
17                      :localdata = "levelrange">
18
19                  </uni-data-select>
20              </view>
21              <view>
22                  <button type="primary" class="startbutton">开始</button>
23              </view>
24          </view>
25
```

```
26              <!-- 中部的题目显示和答题区域 -->
27          <view class="equation">
28            <view v-for="(item,index) in equations" :key="index" class="equationitem">
29              <text v-text="index+'.'" class="num"></text>
30              <text v-text="item[0]" class="op1"></text>
31              <text class="operator">{{item[1]}}</text>
32              <text v-text="item[2]" class="op2"></text>
33              <text class="operator">=</text>
34              <input type="text" class="answer" @blur="onBlur($event,index)">
35              <image class="answerpic" src="../../static/right.png"></image>
36            </view>
37          </view>
38
39          <!-- 底部的按钮区域 -->
40          <view class="bottom">
41            <button @click="onSubmit" class="submit">提交</button>
42           <button class="restart">重新做一次</button>
43          </view>
44      </view>
45  </template>
46  <script>
47      export default {
48          data() {
49              return {
50                  equations:[
51                      [5,'+',9,14],
52                      [8,'÷',2,4],
53                      [5,'+',9,14],
54                      [5,'+',9,14],
55                      [5,'+',9,14],
56                      [5,'+',9,14],
57                      [5,'+',9,14],
58                      [8,'÷',2,4],
59                      [8,'÷',2,4],
60                      [8,'÷',2,4],
61                  ], // 存放算式
62                  useranswers:[
63
64                  ], // 存放用户输入的答案
65                  typerange:[
66                      { value:0, text:'加法'},
67                      { value:1, text:'减法'},
68                      { value:2, text:'乘法'},
69                      { value:3, text:'除法'},
70                      { value:4, text:'加减混合'},
71                      { value:5, text:'完全混合'},
72                  ], // 算式类型
73                  levelrange:[
74                      { value:0, text:'10 以内'},
75                      { value:1, text:'20 以内'},
76                      { value:2, text:'100 以内'},
77                      {value:3, text:'1000 以内'}
78                  ] // 运算级别
79              }
80          },
81          onLoad() {
82
```

```
83              },
84          methods: {
85              // 失去焦点时，收集用户输入的答案
86              onBlur(event,index){
87                  this.useranswers[index] = event.target.value;
88              },
89              // 验证能否接收到用户输入的答案
90              onSubmit(){
91                  console.log(this.useranswers);
92              }
93          }
94      }
95  </script>
```

由于页面的结构代码中有些组件标签需要数据才能显示出来，比如两个下拉框，所以在 data() 函数中定义了 typerange 和 levelrange。而为了验证前面对算式的数据结构的设想，定义了变量 equations，并赋给该变量一些静态数据，然而在页面的结构代码中使用 v-for 指令（第 28～36 行代码）渲染出原型页面的效果。

这一步所用到数据都是模拟数据，并不是能满足需求的随机生成数据。

步骤 2：对页面的样式进行分析并编码实现。

图 5-31 所示的页面还只是原型页面，没有经过 UI 设计人员的美化处理，所以这一步只用于演示。

```
1   <style lang="scss" scoped>
2       .content {
3       display: flex;
4       flex-direction: column;
5       justify-content: center;
6       .top{
7           display: flex;
8           flex-direction: column;
9           justify-content: center;
10          margin: 5rpx  20rpx;
11          border: 1px darkgray solid;
12
13          .type {
14              display: flex;
15              flex-direction: row;
16              justify-content: space-between;
17              align-items: center;
18              margin: 10rpx 20rpx 0 20rpx;
19          }
20
21          .level {
22              display: flex;
23              flex-direction: row;
24              justify-content: space-between;
25              align-items: center;
26              margin: 10rpx 20rpx 10rpx 20rpx;
27          }
28
29          .startbutton{
30              width: 220rpx;
31              margin-bottom:10rpx ;
32          }
33      }
34
35      .equation{
```

```
36              margin: 10rpx 20rpx 20rpx 20rpx;
37              padding-bottom: 10rpx;
38              border: 1px darkgray solid;
39              display: flex;
40              flex-direction: column;
41              justify-content: center;
42
43              .equationitem{
44                  display: flex;
45                  flex-direction: row;
46                  justify-content: space-between;
47                  align-items: center;
48                  margin-top: 8rpx;
49                  font-size: 40rpx;
50                  .num{
51                      width: 50rpx;
52                      text-align: right;
53                  }
54                  .op1{
55                      width:10%;
56                      text-align: center;
57                  }
58                  .op2{
59                      width:10%;
60                      text-align: center;
61                  }
62                  .operator{
63                      text-align: center;
64                  }
65                  .answer{
66                      width:100rpx;
67                      border: 1px solid black;
68                      text-align: center;
69                  }
70                  .answerpic{
71                      width: 50rpx;
72                      height: 50rpx;
73                      margin-right: 4rpx;
74                  }
75
76              }
77          }
78
79          .bottom{
80              display:flex;
81              flex-direction: row;
82              justify-content: space-between;
83              align-items: center;
84              .submit{
85                  width:30%;
86              }
87              .restart{
88                  width:40%;
89              }
90          }
91
92      }
93  </style>
```

经过这两个步骤后，可以看到图 5-32 所示的运行页面。

步骤 3：分析页面的功能。

图 5-32 无交互功能的页面效果

（1）收集用户输入的答案

这里采用的方法是对每个接收用户输入的答案的<input>标签监听其@blur 事件，代码如步骤 1 的第 34 行代码所示。

```
1    @blur="onBlur($event,index)"
```

这里有一个技巧：通过$event 参数将现场信息传递给 onBlur()函数，这里与 4.2.1 小节的示例 4-4 不同的是，这里既要传递 event，又要传递其他参数，所以为了区分，将 event 写成了 "$event"。

所绑定的 onBlur()代码如下：

```
1    onBlur(event,index){
2        this.useranswers[index] = event.target.value;
3    }
```

为了验证点击 "提交" 按钮后是否收集到了用户输入的答案，暂时给 "提交" 按钮的点击事件绑定了 onSubmit()函数：

```
1    onSubmit(){
2        console.log(this.useranswers);
3    }
```

运行页面后从输出的 this.useranswers 可以发现，这里的方案是可行的。

到目前为止，显示算式和收集用户输入的答案都有了解决方案，接下来要考虑的就是如何生成 equations 数组，以及对收集到的用户输入的答案进行校验，并根据校验结果在算式后面显示对或错的图片或图标。

（2）生成随机算式

在 methods 属性中新增方法，代码如下：

```
1    generateEquations(){
2        this.equations.splice(0);
3        let op1,op2 = 0;
4        let operators = ['+','-','×','÷'];
5        let operator = '';
6        let answer = 0;
7        for(let i =0;i< 10;i++){
```

```
8            // 所生成的一个算式
9            let equation = [];
10           // 第一个操作数
11           op1 = Math.floor(Math.random() * 10) + 1;
12           equation.push(op1);
13           // 操作符
14           operator = operators[Math.floor(Math.random()*4)];
15           equation.push(operator);
16           // 第二个操作数
17           op2 = Math.floor(Math.random() * 10) + 1;
18           equation.push(op2);
19           // 根据操作符, 计算算式的结果
20           switch(operator){
21             case '+':
22                 answer = op1 + op2;
23                 break;
24             case '-':
25                 answer = op1 - op2;
26                 break;
27             case '×':
28                 answer = op1 * op2;
29                 break;
30             case '÷':
31                 answer = op1 / op2;
32                 break;
33           }
34        equation.push(answer);
35        // 把这个算式存到 equations 数组中
36        this.equations.push(equation);
37     }
38     // 调试时取消注释, 查看生成的算式
39     // console.log(this.equations);
40  }
```

这个函数主要借助 Math.random()生成随机数, 再将生成结果组成一个算式, 然后将算式存到 equations 数组中。

可以在 onLoad()中调用 generateEquations()函数, 并查看这个函数的运行效果:

```
1   onLoad() {
2       this.generateEquations();
3   }
```

（3）判断用户输入的答案

对用户输入的答案的判断结果决定了页面中算式后面的图片或图标, 因此先在 data() 中新增一个变量, 用来记录每个算式的判断结果图片或图标:

```
1   answerpics:[]   // 存储每个算式的判断结果图片或图标
```

对页面的结构代码（步骤 1 的第 35 行代码）做如下修改:

```
1   <image class="answerpic" :src="`../../static/${answerpics[index]}`"></image>
```

对 onSubmit()的代码做如下修改:

```
1   onSubmit(){
2       // 将用户输入的答案转换成整数
3       for(let i=0;i<10;i++){
4           this.useranswers[i] = parseInt(this.useranswers[i]);
5       }
6       // 调试时取消注释
```

```
7        // console.log(this.useranswers);
8        this.useranswers.forEach((answer,i)=>{
9            if(answer===this.equations[i][3]){
10               // 对于此题, 用户输入的答案正确则存入 right.png, 错误则存入 wrong.png
11               this.answerpics.push("right.png");
12           }else
13               this.answerpics.push("wrong.png");
14       });
15   }
```

此时运行程序, 查看这几个函数是否都发挥作用了。这里所生成的算式有明显的问题: 比如对于减法题, 可能出现被减数小于减数的情形; 对于除法题, 可能出现不能整除的情形。这些问题对于小学生用户是不友好的, 需要改进, 不过这些问题可以先放一放, 还有上部的选择区域中的选择算式类型和运算级别未完成。

步骤 4: 继续完成功能。

从步骤 3 的 generateEquations()函数来看, 算式类型会影响到所生成的算式的操作符, 而运算级别会影响到算式的两个操作数。先定义两个变量用于记录用户的选择, 在 data() 中新增两个变量:

```
1    type:0,
2    level:0
```

在页面的结构代码中修改 "开始" 按钮的代码:

```
1    <button type="primary" class="startbutton" @click="onStart">开始</button>
```

在 methods 属性中新增方法 onStart(), 此时需要根据用户的选择生成算式, 当然同时删除步骤 3 中给 onLoad()添加的代码。

```
1    onStart(){
2        // 查看用户的选择
3        // console.log(this.type,this.level);
4        this.generateEquations();
5    }
```

修改 generateEquations()函数, 同时考虑算式类型和运算级别。

```
1    generateEquations(){
2        this.equations.splice(0);
3        let op1,op2 = 0;
4        let operators = ['+','-','x','÷'];
5        let operator = '';
6        let answer = 0;
7        let optimes= 0;
8        // 获得倍数, 将其与随机数相乘后得到操作数
9        switch(this.level){
10           case 0:
11               optimes = 10;
12               break;
13           case 1:
14               optimes = 20;
15               break;
16           case 2:
17               optimes = 100;
18               break;
19           case 3:
20               optimes =1000;
21               break;
22       }
23
```

```
24        for(let i =0;i< 10;i++){
25            // 所生成的一个算式
26            let equation = [];
27            // 第一个操作数
28            op1 = Math.floor(Math.random() * optimes) + 1;
29            equation.push(op1);
30            // 操作符
31            if(this.type<4){
32                operator = operators[this.type];
33            }else if(this.type===4){
34                operator = operators[Math.floor(Math.random()*2)]
35            } else {
36                operator = operators[Math.floor(Math.random()*4)];
37            }
38            equation.push(operator);
39            // 第二个操作数
40            op2 = Math.floor(Math.random() * optimes) + 1;
41            equation.push(op2);
42            // 根据操作符, 计算算式的结果
43            switch(operator){
44                case '+':
45                    answer = op1 + op2;
46                    break;
47                case '-':
48                    answer = op1 - op2;
49                    break;
50                case '×':
51                    answer = op1 * op2;
52                    break;
53                case '÷':
54                    answer = op1 / op2;
55                    break;
56            }
57            equation.push(answer);
58            // 把这个算式存到 equations 数组中
59            this.equations.push(equation);
60        }
61        // 调试时取消注释, 查看生成的算式
62        // console.log(this.equations);
63    }
```

由于 type 所影响的是操作符, 所以这里的解决方案将之前操作符的生成代码进行了扩充 (第 30~38 行代码), 用户选择前 4 个算式类型时只会进行单一的某一种运算, 而后两种算式类型是混合类型, 需要从 operators 数组中随机选择操作符。

而 level 所影响的是操作数, 所以这里的解决方案定义了一个局部变量 optimes, 根据用户的选择为其赋予不同的值, 当生成随机数与之相乘时, 就可以得到指定范围内的数了。

```
1    Math.floor(Math.random() * optimes)
```

运行程序进行调试, 发现该程序基本上是可行的。但也很容易发现问题: 单个操作数不会超过选定 level 的范围, 比如 100。但两个操作数同时生成后, 计算结果就会超过这个范围了, 尤其是遇到乘法或除法时, 比如 786×985, 这样的算式对于正在学习 1000 以内乘法的小学生就不合适了。再加上步骤 3 的被减数不够减、被除数不够除的问题, 表明这里的算式随机生成算法还未达到"基本可用"的要求。

另外也发现随着问题的不断出现, generateEquations()代码的规模会不断扩大, 无论是阅读, 还是后期维护一个比较长的函数都是不合适的, 所以要适时对代码进行重构, 这个

话题将留到第 9 章讨论，同时讲解这里所出现的问题将如何解决。

　　步骤 5：对比需求，发现该页面还有两个小功能。其一是弹框显示用户的答题成绩，其二是点击"再做一次"，页面恢复到初始状态，等待用户选择。

　　对于第一个小功能，在 onSubmit()中实现计算用户输入的答案正确的个数，并弹出模态框显示出成绩。这个小功能留给读者自己实现。

　　对于第二个小功能，先对"再做一次"按钮绑定事件处理函数：

```
1    <button @click="onRestart" class="restart" >重新做一次</button>
```

　　然后在 methods 属性中增加 onRestart()函数：

```
1    onRestart(){
2        this.type = 0;
3        this.level = 0;
4        this.useranswers.splice(0);
5        this.equations.splice(0);
6        this.answerpics.splice(0);
7    }
```

　　运行后发现"再做一次"按钮发挥了作用，而随之出现的问题就是这 3 个按钮随时都能点击，比如点击"开始"按钮后，显示出算式，但此时也可以点击另外两个按钮，或者在做题过程中点击"再做一次"按钮。还比如，用户答题完毕，点击"提交"按钮后，修改了答错的题目的答案，此时再点击"提交"按钮等，像这样"古怪"的操作读者应该还可以想出来很多，每个这样的操作都会让程序出现让人意想不到的效果。

5.5　easycom 组件规范

　　1．知识点

　　uni-app 对于自定义组件提供一个 easycom 组件规范，根据官网文档的描述，只要组件安装在项目的 components 目录下或 uni_modules 目录下，并符合"components/组件名称/组件名称.vue 目录"结构，就可以不用导入、注册，直接在页面中使用即可。前述使用 uni-ui 组件就是如此。

　　2．边做边学

　　【示例 5-17】　使用 easycom 组件规范修改示例 4-12。

　　步骤 1：打开示例 4-12 所创建的"封装组件"项目，修改 pages/index/index.vue 文件的代码，将导入和注册组件代码注释，如下所示。

```
1    <script>
2    // 导入 test 组件
3    // import test from '@/components/test/test.vue'
4    export default {
5        data() {
6            return {
7                title: 'Hello'
8            }
9        },
10
11       onLoad() {
12
13       },
14       methods: {
15
16       },
17    // 注册 test 组件
```

```
18       // components:{
19       //   // ":" 左右两侧均为 test 时可以简写为 test
20       //   test:test
21       // }
22    }
23  </script>
```

步骤 2：运行该程序，可以发现 index.vue 页面所用到的 test 组件仍然可以正常使用，这就是遵循 easycom 组件规范所带来的一些便捷之处。

5.6 本章小结

简单来看，uni-app 的基础知识是 Vue 语法加上扩展 API 再加上组件。前文反复提到要多阅读官网文档，查阅组件的属性和事件，以及扩展 API 的属性，还有它们的平台相关性，等等。官网文档不可能面面俱到，读者在遇到实际的问题时还要通过搜索引擎搜索具体用法或疑难点的解决方案。

对初学者来说，Vue 语法还是比较容易上手的，但理解一些内部的运行机制则有助于得心应手地应用 Vue 语法。本章在讲解 Vue 语法的使用方法时提及了其后的原理知识，比如模板语法所涉及的"数据绑定"、v-for 的:key 属性所涉及的"虚拟 DOM"等。这些需要深入学习的知识可以参考 Vue 方面的资料。

对于页面的美化，CSS 是必不可少的，多学习一些 CSS 的知识非常有用。当遇到一些由个人实现比较困难的显示效果，比如骨架屏、瀑布流等时，可适当借助第三方组件。

为了提高页面的表现力，丰富页面的交互形式，uni-app 所提供的内置组件或者扩展组件不一定能满足要求，如缺少常用的图表（chart）组件，此时可以借助第三方的 UI 框架，比如 uView、ThorUI、FirstUI 等，它们都可以在 uni-app 的插件市场上找到。

uni-app 里面还有许多丰富的内容，比如支付、动态导航条、动态 tabBar、分包加载，以及各个平台的打包问题等，本书都未涉及。读者在学习了本章的基础知识后，可以到 uni-app 官网学习这些内容。

5.7 习题

1. 单选题

（1）下面关于网络请求 API uni.request()的描述错误的是（　　　　）。

　　A. methods 属性的值只能是 GET 或 POST

　　B. 对于 methods 属性的值为 GET 的请求，data 属性的值会转换为 queryString

　　C. 网络请求是异步操作

　　D. 当没有设置 success、fail、complete 属性的时候，网络请求返回的是一个 Promise

（2）下面关于 uni-app 基础组件说法错误的是（　　　　）。

　　A. uni-app 基础组件在 uni-app 框架中已经内置，无须将内置组件的文件导入项目，也无须注册内置组件，随时可以直接使用内置组件

　　B. uni-app 基础组件与 HTML 不同，与小程序相似，可更好地满足手机端的使用习惯

　　C. 在 uni-app 中不能使用<div>、<span>、<a>和<img>等 HTML 标签

　　D. 虽然不推荐使用 HTML 标签，但实际上如果开发者写了<div>等标签，在编译

到非 H5 平台时这些标签也会被编译器转换为<view>标签

（3）下面有关 uni-app 说法错误的是（　　　）。

    A. uni-app 是一个使用 Vue.js 开发所有前端应用的框架

    B. uni-app 可以将一套代码发布到多个平台

    C. uni-app 通过条件编译解决跨端兼容问题

    D. uni-app 能支持所有 vue 的语法特性

（4）对于路由和页面跳转，说法错误的是（　　　）。

    A. navigator 组件的 open-type 属性的值都有与之相应的 uni-app API 函数

    B. 使用 uni.navigateTo()跳转页面，会保留当前页面

    C. uni-app 提供的几个页面跳转 API 都可以跳转到 tabBar 页面

    D. 通过 url 所携带的参数以 "？" 开头，写成 key=value 的形式

2. 多选题

（1）为了实现多端兼容，综合考虑编译速度、运行性能等因素，uni-app 约定了如下开发规范（　　　）。

    A. 页面文件遵循 Vue 单文件组件（Single File Component，SFC）规范

    B. 接口能力（JavaScript API）遵循微信小程序规范，但需将前缀 wx 替换为 uni

    C. 数据绑定及事件处理遵循 Vue.js 规范，同时补充了 App 及页面的生命周期

    D. 为兼容多端运行，建议使用 Flex 布局进行开发

（2）uni-app 有以下（　　　）路由与页面跳转方式。

    A. 使用 navigator 组件跳转　　　　　　B. 通过<router-link>实现

    C. 调用 API 跳转　　　　　　　　　　　D. 通过 JavaScript 实现

3. 填空题

（1）rpx 是相对于设计稿的基准宽度的单位，即响应式 px，可以根据屏幕宽度进行自适应；页面元素在 uni-app 应用程序中的宽度换算公式为：_____（填数字）×元素在设计稿中的宽度/设计稿的基准宽度。

（2）uni-app 页面路由由框架统一管理，开发者需要在_____文件里配置每个页面的路径及页面样式。

4. 编程题

（1）修改示例 5-3 的代码：使得 scroll-view 能够实现纵向滚动的效果。

（2）修改示例 5-8 的代码：从 navigator.vue 页面跳转到 index 页面后，要返回到上一个页面，需要点击浏览器的 "返回" 按钮，这不太合适。现在给 index 页面添加一个按钮，通过该按钮能够跳转到 navigator.vue 页面。

（3）修改示例 5-11 的代码：使用本地缓存的异步接口改写这个示例的代码。

（4）修改示例 5-12 的代码：

① 对代码中的 uni.chooseImage()和 uni.uploadFile()两个 API 使用 Promise 对象来处理，从而代替用 success 回调函数处理返回值。

② 将小程序的功能修改为上传视频文件或者图片文件。

③ 给这个小程序加上一个显示上传进度的功能。进度可以使用百分比数字显示，也可以使用图形化的进度条显示。

（5）修改示例 5-15 的代码：给地址和出生日期定义一个 "必填" 的校验规则。

第6章 uni-app 高级技术

本章在第 5 章的基础上举几个难度略大的示例，涉及几个比较典型的移动应用技能，比如移动应用在搜索附近的人或地点，以及出行导航时经常用到的"获取位置"功能。本章所讲解的示例会使用第三方 API，比如腾讯位置服务 API、百度人工智能 API 等，因此对于每个示例，读者要去相应的官网查看相关资料，配置好开发环境，在 uni-app 项目中引入相关的库。虽然本章的示例使用 uni-app 框架实现，但这些示例的应用场景比较常见，对读者使用其他移动应用开发技术也是有启发作用的。

6.1 高级 API

尽管 uni-app 框架提供了非常丰富的扩展 API，其覆盖的范围也比较广，但很多功能（比如地图、文件存储、人工智能等）仍然要借助第三方平台来实现。由于这些第三方平台一般都以 API 的形式提供调用接口，因此 uni-app 应用程序集成这些功能并不难。

6.1.1 获取位置

"获取位置"在移动应用程序中使用得非常频繁，其应用场景包括电商中的"搜索附近门店"，打车、填写订单的收货地址时的"位置定位"，社交应用中的"附近的人"，等等。在 uni-app 中"获取位置"需要借助 uni.getLocation()API，如果想可视化查看某个位置，还要用到 map 组件。

【示例 6-1】 学习 uni.getLocation()和 map 组件的用法，完成一个在地图中显示当前位置的小程序。

步骤 1：新建一个 uni-app 项目，将其命名为"获取位置"。根据附录 4 的方法，给这个项目配置好微信小程序的 AppID。

步骤 2：在 pages 目录下新建一个"getLocation"页面，勾选"创建同名目录"复选框。在<template>标签中加入两个插值表达式，分别表示地点的经度和纬度。在<script>标签中加入 onLoad()函数，通过 uni.getLocation 获取当前位置的经纬度。代码如下：

```
1    <template>
2       <view>
3          {{longitude}},{{latitude}}
4       </view>
5    </template>
6
```

```
7    onLoad(){
8        uni.getLocation({
9            type:'gcj02',
10           success: (res) => {
11               console.log('当前位置的经度是: '+ res.longitude);
12               console.log('当前位置的纬度是: '+ res.latitude);
13               this.longitude = res.longitude;
14               this.latitude = res.latitude;
15           }
16       })
17
18   };
```

同时修改 manifest.json 文件，勾选"微信小程序权限配置"中的"位置接口"，如图 6-1 所示。

图 6-1　勾选"位置接口"

这段代码运行到微信小程序平台时（单个页面的运行方法见附录 4），在微信开发者工具中选择"预览"，再使用手机微信扫描所生成的二维码，此时微信提示"获取位置信息"，就可以在手机的微信小程序界面中看到当前位置的经纬度信息。此时如果要查看第 11 行和第 12 行两行代码的 console.log()输出的信息，需要打开手机上微信小程序的"开发调试"工具。做法是：在微信小程序界面的右上角点击"…"图标，界面下方出现图 6-2 所示的图标，找到并单击"开发调试"，此时会出现 vConsole 窗口，在此窗口能看到 console.log()所输出的信息。

图 6-2　微信小程序的"开发调试"工具

步骤 3：使用 uni-app 的 map 组件在地图中显示出当前位置。在 pages/getLocation 目录下新建"showPosition"页面，此时取消勾选"创建同名目录"。页面代码如下：

```
1    <template>
2        <view>
3            <map class="map" :latitude="latitude" :longitude="longitude"
4            :show-location="true"></map>
5        </view>
6    </template>
7
8    <script>
```

```
9        export default {
10          data() {
11            return {
12                   longitude:0.0,
13                   latitude:0.0
14            }
15          },
16          methods: {
17
18          },
19          nLoad(){
20            uni.getLocation({
21              type:'gcj02',
22              success: (res) => {
23                  this.longitude = res.longitude.toFixed(5);
24                  this.latitude = res.latitude.toFixed(5);
25
26              }
27            }); // uni.getLocation()函数结束
28
29          }
30        }
31  </script>
32
33  <style scoped lang="scss">
34  .map{
35      width: 100%;
36      height:500rpx;
37  }
38  </style>
```

第 3 行代码使用了 uni-app 提供的 map 组件。该组件最重要的两个属性是 longitude 和 latitude。本例中这两个属性由 uni.getLocation()在获取相应值后赋值，这样就可以在地图中显示出当前位置了。map 组件与其他组件一样，可以通过样式设定其 width 和 height。map 组件还提供了 callout（气泡）等属性以及许多交互事件，比如用户点击气泡、放大地图、缩小地图等，基本上可满足应用程序中对地图的基本应用要求。

map 组件运行到不同的平台后，会使用对应平台的地图引擎，比如运行到微信小程序后会使用腾讯地图，运行到 H5 后则会使用腾讯地图、高德地图等。需要根据运行的平台，在 uni-app 中设置地图提供商的应用 Key，uni-app 官网文档对不同平台所需要的地图类型进行了详细介绍。

本例运行到微信小程序平台，map 组件底层所使用的是腾讯地图，沿用步骤 2 的设置，不需进行额外的配置。

步骤 4：map 组件和 uni.getLocation()的作用不一样，前者是地图组件，用于提供关于位置或地址的可视化操作，而后者只用于得到当前位置的经纬度信息。如果需要得到更多关于位置的信息，uni.getLocation()还不能满足需求，这时需要使用第三方位置服务。

在 uni-app 应用中配置和使用腾讯位置服务 API。在腾讯位置服务官网上注册一个账号，注册成功后使用微信扫描二维码进行登录。在腾讯位置服务的个人控制台主页（见图 6-3），选择左侧菜单中的"应用管理"下的"我的应用"，创建应用，生成腾讯位置服务应用 Key。

图 6-3　腾讯位置服务的个人控制台主页

当遇到图 6-4 所示的界面时勾选"WebServiceAPI"和"微信小程序"。

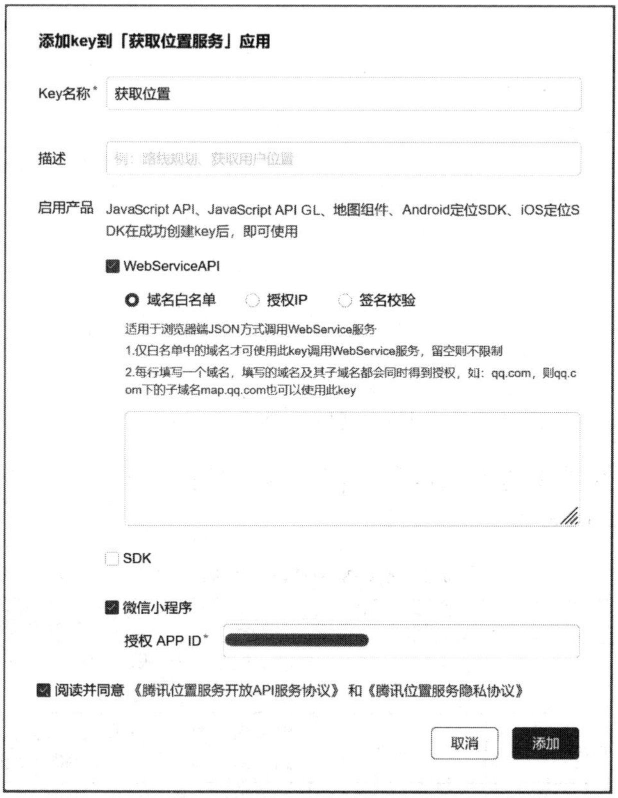

图 6-4　勾选"WebServiceAPI"和"微信小程序"

在图 6-4 所示的界面中，填写必要信息（"Key 名称""授权 APP ID"），授权 AppID 使用步骤 1 中的 AppID，单击"添加"就能看到所创建的腾讯位置服务应用 Key，这个应用 Key 在后面的代码中会用到。

在图 6-5 所示界面的菜单栏中选择"微信小程序 JavaScript SDK",打开文档页面。下载 JavaScript SDK 1.2,获得 qqmap-wx-jssdk1.2.zip 压缩包。

图 6-5 选择"微信小程序 JavaScript SDK"

解压缩后将得到的文件夹重命名为 qqmap-wx-jssdk,将其复制并粘贴到当前 uni-app 项目的 static/js/utils 目录(没有这个目录,则手工创建)下。此时的项目目录结构如图 6-6 所示。

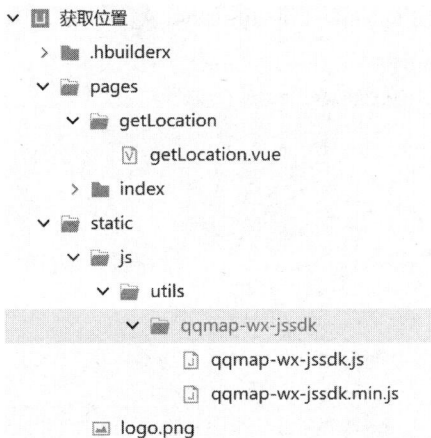

图 6-6 加入 JavaScript SDK 后的项目目录结构

现在写一个简单的页面来使用这个 SDK。这个 SDK 提供了一个核心类:QQMapWx。该类的核心方法如表 6-1 所示。

表 6-1 QQMapWx 的核心方法

方法	返回值	说明
search(options:Object)	none	地点搜索,用于搜索周边 POI(Point Of Interest,关注点),比如"酒店""餐饮""娱乐""学校"等
reverseGeocoder(options:Object)	none	提供由坐标到坐标所在位置的文字描述的转换。输入坐标,返回地理位置信息和附近 POI 列表
geocoder(options:Object)	none	提供由坐标所在位置的文字描述到坐标的转换,该过程与逆地址解析的过程正好相反
getCityList()	none	获取全国城市列表数据
getDistrictByCityId(options:Object)	none	通过城市 ID 返回城市下的区县
calculateDistance(options:Object)	none	计算一个点到多点的步行、驾车距离

下面以 getCityList()方法为例来讲解这个类如何使用。在 pages/getLocation 下面新建 getLocation.vue 页面，代码如下：

```
1   <template>
2       <view>
3           <view v-for="p in province" :key="p.id">
4               省份或直辖市: {{p.fullname}},坐标: ({{p.location.lng}},{{p.location.lat}})
5           </view>
6       </view>
7   </template>
8
9   <script>
10      import QQMapWx from "../../static/js/utils/qqmap-wx-jssdk/qqmap-wx-jssdk.js"
11      export default {
12          data() {
13              return {
14                  province:[]
15              }
16          },
17          methods: {
18
19          },
20          nLoad(){
21              this.qqmap = new QQMapWx({
22                  key:'此处填写你所申请到的 Key'
23              });
24              his.qqmap.getCityList({
25                  success:(res)=>{
26                      console.log(res);
27                      // console.log('省份数据' + res.result[0]);
28                      this.province = res.result[0];
29                      // console.log('城市数据' + res.result[1]);
30                      // console.log('区县数据' + res.result[2]);
31                  },
32                  fail:(err)=>{
33                      console.log(err);
34                  }
35              });
36
37          }
38      }
39  </script>
```

运行这个程序前做如下的设置：在微信小程序管理页面（进入方法见附录 4）的左侧菜单栏中依次选择"开发"→"开发管理"→"开发设置"→"服务器域名"，对其中的"request 合法域名"添加腾讯地图 API 的连接网址。如果第 10 行代码在运行时有问题，则换用 require 方式导入模块。

运行该页面至微信小程序平台，可以发现这个腾讯位置服务 SDK 读取到了全国省份或直辖市的名称及经纬度信息。

6.1.2　拍照识物

在言必谈 AI 的时代，移动应用带有 AI 特色才会使其不易被时代所抛弃。本小节的示例将实现一个带有自动识别 AI 功能的程序。当用户选择本地图片或使用摄像头拍摄后，程序能识别出图片中的物体，其"自动识别"功能将使用第三方提供的 API 完成。

【示例 6-2】 实现一个能自动识别本地图片或所拍摄的图片中的物体的程序。

步骤 1：物体的自动识别需要 AI 的帮助。如果无自建的 AI 系统，可以选择第三方提供的 API，本例选择了百度智能云所提供的"图像识别"API。本步完成百度智能云 API Key 和 Secret Key 的申请。

在百度智能云官网注册一个账号，使用该账号登录百度智能云后，进入控制台，看到图 6-7 所示的个人控制台主页。

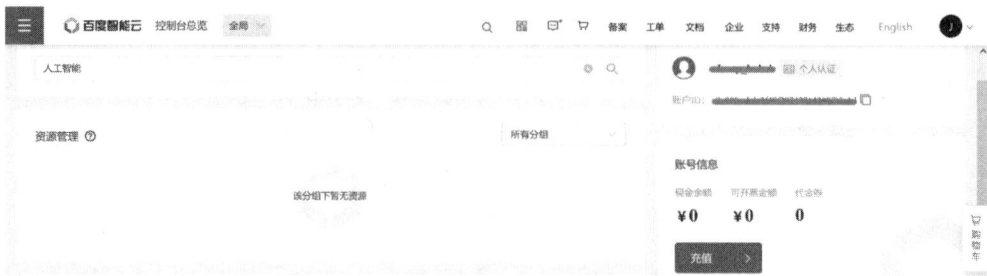

图 6-7　百度智能云个人控制台主页

在个人控制台主页左侧的伸缩式菜单中找到"产品服务"→"人工智能"→"图像识别"，如图 6-8 所示。

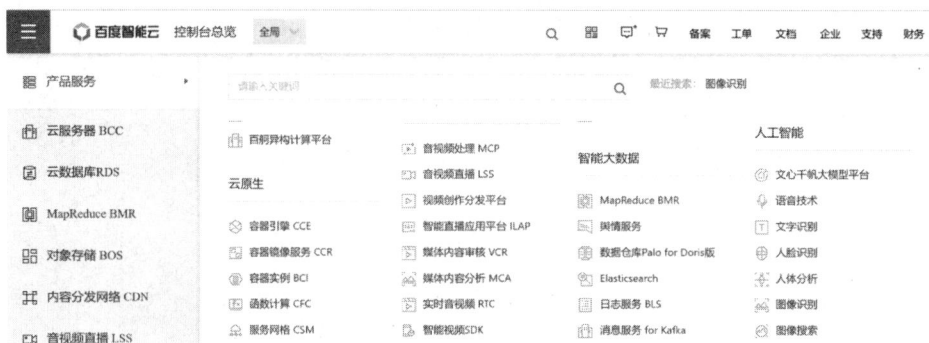

图 6-8　百度智能云"图像识别"服务

选择"图像识别"，进入"图像识别"的应用管理页面，如图 6-9 所示。在这个页面主要进行的是创建应用，获取 AppID、API Key 和 Secret Key。

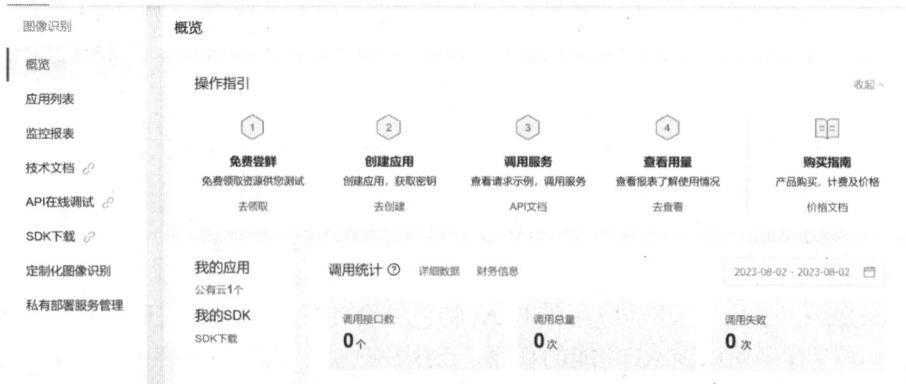

图 6-9　"图像识别"的应用管理页面

百度智能云所提供的这些 API 都可以申请免费使用，但一般只有一年的使用期限。在图 6-9 所示的页面中选择"免费尝鲜"即可申请。创建应用时选择了哪些接口，建议就只申请相应接口的免费使用资格，以免浪费其他接口的免费使用机会。本例只选取了"通用物体和场景识别高级版"这一个接口。

单击图 6-9 所示页面中的"技术文档"链接，通过阅读文档的介绍，理解 API 被程序调用的方式。比如对于这个 API，官网指出它以 URL 的方式提供给外界调用，以 POST 方式请求，URL 带一个 access_token 参数。

请求的 Header 须设置：

```
"Content-Type":"application/x-www-form-urlencoded"
```

请求的 Body 里面的参数在 image 和 url 中二选一。image 参数表示图像数据，其值需要使用 Base64 编码，且不能大于 4MB。

这些内容都是后续编写代码的关键点，如果在后面调用 API 时遇到了错误信息，也需要回到官网查询错误信息的含义。

在图 6-10（a）所示的"创建新应用"页面，选择应用程序所需要的接口。本例选择"图像识别"中的"通用物体和场景识别高级版"这一个接口，如图 6-10（b）所示，"应用归属"选择"个人"，"应用名称"和"应用描述"自定义即可。

（a）

（b）

图 6-10 创建图像识别应用

信息填写完毕后，单击"创建应用"按钮，出现图 6-11 所示的页面，该页面中的 AppID、API Key 和 Secret Key 为后续步骤所需要的信息。

图 6-11　成功创建图像识别应用

步骤 2：新建一个 uni-app 项目，将其命名为"拍照识物"。同时配置微信小程序的 AppID（见附录 4）。

在步骤 1 中得知发送请求时 image 参数的值需要使用 Base64 编码（由于图片一般是二进制信息，所以需要将其转换成使用 Base64 编码的信息）。本例使用了一个第三方插件完成这个工作。

进入 uni-app 官网的插件市场，搜索并找到图 6-12 所示的插件。选择页面右侧的"下载插件并导入 HBuilderX"。这是常见的将第三方插件导入 uni-app 项目的方法。

图 6-12　导入第三方插件到 uni-app 项目

此时项目的目录结构中多了一个"components"目录，该目录下面则是所导入的"helang-compress"插件，如图 6-13 所示。

步骤 3：此步将获取 access_token。修改 index.vue 的代码，在<script>标签的 export default { } 里面添加一个 onLoad() 函数，代码如下：

```
1    onLoad() {
2        uni.request({
3            url:"https://aip.baidubce.com/oauth/2.0/token?grant_type =client_credentials&client_
     id=你的 API Key &client_secret=你的 Secret Key",
4            dataType:"json",
5            success: (res) => {
6                console.log(res.data.access_token);
7            }
8        });
9    }
```

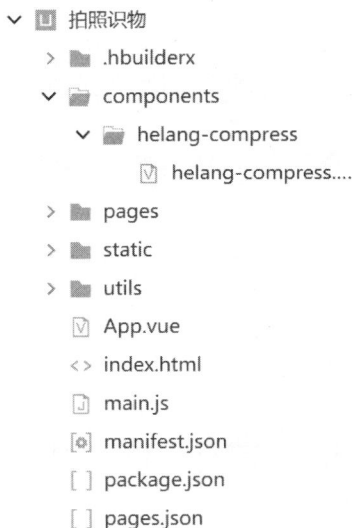

图 6-13　拍照识物项目的目录结构

　　这段代码向百度智能云发送获取 access_token 的请求，从而获取到访问图像识别应用的 access_token。编写代码时在第 3 行代码中填入步骤 1 所获取到的 API Key 和 Secret Key。

　　运行程序后，从浏览器的控制台界面中得到 access_token。access_token 类似于下面的字符串：

```
24.a7179f3da2d56a81d0af25931c67efee.2592000.1627131472.282335-24130966
```

　　步骤 4：新建 identifyObject 页面，同时勾选"创建同名目录"，在该页面完成在图片中识别物体的功能。代码如下：

```
1    <template>
2        <view class="content">
3            <button type="primary" @tap="clickTakePhoto">拍照或从相册选择</button>
4            <view class="photo">
5                <image :src="imagePath" mode="aspectFit"></image>
6            </view>
7            <helang-compress ref="helangCompress"></helang-compress>
8        </view>
9    </template>
10
11   <script>
12       import helangCompress from '../../components/helang-compress/helang-compress';
13       export default {
14           data() {
15               return {
16                   imagePath:'',
17               }
18           },
19           components:{
20               helangCompress
21           },
22
23           methods: {
24               clickTakePhoto(){
25                   uni.chooseImage({
26                       count:1,
27                       success: (res) => {
```

```
28                              this.imagePath = res.tempFilePaths[0];
29                              console.log(this.imagePath);
30                              // #ifdef H5
31                              this.$refs.helangCompress.compress({
32                                  src:this.imagePath,
33                                  maxSize:200,
34                                  fileType:'png',
35                                  quality:0.85,
36                                  minSize:640
37                              }).then((res)=>{
38                                  let access_token = "你的 Access_token";
39                                  uni.request({
40  url:"https://aip.baidubce.com/rest/2.0/image-classify/v2/advanced_general?
    access_token="+access_token,
41                                      method:"POST",
42                                      data:{
43                                          "image":res
44                                      },
45                                      dataType:"json",
46                                      header:{
47                                          "Content-Type":"application/x-www-form-urlencoded"
48                                      }
49                                  }).then((res)=>{
50                                      console.log(res.data);
51                                  }).catch((err)=>{
52                                      console.log(err);
53                                  });
54                              });
55                              // #endif
56                          }
57                      });//uni.chooseImage()函数结束
58                  }
59              }
60          }
61  </script>
62
63  <style lang="scss" scoped>
64  .content {
65      display: flex;
66      flex-direction: column;
67      align-items: center;
68      justify-content: center;
69
70      .photo{
71          margin: 10rpx;
72      }
73  }
74  </style>
```

第 12 行、第 19～21 行和第 7 行代码分别演示了导入、注册和使用 helang-compress 插件的方法。

第 25 行代码的 uni.chooseImage()在 H5 平台下运行时只能选择图片，而在微信小程序平台下运行时还可以调用摄像头拍摄。success 回调函数的返回值中的 tempFilePaths 的数据类型是数组，表示选中图片的本地文件路径列表。由于第 26 行代码的 count 限定为 1，所以第 28 行代码取出了该数组的第一个元素。关于这个 API 的使用方法，读者可以查询 uni-app 的官网文档。

这段代码的核心是第 31～36 行代码，它来自 helang-compress 的插件使用说明（在

图 6-12 所示的页面）。而第 39～48 行代码来自步骤 1 中百度智能云的技术文档。第 39 行代码表示在 uni-app 中使用 uni.request()调用这个图像识别的 URL 请求。

这里解释一下第 47 行代码的 Content-Type 的值 "application/x-www-form-urlencoded" 的含义。一般 uni.request()发送 POST 请求时，Content-Type 默认取值为 "application/json"，那么 uni.request()发送给服务器端的数据格式就是 JSON 格式。而 "application/x-www-form-urlencoded" 会将数据编码成由 "&" 所连接的字符串格式，本例中百度智能云的图像识别 API 要求使用这种格式的数据。Content-Type 还有一个取值是 "multipart/form-data"，在 uni.uploadFile()中向服务器端上传文件时使用。

运行这个页面到浏览器（如果提示跨域访问错误，可以运行到内置浏览器）后，能看到类似于图 6-14 所示的界面。

在图 6-14 所示的界面中点击 "拍照或从相册选择" 按钮，选中一张本地图片，此时能从控制台看到代码中几处 console.log()的输出信息，如图 6-16 所示。

图 6-15 展示了第 50 行代码的输出信息，它是百度智能云 "图片识别" API 所返回的识别结果：整体上是一个对象，里面有 result_num、result 和 log_id 这 3 个属性。其中的 result 数组里面给出了 5 个识别结果，这些识别结果按照 score 降序排列。这意味着百度智能云对图片中的物体返回了 5 种可能性。程序拿到这个结果后可以再根据功能需求做进一步的处理。

图 6-14　拍照识物运行效果

图 6-15　百度智能云的返回结果

这段代码的第 30 行代码和第 55 行代码联合起来用了一个 "条件编译" 语句，表示所包含的代码只适用于 H5 平台。条件编译语句在 uni-app 应用程序中非常常用，因为 uni-app 框架的组件或 API 有平台限制，有的组件或 API 只能在某几个平台运行，为了确保应用程序能够跨端，就需要借助这些条件编译语句对不同的平台采用特殊的处理。

这个示例使用了一个 uni.app 的 API、一个第三方插件、一个第三方图像识别的 API。很多内容都源自对应的官网文档，可见学会看官网文档对于拓展应用的功能非常重要。

6.2　高级组件

有些组件仅靠标签再加上设置一些属性就可以实现比较强大的功能，典型的如 video

组件，以及 6.1.1 小节所用到的 map 组件等。在 uni-app 官网的插件市场中还有大量这样的组件，在编写 uni-app 应用程序时可以按需使用这些组件。本节还会继续探讨在 uni-app 应用程序中如何封装组件。

5G 让移动应用如虎添翼，从而诞生出"短视频"这样极富娱乐性的形式。本小节将完成一个极简版的短视频小程序，从而探讨这类应用程序的开发技巧。本小节中的示例所用到的部分 API 对 H5 平台的支持并不是很好，因此调试时最好将其运行到微信小程序平台。

【示例 6-3】 实现一个上下滑动屏幕以播放短视频的小程序。

步骤 1：本例将短视频播放列表数据放在服务器端，以此来模拟实际的使用情况。修改示例 3-5 的代码，对 routes/index.js 文件增加如下代码：

```
1  router.get('/getVideoSrcList',function(req,res,next){
2    res.json({
3      "status":200,
4      "videoSrcList":[
5        {
6          id:1,
7          src:'https://qiniu-web-assets.dcloud.net.cn/unidoc/zh/2minute-demo.mp4'
8        },
9        {
10          id:2,
11          src:'https://qiniu-web-assets.dcloud.net.cn/unidoc/zh/ 2minute-demo.mp4',
12
13        },
14        {
15          id:3,
16          src:'https://qiniu-web-assets.dcloud.net.cn/unidoc/zh/2minute-demo.mp4'
17        }
18      ]
19    })
20  })
```

这里所构造的数据，对于每个短视频有一个 id 属性和 src 属性。src 的取值最好是能够播放的短视频 URL。本例借用了 uni-app 官网介绍 video 组件的示例时所用到的短视频 URL。读者在学习 6.3 节介绍的 uniCloud 云存储后，可以上传几个短视频，用云存储 URL 替换这里的短视频 URL。

在 HBuilder X 中开启一个终端启动这个程序，在浏览器的地址栏中输入以下地址并按"Enter"键：

```
http://localhost:3000/getVideoSrcList
```

此时浏览器出现类似于图 6-16 所示的界面。

步骤 2：新建一个 uni-app 项目，将其命名为"播放视频"，同时配置微信小程序 AppID。在根目录下创建一个目录，将其命名为"components"，在该目录下新建两个组件，分别命名为"video-list"和"video-play"。此时项目的目录结构如图 6-17 所示。

图 6-16 访问后端 API 得到的数据

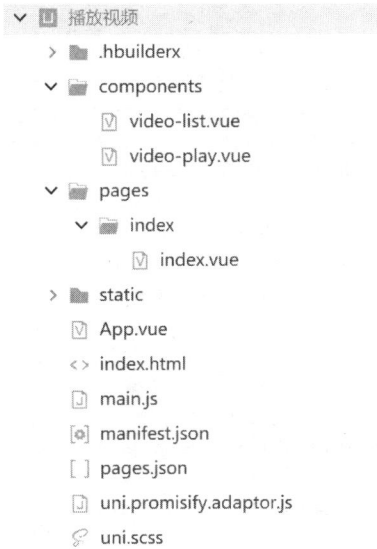

图 6-17 项目的目录结构

步骤 3：修改 video-play.vue 页面，添加代码如下。

```
1    <template>
2      <view>
3        <video class="video" :src="vSrc" :controls="false"></video>
4      </view>
5    </template>
6
7    <script>
8      export default {
9          name:"video-play",
10         props:['vSrc'],
11         data() {
12             return {
13
14             };
15         },
16         methods:{
17         }
18      }
19    </script>
20
21    <style scoped lang="scss">
22    .video{
23        width: 100%;
24        height: 100vh;
25    }
26    </style>
```

在 uni-app 应用程序中放在 components 目录下的 Vue 文件称为"组件"，组件的语法格式与普通的 vue 页面的语法格式是一样的。但与普通的 vue 页面相比，组件不会在 pages.json 中注册。

步骤 4：修改 video-list.vue 文件，添加的代码如下。

```
1    <template>
2      <view class="videoList">
3        <view class="swiper-box">
4          <swiper :vertical="true" class="swiper" >
```

```
5                    <swiper-item v-for="item in vSrcList" :key="item.id">
6                        <view class="swiper-item">
7                            <video-play :vSrc="item.src"></video-play>
8                        </view>
9                    </swiper-item>
10
11              </swiper>
12          </view>
13      </view>
14   </template>
15
16   <script>
17      import videoPlayer from './video-play.vue'
18      export default {
19          name:"video-list",
20          data() {
21              .return {
22                  };
23          },
24          props:['vSrcList'],
25          components:{
26              videoPlayer
27          },
28          methods:{
29          }
30      }
31   </script>
32
33   <style lang="scss" scoped>
34   .videoList{
35      height:100%;
36      width: 100%;
37      .swiper-box{
38          height: 100%;
39          width: 100%;
40          .swiper{
41              height: 100%;
42              .swiper-item{
43                  height: 100%;
44              }
45          }
46      }
47   }
48   </style>
```

步骤 5：修改 index.vue 页面，添加的代码如下。

```
1    <template>
2       <view class="content">
3           <!-- 子组件 video-list 的 vSrcList 接收父组件的数据-->
4          <video-list :vSrcList="videoSrcList"></video-list>
5       </view>
6    </template>
7
8    <script>
9       import videoList from '../../components/video-list.vue';
10      export default {
11          data() {
12              return {
13                  videoSrcList:[]
14              }
15          },
```

```
16          components:{
17              videoList
18          },
19          onLoad() {
20              this.getVideoSrcList();
21          },
22          methods: {
23              getVideoSrcList(){
24                  uni.request({
25                      url:"http://localhost:3000/getVideoSrcList",
26                      success: (res) => {
27                          console.log(res);
28                          this.videoSrcList = res.data.videoSrcList;
29                      }
30                  })
31              }
32          }
33      }
34  </script>
35
36  <style>
37      .content {
38          width : 100%;
39          height: 100vh;
40      }
41  </style>
```

为了实现全屏播放短视频的效果，3 个 Vue 文件中的样式代码将 width 和 height 设置为 100%或 100vh。

index.vue 通过 uni.request()请求本地的 URL 获取到短视频播放列表数据（第 24～30 行代码），然后在第 4 行代码传递给子组件 video-list 的 vSrcList 属性。

到这一步为止，其实所完成的功能很有限：上下滑动屏幕切换到不同的短视频。此时还不能像平常所使用的短视频 App 那样做到切换后自动播放。如果仅完成这个功能，倒不用像本例这样大动干戈地用 3 个 Vue 文件，只需要一个 Vue 文件就可以了。因此在后续步骤中要思考为什么将代码从 index.vue 中拿出来额外写成子组件。

步骤 6：给这个小程序增加切换短视频后能自动播放的功能。注意，这里还隐藏了一个问题：切换后当前的短视频要自动播放，而切换前所播放的短视频要暂停播放。

这个功能的完成思路是：给 video-play 组件增加控制播放和暂停播放的方法，而在其父组件 video-list 中调用该方法，因为 video-list 中的 swiper 组件负责短视频的切换，这个时候调用 video-play 的控制播放和暂停播放的方法是比较合适的。

修改 video-play.vue 文件，给 video-play 组件增加能控制播放和暂停播放的方法。这里用的是 uni-app 所提供的"视频组件控制"API——uni.createVideoContext()。根据官网文档资料，先给 video 组件加上 id 和 ref 属性：

```
1   <!--给 video 组件加上 id 和 ref 属性-->
2   <video id="myVideo" ref="myVideo" class="video" :src="vSrc" :controls="false"></video>
```

接着给该组件加上 created()组件生命周期函数，获取对 video 组件的引用：

```
1   <!--加上组件生命周期函数 created()，不要加到 methods 属性里面-->
2   created(){
3       this.videoContext = uni.createVideoContext("myVideo",this);
4   }
```

然后在 methods 属性里面加上控制播放和暂停播放的方法：

```
1    methods:{
2        playVideo(){
3            //console.log("...play");
4            this.videoContext.play();
5        },
6        pauseVideo(){
7            //console.log("...pause");
8            this.videoContext.pause();
9        }
10   }
```

video 组件提供了@play 和@pause 两个事件属性，它们与这里的视频组件控制的 play()和 pause()方法是不同的。前者表示 video 组件能响应和处理 play 或 pause 事件，而后者表示通过编程的方式触发这两个事件。

修改 video-list.vue 文件，在屏幕上滑或下滑时切换短视频，并控制短视频的播放和暂停。之前简略提到过这里的页面逻辑。这里有几点，需要深入讨论。

（1）如何判断用户的操作是上滑操作还是下滑操作？

（2）当上滑换到新的短视频，如何自动播放这个短视频，且暂停之前播放的短视频？对于下滑操作也面临同样的问题。

下面给出具体的实现代码。对于这样的问题的解决思路，初学者只能遇到一个问题就积累一种解决思路。

```
1    <!-- 给 swiper 加上@change、@touchstart 和@touchend 处理函数-->
2    <swiper :vertical="true" class="swiper" @change="onChange"
3        @touchstart="onTouchStart" @touchend="onTouchEnd">
4        <swiper-item v-for="item in vSrcList" :key="item.id">
5            <view class="swiper-item">
6            <!-- 给 video-play 组件加上 ref 属性-->
7                <video-play :vSrc="item.src" ref="player"></video-play>
8            </view>
9        </swiper-item>
10   </swiper>
```

对 export default{}所增加和修改的代码如下：

```
1    data() {
2        return {
3            pageYStart:0,      //刚开始滑动时手指所处位置的 y 轴值
4            pageYEnd:0,        //滑动结束时手指所处位置的 y 轴值
5            currentPage:0      //当前 swiper-item 的索引值
6        };
7    },
8    methods:{
9        onChange(event){
10           //console.log(event.detail.current);
11           this.currentPage = event.detail.current;
12       },
13       onTouchStart(event){
14           // console.log(event);
15           this.pageYStart = event.changedTouches[0].pageY;
16           //console.log("pageYStart",this.pageYStart);
17       },
18       onTouchEnd(event){
19           // console.log(event);
20           this.pageYEnd = event.changedTouches[0].pageY;
```

```
21          //console.log("pageYEnd",this.pageYEnd);
22          if(this.pageYStart>this.pageYEnd){
23              console.log("上滑");
24              // console.log(this.$refs.player);
25              //console.log(this.currentPage);
26              this.$refs.player[this.currentPage].playVideo();
27              if(this.currentPage > 0){
28               this.$refs.player[this.currentPage-1].pauseVideo();
29              }
30          }else{
31              //console.log("下滑");
32              this.$refs.player[this.currentPage].playVideo();
33              if(this.currentPage < this.vSrcList.length-1){
34               this.$refs.player[this.currentPage+1].pauseVideo();
35              }
36          }
37      }// end of onTouchEnd()
38  }
```

为了配合上滑和下滑的处理逻辑，设定了 3 个 data 变量：pageYStart、pageYEnd 和 currentPage。

关于 ref 属性有一个隐含的小知识：子组件 video-play 定义了 ref 属性，由于这个子组件是放在 v-for 指令范围之内的，这意味着页面渲染后会出现多个 ref，因此页面运行后 ref 的数据类型是数组。第 24 行代码的输出语句可以证实这一点。读者一旦明白了这个小知识，就知道如何引用 video-play 子组件了。

@change 所绑定的 onChange()处理函数能够得到当前的 swiper-item 的索引值，它正好作为当前所要播放短视频的索引值。

@touchstart 所绑定的 onTouchStart()处理函数主要得到刚开始滑动时手指所处位置的 y 轴值 pageY。这个值存储在该事件的 event 参数中，具体取出的方法见第 15 行代码。

@touchend 所绑定的 onTouchEnd()处理函数完成最后也是最核心的工作。将此时的 pageY 与刚开始滑动时的 pageY 进行对比，以此判断用户的滑动操作是上滑还是下滑。如果是上滑，通过 this.$refs.player[this.currentPage]数组取得当前的 video-play 组件的引用，调用它的 playVideo()方法。这就是在父组件中调用子组件方法的做法。由于是上滑，上一个短视频就要暂停播放（第 28 行代码）。为了避免数组指针溢出错误，第 27 行代码进行了一次越界判断。下滑的判断逻辑和处理思路与此类似，此处不赘述。

这里还要提醒的是，这 3 个事件的发生顺序是@touchstart、@change 和@touchend。这个发生顺序决定了 3 个 data 变量值的改变顺序。代码中给出了很多 console.log()语句，可以在控制台中查看这些细节。

本例使用了"封装组件"这样一种编程技巧，在 index.vue 中使用了 video-list 组件，而 video-list 使用了 video-play 组件，在 video-play 组件中采用了 uni-app 所提供的 video 组件。单从完成功能的角度来看，将这些组件都写在 index.vue 中也是可以的。而采用示例中的做法的好处就是提高了代码的"可维护性"。index.vue、video-list 和 video-play 这 3 个组件有各自的职责：index.vue 是主体，负责将各个子组件封装成能呈现出最终效果的页面，同时还负责与服务器端的通信，即发送请求和获取数据；video-list 负责与用户的交互工作，在本例中则是处理短视频的上滑和下滑事件；video-play 负责最核心的短视频播放、暂停播放等功能。3 个组件各司其职、职责分明，在添加功能时选择其中某个合适的组件进行修改。将功能封装为子组件的好处还有提高了代码的"复用性"，比如这里的 video-play 组件就可以用在短视频播放的场合。uni-app 的插件市场中的多数组件就是这种功能相对独立、复用性较强的子组件。

与实际运行的短视频 App 相比，这个小程序还有很多功能未实现。比如，短视频 App 中一个常见的功能：短视频播放的时候点击短视频会暂停短视频的播放，而对暂停的短视频进行点击会让短视频继续播放。再如，短视频右侧常见的点赞、收藏、关注等功能。这些功能放在哪个组件里实现，还是通过几个组件协同实现等都是需要深入思考的问题。

6.3 uniCloud 云存储

在用户注册时，如果要上传头像，该如何实现呢？这涉及应用程序中常见的"文件上传"。在 5.3.4 小节实现过一个文件上传的功能，它的不足之处在于所上传的图片存储在了后端程序所在的服务器上，对于显示头像这样的功能，还需要做一些额外的编程工作。与 uni-app 框架所搭配的云平台 uniCloud 提供了方便的"云存储"。它的特点是将所上传的图片在服务器端存储起来，同时给外界提供一个可以访问的 URL，这样当程序需要显示头像的时候，根据 URL 从服务器读取这个图片文件即可。

为了加强文件上传的可视化效果，uni-app 提供了 uni-file-picker 组件。该组件的重要属性、事件和方法如表 6-2 所示。

表 6-2 uni-file-picker 的重要属性、事件和方法

属性/事件/方法名	类型	默认值	说明
autoUpload	布尔	true	文件是自动上传还是手动上传
mode	字符串	list	选择文件后的文件列表形式，取值是 list 或 grid
fileMediatype	字符串	image	文件的类型，包括 image、video、all
limit	数值/字符串	9	最多选择的上传文件个数
@success	事件名		上传文件成功时触发
@fail	事件名		上传文件失败时触发
@delete	事件名		将文件从文件列表移除时触发
@progress	事件名		文件上传时触发
upload()	方法名		将文件上传到云存储，如果 autoUpload 为 false，必须调用此方法

其中属性 autoUpload 表示选择了文件后是否自动上传。如果设置为 false，那么就需要另外通过代码的方式调用组件的 upload()方法上传文件。

文件上传成功后要注意此时云平台返回给客户端的值，下面通过示例对其进行解释。

【示例 6-4】 使用 uni-file-picker 上传图片到 uniCloud。

步骤 1：在 HBuilder X 中创建项目，根据附录 5 的方法申请 uniCloud 云服务空间。将当前项目绑定了云服务空间后，再导入 uni-forms、uni-file-picker 组件，创建的 uniCloud 项目如图 6-18 所示。

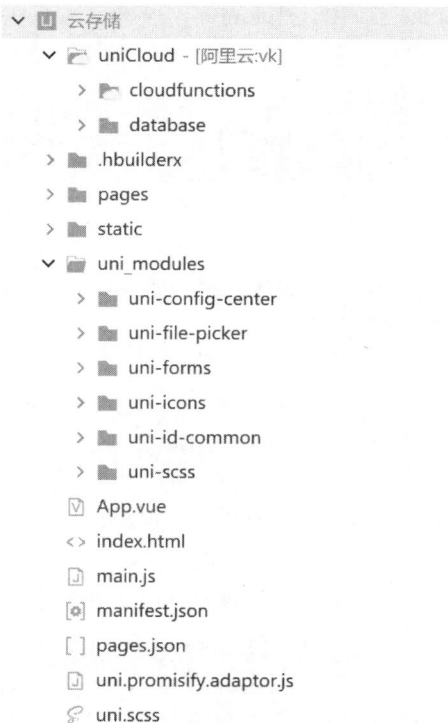

图 6-18　创建的 uniCloud 项目

步骤 2：在 pages 目录下新建 imageupload/imageupload.vue 页面，主要代码如下。

```
1   <template>
2       <view>
3           <uni-forms :model="user" :labelWidth="100">
4           <!-- 手动上传 -->
5           <uni-forms-item label="上传图片" required>
6               <uni-file-picker
7                   v-model="user.avatar"
8                   ref="file"
9                   fileMediatype="image"
10                  mode="grid"
11                  :autoUpload="false"
12                  limit=1
13                  @success="successHandler"
14              />
15          </uni-forms-item>
16          <button @tap="uploadFile" class="upload">上传</button>
17          </uni-forms>
18      </view>
19  </template>
20  <script>
21      export default {
22          data() {
23              return {
24                  user:{},
25              };
26          },
27          methods:{
28              successHandler(e){
29                  console.log(e);
```

```
30              console.log(this.user);
31              // this.user.avatar = e.tempFilePaths[0];
32          },
33          uploadFile(){
34              // 使用 ref 属性引用该组件
35              this.$refs.file.upload();
36          }
37      }
38  }
39  </script>
40  <style lang="scss" scoped>
41  .upload{
42      background-color: blue;
43      color:white;
44  }
45  </style>
```

这段代码的思路是将 uni-file-picker 组件的 autoUpload 属性设置为 false，然后在按钮点击事件所绑定的处理函数 uploadFile()中使用该组件的 upload()方法上传选中的文件（第 33～36 行代码）。在该组件的@success 事件所绑定的处理函数 successHandler()（第 28～32 行代码）中获取服务器所返回的图片的 URL。

运行程序后，界面效果如图 6-19 所示。

在图 6-19 所示的界面中点击"+"按钮，从本地选择图片，再点击"上传"，代码中限定了 limit 为 1，所以只能上传一张图片。此时浏览器的控制台输出信息如图 6-20 所示。

图 6-19 上传图片界面效果

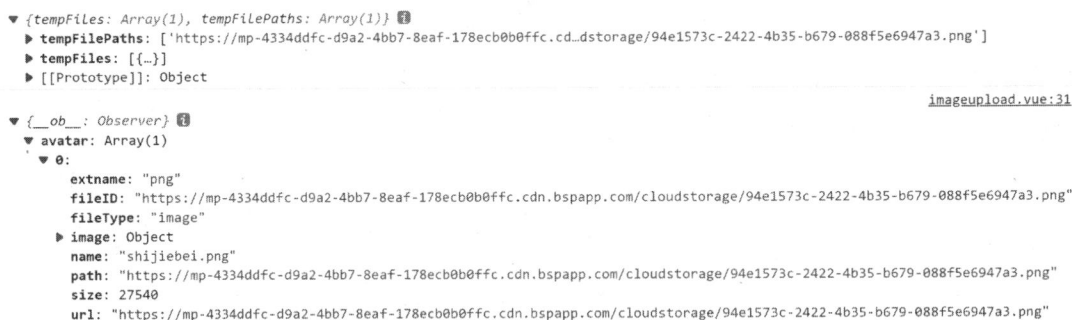

图 6-20 文件上传成功后的输出信息

这里重点关注第 13 行代码的@success 事件所绑定的函数 successHandler()。在保持第 31 行代码被注释的情况下运行该程序，图 6-20 显示控制台输出了两个值。第一个值是第 29 行代码的参数 e 的值，是云平台的返回值。它有 tempFiles 和 tempFilePaths 两个属性，因为该组件可以上传多个文件，所以这两个属性的值都是数组。tempFiles 所包含的信息丰富一些。而 tempFilePaths 对 tempFiles 进行了简化，只包含客户端需要的数据：文件的云存储 URL。这个是文件上传到云存储后由云平台生成的，通过这个 URL 才能访问到所上传的文件。在 uniCloud Web 控制台的"云存储"中能看到所上传的文件。

第二个值则是数据变量 user 的值，它的 avatar 属性通过 v-model 绑定到了 uni-file-picker 组件，从图 6-20 可知 avatar 属性值也是一个数组，每个元素表示上传的一个文件的数据，它包含的信息也比较丰富：文件的名称、大小、类型和扩展名等。但客户端需要的只是文件的云存储 URL，并不需要这么多信息。因此对于 uni-file-picker 组件一般采用第 31 行代码的做法：从参数 e 中取出 URL，后续再将其传给后端存到数据库中。

理解了这段代码后，读者还可以试着给组件的其他几个事件添加事件处理函数，查看能够做些什么事情，或者修改组件的 limit、mode 或 fileMediatype 等属性的值，查看页面效果和返回值情况。

从这个示例可以看到 uniCloud 对云存储功能封装得非常完善，开发重心大多落在客户端的上传组件或与上传相关的 API 上。uniCloud 还提供了"云函数"和"云数据库"用于编写后端程序，即所谓的"云开发"，这对于不熟悉其他后端开发技术的前端开发人员而言还是比较方便的，感兴趣的读者可以查看 uniCloud 官网文档。

6.4 本章小结

本章所举的几个示例，代码量都不是很大，其难度在于使用了第三方平台或 API，需要花费较多的时间配置第三方平台的环境和参数，熟悉第三方 API 所提供的文档。其实在以后的 uni-app 移动应用开发中这是一种常态。当遇到配置问题或 API 报错时，要仔细阅读官网文档。对于官网文档语焉不详的地方，可以通过搜索引擎寻找问题或报错的解决思路。另外要指出的是，像 6.1.1 小节、6.1.2 小节在页面中直接配置应用 Key 或 Secret Key 这样的敏感信息是不太合适的，而应该将配置这些信息的工作交给服务器端程序来做，再将结果返回给前端页面。

本章还提及了"封装组件"这样一个技巧性比较强的编程技能。如果说使用第三方平台或 API 属于"技术"范畴的事情，那么只要勤加练习，就可以掌握。但"封装组件"问题需要在"多"和"少"之间取得一种平衡，增之一分则多，减之一分则少：哪些功能要封装到子组件。而且这种封装也不是一成不变的，必要的时候对子组件还要进行拆分，封装出新的"子子组件"。程序规模越大，为避免单个页面的体积增大给后期的阅读和维护带来不利影响，就越需要封装子组件。但如何保证所封装的子组件在维护性和复用性方面比较好呢？"子组件"其实就是软件工程中所提倡的"模块化"设计思想的具体体现，因此模块化的"高内聚，低耦合"的设计理念对它是适用的。

6.5 习题

编程题

（1）修改示例 6-2 的代码。

① 添加针对微信小程序平台的条件编译语句，在该条件编译语句里编写代码，将程序运行到微信小程序平台，实现拍照识物的功能。

② 使用 uni.showActionSheet() 函数将百度智能云的识别结果显示出来供用户选择。

提示：考虑在微信小程序里面如何对图片进行 Base64 编码。另外注意在微信小程序管理后台的"开发设置"里面设置"request 合法域名"：加入百度智能云的域名。

（2）修改示例 6-3 的代码。

① 有时用户会这样操作：上滑一个短视频后，下滑回到这个短视频，反之亦然。按照程序中的逻辑，此时的短视频会从刚才暂停的地方开始播放。修改代码，使之从头开始自动播放。

② 在程序运行后进入主页时，第一个短视频要自动播放。

（3）uni-file-picker 是 uni-app 应用程序中比较常用的组件，试着修改示例 6-4 的代码。

① 运行程序后尝试上传其他类型的文件，比如音频或视频文件，或者文档等。

② 修改属性 limit 的值为大于 1 的数，通过处理实现从返回值中获取到所上传图片的 URL。

③ 修改 autoUpload 的值为 false，通过处理实现上传图片并得到 URL。

第 7 章

移动应用开发过程

从理论上而言，移动应用开发过程包含需求分析、原型界面设计、架构设计、数据库设计、编码、测试、部署和维护等，而从实际开发来看，因为项目类型不一样、项目开发团队不一样，往往不需要完全遵守这些规定，应该对软件开发过程进行剪裁。对于前端开发人员，在软件开发过程中有几类人员会与他们在工作流程上有所衔接。其一是需求开发人员，在互联网公司，这类人员大多被称为"产品经理"。产品经理需要向前端开发人员提供清晰的功能描述。其二是后端开发人员，即服务器端程序开发人员。后端开发人员需要向前端开发人员提供清晰、正确的调用接口描述。其三是测试人员，这类人员会对系统进行各种类型的测试，比如功能测试、压力测试和集成测试等。本章主要从前端开发人员与产品经理和后端开发人员这两类人员的衔接的角度来讨论其工作内容和开发方式。

7.1 开发过程概述

经典的瀑布式开发模型将软件开发过程分为需求分析、概要设计、详细设计、编码、测试、维护等多个阶段。其后所出现的多种开发模型，比如迭代式开发模型、螺旋式开发模型、XP（eXtreme Programming，极限编程）模型等，实际上都可以看作瀑布式开发模型的衍生和变化，其核心还是围绕"需求—设计—编码—测试"这一主线展开的。移动应用开发过程仍然围绕这一主线展开，图 7-1 展示了这一基本的软件开发过程。

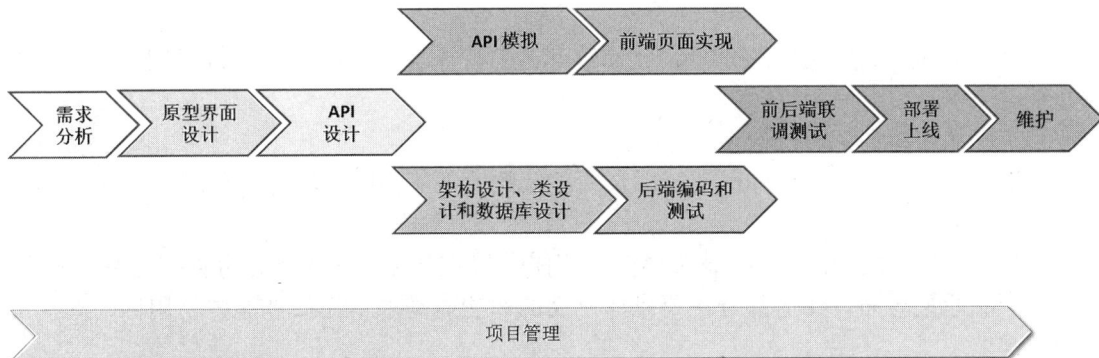

图 7-1 移动应用开发过程

图 7-1 中除项目管理，每一个六角形都可以看作一个开发阶段。首先由产品经理完成需求的获取和整理，重点是分析需求，设计初步的原型界面，得到产品需求文档，然后进

行 UI/UX（User eXperience，用户体验）设计，设计出高保真原型界面，接着前端开发人员根据产品需求文档和原型界面实现前端页面，而后端开发人员要进行架构设计、类设计和数据库设计，并编程实现后端功能。前端开发人员和后端开发人员之间通过 API 来实现功能的前后端协调，API 规范最好在各自编码实现前就能够定义好，这样前后端的工作就可以分开独立进行。前端开发人员可以根据 API 规范自行模拟一些数据来测试所编写的页面是否符合产品需求文档的要求。在前后端的工作都完成后，再做前后端之间的联调测试，继而进行后面的部署上线等工作。

即使是从实际开发经验中总结出来的软件开发模型，在落到纸面后都会成为"理论性知识"，呈现出一种曲高和寡的状态，并不能适用于真正的实际开发，因此这些软件开发模型只用作参考，而不能不加变通地盲目遵从。比如有的项目开发团队缺乏 UI/UX 设计人员，或者前后端开发人员是同一批人，那么面对这些情况时可以对某些工作成果进行简化，先做出产品的第一版本，在人员到位后再进行版本的更迭。

对于移动应用软件，出于对市场占有率或盈利的考虑，其需求变更都非常频繁，对上线的期限要求也比较高，因此产品经理、UI/UX 设计人员、前后端开发人员、测试和维护人员之间如何协调彼此的工作，保证产品及时、保质上线，是移动应用开发过程应关注的核心点。

7.1.1　需求分析

从前端开发的角度来看待需求开发的工作，一言以蔽之就是根据需求规格说明书来编写代码。在互联网公司，需求规格说明书常被称为 PRD（Product Requirement Document，产品需求文档）。从需求分析启动开始，产品经理需要进行多道工序和多轮文档的撰写，然后项目开发的接力棒才会传到前后端开发人员手中，PRD 对于前后端开发人员而言都非常重要。在不同的公司、不同的项目中，PRD 在格式上会有所不同。一般而言，PRD 主要包括以下 4 个部分的内容。

（1）版本说明和编辑历史

在这部分对 PRD 各版本的变化情况做简明扼要的记录，列出每次版本更新所做的修改。

（2）产品概况

在这部分对产品做简要的介绍，比如对产品的特点、产品的定位、目标用户人群等进行介绍。

（3）产品整体框架及流程

在这部分列出产品的整体框架，以及所涉及的业务流程图、功能流程图等。

（4）功能描述

在这部分按照用户的类型（比如 App 端用户、管理员端用户等）对功能进行一一描述，并列出产品原型界面。在这部分还要描述产品的非功能需求，比如性能、易用性、安全等方面的需求。

相比格式严谨的 PRD，前后端开发人员一般更倾向于阅读短小精悍的"原型界面+需求标注"式的文档。对于互联网产品而言，其需求变更比较频繁，当需求发生变更后，前后端开发人员希望拿到简明扼要的"原型界面+需求标注"式的文档，如图 7-2 所示。

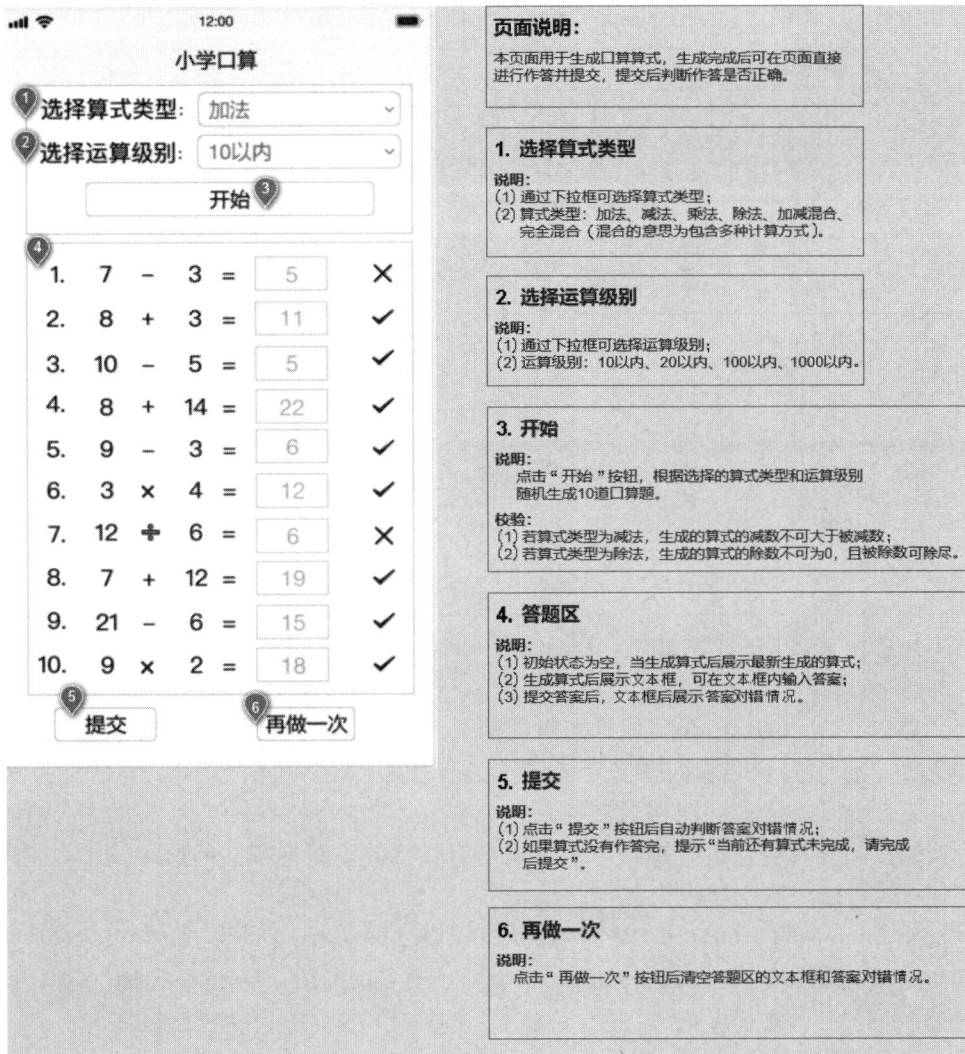

图 7-2 "原型界面+需求标注"式的文档

图 7-2 中除展示了页面的结构外，还展示了该页面的"交互设计"，右侧的标注文字展示了用户操作页面中的组件时的处理细节，这些对前端开发人员来说非常重要。在实际开发中可以通过原型界面设计工具（比如 Axure、Figma、墨刀等）展示。

在工作流程上，原型界面还需要由 UI/UX 设计人员进行样式设计，得到所谓的"高保真原型界面"。本书在后面的章节中将省略这一步，而以低保真原型界面为例来阐述。

7.1.2 后端开发

移动应用程序的软件架构多采用"前后端分离"的方式，后端需要向前端提供 API，使前端能够从后端获取数据或业务服务。

后端开发人员一般会向前端开发人员暴露一些信息（如表 7-1 所示），这样前端开发人员在不需要知道实现细节的情况下，仅通过调用 API 就能在前端页面中完成具体的功能。

表 7-1　获取用户信息 API 规范

请求地址	/user/getUserInfo	
请求方式	GET	
请求示例	/user/getUserInfo?userid=1	
参数名	含义	备注
userid	用户的 id	
返回值示例		

```
{
  "status": 200,
  "describe": "获取用户信息成功",
  "message": {
    "id": 1,
    "username": "test",
    "nickname": "test",
    "avatar": "https://mp-4334ddfc-d9a2-4bb7-8eaf-178ecb0b0ffc.cdn.com/e96da7e.png",
    "ownscount": 1,
    "favoritescount": 2,
    "likescount": 0
  }
}
```

表 7-1 中各项信息的作用如下。

（1）请求地址

表中的"/user/getUserInfo"就是提供给前端的 URL，前端一般还会给该 URL 加上域名或 IP 地址、端口号，表示向哪一台机器发出请求。

（2）请求方式、请求示例和请求参数

请求参数如何被传递给后端与请求方式是有联系的，而且不同的前端技术在请求方式和请求参数的写法上区别比较大。

对于 uni-app 而言，GET 请求的参数既可以以 query string 的形式放在 URL 后面，也可以以 data 属性的形式放在 uni.request() 中。对于表 7-1 的请求，uni.request() 有两种写法。

写法 1：

```
1    uni.request({
2      url: `http://locahost:8000//user/getUserInfo?userid=${id}`
3    });
```

第 2 行代码中 url 属性的值采用了模板字符串的语法，${id} 表示引用了数据变量 id。这种在 URL 中用"?"连接了一个键值对的形式就是 query string。

写法 2：

```
1    uni.request({
2      url: "http://locahost:8000//user/getUserInfo",
3      method: "GET",
4      data:{
5        userid: this.id
6      }
7    });
```

第 4~6 行代码用 data 属性给定的参数会被 uni.request() 转换为 query string。data 属性的写法实际上将 GET 或 POST 请求传递参数的方式统一了，减轻了开发者的记忆负担。

（3）请求的返回值

前端开发人员需要从请求的返回值中正确地解析出页面所需要的数据，因此要仔细分析表中返回值示例的数据构成。

在表 7-1 中，后端返回的数据有 3 个属性：status、describe 和 message。可以看出页面所需要的数据放在 message 中。这个 message 是一个对象，它包含 id、username、nickname、avatar、ownscount、favoritescount 和 likescount 等属性。前后端开发人员要通过口头或文档的形式沟通好这些属性的含义和数据类型。

7.1.3　前端开发

前端开发人员有了产品需求文档、原型界面以及后端开发人员提供的 API 规范后，就可以实现具体的页面了。

在开发顺序上，做到"先静态，后动态；先结构，后样式"。而对于功能，可以从数据获取、数据处理和交互事件等方面考虑。对于比较复杂的数据处理，可以借助程序流程图厘清思路，如果涉及算法问题，则更要进行技术攻关，对于能自行设计并解决的算法问题就自行设计并解决。对于确实有难度的算法问题就需要寻找第三方库，使用成熟的解决方案。功能的实现遵循"小步前进"的原则，实现一个功能，测试一个功能。在测试时既要考虑合法数据，也要考虑非法数据。

从编码的角度来讲，页面包括结构、样式和 JavaScript 代码。编写结构和样式时以 UI 设计图为基础实现效果，而编写 JavaScript 代码时要分析页面的各种逻辑，具体如下。

（1）业务功能逻辑

这是页面的核心点。页面完成哪些业务功能是 JavaScript 编码的核心关注点。

（2）用户交互逻辑

页面同用户有哪些交互方面的逻辑，比如点击按钮后页面完成什么工作、给用户回馈什么信息等。

（3）页面样式逻辑

这里着重关注页面的样式的改变，比如组件的颜色的改变。

在产品需求文档的功能描述中，页面样式逻辑要条理清晰地罗列出来，前端开发人员的工作就是将这些文字化描述变成代码。

实际开发中，无论是客户，还是产品经理，对需求的认识都是逐步深入的，需求发生变更是常事。即便前后端开发人员发现 PRD 逻辑不周全、不严谨，也应根据开发过程与产品经理等人员沟通，在相关文档修正后再来修改代码。需求变更是一个多方利益博弈的过程，前端开发人员需要做的就是努力提高代码质量，保持良好的编程习惯以面对需求的变更。

7.2　前端开发示例

本节以一个博客应用的首页为例来演示"先静态，后动态；先结构，后样式"的开发方法。该首页的原型界面如图 7-3 所示。

该页面所完成的功能包括以下几个方面。

（1）用户点击搜索框跳转到搜索页面。

（2）以列表的形式显示博文信息，包括缩略图、标题、发布者和发布时间。

（3）当用户滑动到页面最底端时刷新页面。

（4）当用户点击缩略图或标题时跳转到该博文详情页面。

图 7-3　博客应用的首页的原型界面

同时，后端提供给前端的 API 规范如表 7-2 所示。如果要访问该 API，需要根据附录 6 搭建出后端的运行环境。

表 7-2　获取首页数据 API 规范

请求地址	/blog/getPageBlogs	
请求方式	POST	
请求示例	/blog/getPageBlogs	
参数名	含义	备注
pageNum	获取第几页数据	
pageSize	每页数据的条数	系统默认值为 8
返回值示例		

```
{
  "status": 200,
  "describe": "按页获取成功",
  "message": {
   "records": [
      {
        "id": 6,
        "title": "消息称谷歌计划裁减约 1.2 万名员工，占其全球员工总数 6%",
        "thumbnail": null,
        "nickname": "jerry",
        "posttime": "2023-06-11 11:20:00"
      },
      {
        "id": 7,
        "title": "中国航天技术专家：中国取回"南海漂浮物"合情合理",
        "thumbnail": null,
        "nickname": "jerry",
        "posttime": "2023-07-21 22:00:00"
      }
   ],
   "total": 10,
   "size": 2,
   "current": 2,
   "orders": [],
   "searchCount": true,
   "pages": 5
  }
}
```

从表 7-2 可以得知以下几点。

（1）以 POST 的方式访问这个 API，所传递的参数是 pageNum 和 pageSize。

（2）后端所返回的数据中的属性 records 存放的就是该页的博文信息：title 表示博文的标题，thumbnail 表示博文的缩略图，nickname 表示博文的发布者，posttime 表示博文的发布时间。

前端开发人员在编码前至少需要准备这两样内容：原型界面和后端开发人员提供的 API 规范。至于它们以何种形式存在，则由开发团队自行决定。对页面的功能和所要访问的 API 进行分析后，接下来实现这个页面。

1．先静态

（1）先结构

整个页面可以分为上下两个部分：上端放置一个搜索框，剩余的部分放置博文列表。首先，上端的搜索框可以看作一个搜索图片（即"放大镜"）和一个文本框，并且在外部套了一个圆角矩形。因此结构代码可以这样写：

```
1<view class="search-container">
2  <view class="search-box">
3    <image class="icon" src="/static/search.png"></image>
4    <text class="placeholder">请输入……</text>
5  </view>
6</view>
```

写结构代码时可以把组件所使用的类名先确定下来，以便在接下来写样式代码时能根据命令的类名想到所写的样式是哪一个组件所要用到的，比如"search-box"是包裹图片和文本框的 view 所要用到的样式，它的显著特征就是圆角矩形。

剩余的博文列表多次显示有相同样式的博文信息，而每个博文信息都包括缩略图、标题、发布者和发布时间，因此结构代码可以这样写：

```
1<view class="item">
2  <view class="pic">
3    <image src="/static/logo.png" mode="aspectFill"></image>
4  </view>
5  <view class="blog">
6    <view class="title">Spring Boot 3.0正式发布</view>
7    <view class="postinfo">
8      <view class="author">IT资讯</view>
9      <view class="posttime">2023年12月9日/view>
10    </view>
11  </view>
12</view>
```

此时不加样式代码的页面运行效果如图 7-4 所示。

这里只是展示了一种可能的实现方式，其他可能的实现方式包括利用已有的组件来构建这个页面，比如 uni-ui 的 uni-search-bar 和 uni-list 组件。

（2）后样式

首先，上端搜索框的外部是一个圆角矩形（实线、灰色）。搜索图片的长度和宽度需要调整，然后考虑居中、内边距或外边距等情况。编写的样式代码如下：

```
1.search-container{
2  padding: 0 16rpx;
3  .search-box{
4    display: flex;
5    align-items: center;
```

```
6          background-color: #ffffff;
7          border: 1px solid lightgrey;
8          border-radius: 30rpx;
9          padding: 0 10rpx;
10         height:60rpx;
11         .icon{
12             width: 30rpx;
13             height:30rpx;
14         }
15         .placeholder{
16             font-size: 30rpx;
17             margin-left: 10rpx;
18             color:lightgrey
19         }
20     }
21}
```

　　剩余的博文列表由多条博文信息组成，每条博文信息虽然只有缩略图、标题、发布者和发布时间这几个组件，但单条博文信息的布局有些复杂，如图 7-5 所示。

图 7-4　不加样式代码的页面运行效果

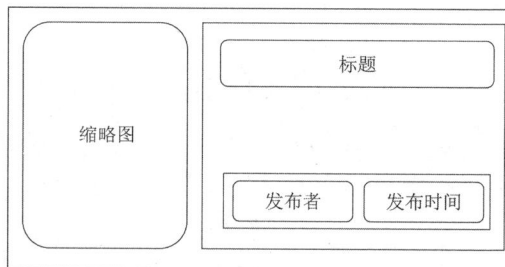

图 7-5　单条博文信息的布局

　　在图 7-5 中，缩略图和右侧的标题等博文信息采用了水平方向的左右布局；而右侧的标题等博文信息采用了垂直方向的上下布局，发布者和发布时间采用了水平方向的左右布局，样式代码如下：

```
1.item{
2    display: flex;
3    .pic{
4        width: 270rpx;
5        height: 210rpx;
6        image{
7
8        }
9    }
10   .blog{
11       flex:1;
```

```
12          display: flex;
13          flex-direction: column;
14          justify-content: space-between;
15          .title{
16
17          }
18
19       .postinfo{
20          display: flex;
21          flex-direction: row;
22          justify-content: space-between;
23          align-items: center;
24          .author{
25
26          }
27          .posttime{
28
29          }
30       }
31
32   }
33}
```

在这段样式代码中，pic 类是包裹图片的 view 组件使用的样式，采用给定具体的 width 值的方式，而与之同级的使用 blog 类的 view，则通过 flex:1 占用剩下的空间。

使用 blog 类的 view 包含 title 和 postinfo 两个类，根据图 7-5 的分析使用了主轴为垂直方向的 Flex 布局。

使用 postinfo 类的 view 包含 author 和 posttime 两个类，根据图 7-5 的分析使用了主轴为水平方向的 Flex 布局。

图 7-6 显示了针对单条博文信息添加这段初步的布局样式代码后的运行效果。

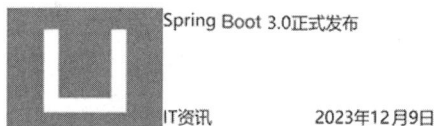

Spring Boot 3.0正式发布

IT资讯   2023年12月9日

图 7-6　单条博文信息添加初步布局
样式代码后的运行效果

在布局上，图 7-6 所示的运行效果已经与图 7-3 所示的原型界面的效果比较接近了，但还有一些细节存在差别，比如缩略图与右侧的博文信息的间距、发布者和发布时间的字体大小、多条博文信息的间距等，这些细节需要根据原型界面逐步补充和完善，这个过程比较费时。

下面给出比较完整的实现代码：

```
1    <template>
2       <view>
3          <view class="search-container">
4             <view class="search-box">
5                <image class="icon" src="/static/search.png"></image>
6                <text class="placeholder">请输入……</text>
7             </view>
8          </view>
9
10         <view class="item">
11            <view class="pic">
12               <image src="/static/logo.png" mode="aspectFill"></image>
13            </view>
14            <view class="blog">
15               <view class="title">Spring Boot 3.0 正式发布</view>
16               <view class="postinfo">
```

```
17              <view class="author">IT 资讯</view>
18                  <view class="posttime">2023 年 12 月 9 日</view>
19          </view>
20      </view>
21  </view>
22  <view class="item">
23      <view class="pic">
24          <image src="/static/logo.png" mode="aspectFill"></image>
25      </view>
26      <view class="blog">
27          <view class="title">uni-app 推出新的开发技术 uni-app x</view>
28          <view class="postinfo">
29              <view class="author">IT 资讯</view>
30                  <view class="posttime">2023 年 12 月 9 日</view>
31          </view>
32      </view>
33  </view>
34  </view>
35  </template>
36
37  <script>
38      export default {
39          data() {
40              return {
41
42              };
43          }
44      }
45  </script>
46
47  <style lang="scss" scoped>
48  .search-container{
49      padding: 0 16rpx;
50      .search-box{
51          display: flex;
52          align-items: center;
53          background-color: #ffffff;
54          border: 1px solid lightgrey;
55          border-radius: 30rpx;
56          padding: 0 10rpx;
57          height:60rpx;
58          .icon{
59              width: 30rpx;
60              height:30rpx;
61          }
62          .placeholder{
63              font-size: 30rpx;
64              margin-left: 10rpx;
65              color:lightgrey;
66          }
67      }
68  }
69
70  .item{
71      display: flex;
72      padding: 10rpx;
73      .pic{
74          width: 270rpx;
75          height: 210rpx;
76          image{
```

```
77              width: 100%;
78              height: 100%;
79          }
80      }
81      .blog{
82          flex:1;
83          padding-left: 20rpx;
84          display: flex;
85          flex-direction: column;
86          justify-content: space-between;
87          .title{
88              font-size: 32rpx;
89              color:#333;
90              text-overflow: -o-ellipsis-lastline;
91              overflow: hidden;                    //隐藏溢出内容
92              text-overflow: ellipsis;             //文本溢出部分用省略号表示
93              display: -webkit-box;                //特别显示模式
94              -webkit-line-clamp: 2;               //行数
95              line-clamp: 2;
96              -webkit-box-orient: vertical;//盒子中内容竖直排列
97          }
98
99          .postinfo{
100             display: flex;
101             flex-direction: row;
102             justify-content: space-between;
103             align-items: center;
104             .author{
105                 font-size: 28rpx;
106                 color:#888
107             }
108             .posttime{
109                 font-size: 26rpx;
110                 color:#888
111             }
112         }
113
114     }
115 }
116 </style>
```

在这段代码中，第 90～96 行代码展示了一个小技巧：当博文的标题比较长时，通过这段代码只显示两行，多余的文字用省略号代替。该段代码的运行效果如图 7-7 所示。相比图 7-6，这个运行效果离图 7-3 所示的原型界面又接近了一些。读者可以再逐步细化，以求符合原型界面要求。

如果前端开发人员拿到手的是经过 UI/UX 设计人员处理后的高保真原型界面，那么他们还会对高保真原型界面以 px 为单位量出组件的尺寸、间距的大小等，然后将 px 转换为 rpx，这样实现出的效果更接近高保真原型界面的效果。

图 7-7　增加样式后的页面运行效果

2. 后动态

从前面的需求可知，这个页面的动态功能如下。

（1）用户点击搜索框会跳转到搜索页面。

（2）用户点击缩略图或标题会跳转到博文详情页面。

（3）用户将页面滑动到最底端时页面刷新。

其实这里还隐藏了一个动态功能：当页面显示时要出现博文列表。

对于第 1 个和第 2 个动态功能，很明显需要监听相应组件的 click 事件，绑定一个事件处理函数。第 3 个动态功能需要有博文列表数据才能实现页面数据，首页显示时也需要博文列表数据。这样分析可知：显示博文列表要优先处理。

从前面的静态页面得知，目前博文列表数据如下所示：

```
1<view class="item">
2   <view class="pic">
3       <image src="/static/logo.png" mode="aspectFill"></image>
4   </view>
5   <view class="blog">
6       <view class="title">Spring Boot 3.0正式发布</view>
7       <view class="postinfo">
8           <view class="author">IT资讯</view>
9           <view class="posttime">2023 年 12 月 9 日</view>
10      </view>
11  </view>
12</view>
```

基于这段静态代码进行如下改造。

（1）由于要出现多条博文信息，所以博文信息需要放置到数组中。每条博文信息包括缩略图、标题、发布者、发布时间。从表 7-2 定义的该页面的 API 规范中可以得知这几个信息所对应的属性名是：thumbnail、title、nickname 和 posttime。由于点击博文的缩略图或标题时要跳转到博文详情页面，此时需要传递博文的 id 给博文详情页面，以便取出博文的详情信息，所以需要提供 id。这样，博文数组具有如下形式：

```
blogs:[
  {
    id:1,
    thumbnail:"/static/logo.png",
    title:"Spring Boot 3.0正式发布",
    nickname:"IT资讯",
    posttime:"2023 年 12 月 9 日"
  },
  {
    id:2,
    thumbnail:"/static/logo.png",
    title:"uni-app 推出新的开发技术 uni-app x",
    nickname:"IT资讯",
    posttime:"2023 年 12 月 9 日"
    }
],
```

（2）修改结构代码。需要加上 v-for，博文的各个静态数据项用插值表达式代替，修改后的结构代码如下所示：

```
1  <view v-for="blog in blogs" :key="blog.id" class="item"
2      @tap="gotoInfo(blog.id)">
3      <view class="pic">
4          <image :src="blog.thumbnail" mode="aspectFill"></image>
5      </view>
6      <view class="blog">
7          <view class="title">{{blog.title}}</view>
8          <view class="postinfo">
9              <view class="author">{{blog.nickname}}</view>
10             <view class="posttime">{{blog.posttime}}</view>
11         </view>
12     </view>
13 </view>
```

可以顺便实现点击缩略图或标题跳转到博文详情页面,添加 gotoInfo()函数:

```
1  gotoInfo(id){
2      uni.navigateTo({
3          url:`/pages/showbloginfo/showbloginfo?id=${id}`
4      });
5  }
```

到目前为止,blogs 还只是给定了数据的静态数组,它的数据需要从后端获取,可以编写一个 showBlogs()函数,该函数主要用于调用表 7-2 定义的 API。理解了该 API 的调用方式、传递的参数和返回值后,能写出如下所示的代码:

```
1  showBlogs(){
2      uni.request({
3          url:"http://localhost:8000/blog/getPageBlogs",
4          method:"POST",
5          data:{
6              pageNum:this.pageNum,
7              pageSize:8
8          },
9          success:(res)=>{
10             // console.log(res.data);
11             let tempblogs = res.data.message.records;
12             for(let blog of tempblogs){
13                 if(blog.thumbnail==null){
14                     blog.thumbnail = "/static/logo.png";
15                 }
16             }
17             this.blogs.push(...tempblogs);
18             //console.log(this.blogs);
19         }
20     });
21 }
```

向后端传递的参数放在 uni.request()方法的 data 参数里,一个是 pageNum,另外一个是 pageSize(此处固定为 8)。pageNum 从当前对象的 pageNum 变量中获取,因此需要在 data() 函数中定义这样一个变量。

```
data() {
    return {
        blogs:[],
```

```
        pageNum:1     // 默认取第 1 页博文信息
    };
},
```

当页面显示出来时，博文列表要出现在页面中，所以 showBlogs()函数需要提前运行，最好的实现方式之一就是使用页面生命周期函数 onLoad()：

```
onLoad(){
    this.showBlogs();
}
```

用户滑动到页面最底端时触发页面刷新，这实际上就类似于 PC 端页面分页的"下一页"功能，将 this.pageNum 的值增加 1 即可。而滑动到页面最底端时实际上会触发页面生命周期函数 onReachBottom()，因此代码写成：

```
onReachBottom(){
    this.pageNum += 1;
    this.showBlogs();
}
```

将前述代码进行整理，结果如下所示：

```
1    <template>
2       <view>
3          <view class="search-container">
4             <view class="search-box">
5                <image class="icon" src="/static/search.png"></image>
6                <text class="placeholder">请输入……</text>
7             </view>
8          </view>
9
10         <view v-for="blog in blogs" :key="blog.id" class="item" @tap="gotoInfo
   (blog.id)">
11            <view class="pic">
12               <image :src="blog.thumbnail" mode="aspectFill"></image>
13            </view>
14            <view class="blog">
15               <view class="title">{{blog.title}}</view>
16               <view class="postinfo">
17                  <view class="author">{{blog.nickname}}</view>
18                  <view class="posttime">{{blog.posttime}}</view>
19               </view>
20            </view>
21         </view>
22
23      </view>
24   </template>
25
26   <script>
27      export default {
28         data() {
29            return {
30               blogs:[],
31               pageNum:1
32            };
33         },
```

```
34          methods:{
35              showBlogs(){
36                  uni.request({
37                      url:"http://localhost:8000/blog/getPageBlogs",
38                      method:"POST",
39                      data:{
40                          pageNum:this.pageNum,
41                          pageSize:8
42                      },
43                      success:(res)=>{
44                          //console.log(res.data);
45                          let tempblogs = res.data.message.records;
46                          for(let blog of tempblogs){
47                              // 如果博文没有缩略图，则用一张默认的图片代替
48                              if(blog.thumbnail==null){
49                                  blog.thumbnail = "/static/logo.png";
50                              }
51                          }
52                          // 扩展操作符
53                          this.blogs.push(...tempblogs);
54                          //console.log(this.blogs);
55                      }
56                  });
57
58              },
59              gotoInfo(id){
60                  uni.navigateTo({
61                      url:`/pages/showbloginfo/showbloginfo?id=${id}`
62                  });
63              }
64
65          },
66          onLoad(){
67              this.showBlogs();
68          },
69          onReachBottom(){
70              this.pageNum += 1;
71              this.showBlogs();
72          }
73      }
74  </script>
75  <!–样式代码如前所示，不变-->
```

这个页面还有两个地方需要修改，其一是从后端传递过来的 posttime 格式形如
"2023-12-9 18:23:45"，而原型界面所要求的是"2023 年 12 月 9 日"。可以修改第 46～51
行代码，对获取到的博文信息的 posttime 数据进行修改。其二是点击搜索框跳转到搜索页
面。这两个地方的修改作为作业，请读者自行思考完成。

7.3　本章小结

本章以前端开发人员的视角审视了移动应用开发过程，与之相关的工作成果主要是产

品经理的需求规格说明书、UI/UX 设计人员的原型界面以及后端开发人员提供的 API 规范。很多时候产品经理也要测试前端开发人员的工作成果，进而给出修改反馈。

前端开发人员在具体实现页面时采用"先静态，后动态；先结构，后样式"的开发方法。本章通过一个页面的实现过程演示了如何使用这一开发方法。对于同一页面，不同前端开发人员所做的结构分析肯定会有差异，随之编写的样式也会不同。遇到结构比较复杂的页面时，可以使用第三方的组件框架提高编写的效率。

7.4 习题

编程题

（1）修改 7.2 节的示例代码，将博文所显示的发布时间格式修改为"2023 年 12 月 9 日"的格式。

（2）修改 7.2 节的示例代码，实现在页面中点击搜索框跳转到搜索页面。

第 8 章

实战：博客系统综合案例

本章将通过一个比较综合的案例将前面几章所介绍的内容串联起来，其设计和开发大体遵从了瀑布式开发模型的软件开发过程，从而帮助读者在整体上接触到软件开发的全过程，树立"工程"意识。通过对本章的学习，读者可以加深对所学知识的理解，积累一些开发技巧。本章中案例功能不多，代码难度也不大，感兴趣的读者可在理解案例的基础上继续完善案例，使之更具实用性。

8.1 需求描述

本章的案例完成一个简易的博客系统，系统中的角色包括游客和注册用户（简称用户）两类。游客所使用的功能有限，只能够浏览博客文章，以及通过注册功能将角色转换为用户。用户可以使用系统的全部功能，具体包括如下功能。

（1）登录、注册和退出。

（2）浏览博客文章。

（3）对其他用户发布的博客文章进行点赞。

（4）对其他用户发布的博客文章进行收藏。

（5）查看自己所发布的博客文章。

（6）查看自己所点赞的博客文章。

（7）查看自己所收藏的博客文章。

博客系统的功能结构如图 8-1 所示。

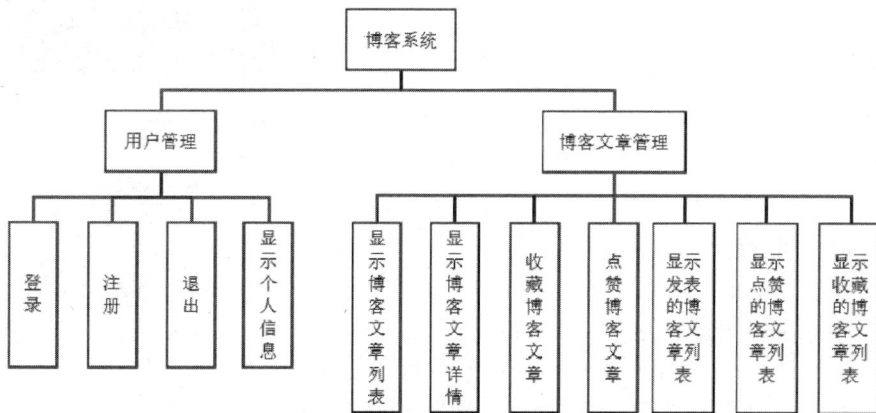

图 8-1　博客系统的功能结构

8.2 原型界面设计

该案例的界面采用 tabBar 的设计方式，tabBar 包含两个页面：主页和"我的"页面。通过这两个页面再跳转到其他页面。

1. 主页

主页如图 8-2 所示。在页面中以列表的形式按照发布时间倒序展示出博客文章。所展示的内容包括博客文章的缩略图、标题、发布者和发布时间。点击顶端的搜索框可以跳转到搜索页面。当页面滑动到最底端时会刷新当前页面，加载下一页的博客文章信息。

当点击博客文章缩略图或标题时跳转到博客文章详情页面，如图 8-3 所示。该页面顶端的返回按钮用于返回上一个页面。该页面列出博客文章的标题、发布者、发布时间和详情。在页面的底端列出该博客文章的浏览数量、收藏数量和点赞数量。用户点击"收藏"图标可以收藏或取消收藏该博客文章，收藏数量相应地增 1 或减 1，同时"收藏"图标在实心和空心之间转化。当游客或用户在未登录的情况下点击"收藏"或"点赞"图标时，则提示用户未登录。

图 8-2　主页

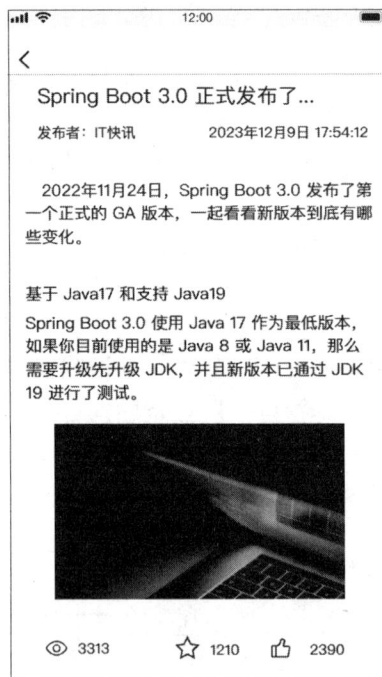

图 8-3　博客文章详情页面

2. "我的"页面

当用户未登录的时候（或者对于游客），该页面如图 8-4 所示，页面不出现任何个人信息，发文、收藏和点赞数量用"--"代替显示。点击"登录"可以跳转到"登录"页面。

登录后"我的"页面如图 8-5 所示。该页面从上往下首先显示用户的头像和昵称，然后显示发文数量、收藏数量和点赞数量，最后显示"我的博客""我的收藏""我的点赞""退出登录"4 个操作链接。

图 8-4　未登录时"我的"页面

图 8-5　登录后"我的"页面

（1）点击"我的博客"跳转到"我所发布的博客文章"页面，如图 8-6 所示，在该页面列出用户所发布的博客文章的标题，点击标题，再跳转到该博客文章的详情页面。

（2）点击"我的收藏"跳转到"我所收藏的博客文章"页面（类似于图 8-6），在该页面列出用户所收藏的博客文章的标题，点击标题，再跳转到该博客文章的详情页面（见图 8-3）。在详情页面会展示出博客文章的标题、正文，同时可以取消收藏该篇博客文章。不过，此时单击详情页面顶端的返回按钮所返回的是"我所收藏的博客文章"页面，同时注意已经被取消收藏的博客文章不能再出现在这个页面中。

（3）点击"我的点赞"跳转到"我所点赞的博客文章"页面（类似于图 8-6）。该页面的功能类似于"我所收藏的博客文章"页面。

（4）点击"退出登录"，将弹出一个对话框，提示用户是否确定退出，如果用户选择"退出"则恢复未登录时的页面状态。如果用户选择"取消"，则仍留在当前"我的"页面。

图 8-6　"我所发布的博客文章"页面

3. 登录和注册

在"我的"页面点击"登录"，将跳转到"登录"页面，如图 8-7 所示。用户输入账号和密码，如果验证通过则返回"我的"页面。如果验证未通过，则允许继续输入。

游客点击"没有账号，注册一个"，可以跳转到图 8-8 所示的"注册"页面，依次输入账号、昵称、密码（两次），并选择性别、城市、头像。账号要求唯一，密码要求两次输入的一样。点击"注册"按钮后，如果该用户注册成功，则弹出提示框显示注册成功，再返回"登录"页面。如果失败，则弹出提示框显示哪些输入的信息不符合要求。点击

"取消"按钮则返回主页。

图 8-7 "登录"页面

图 8-8 "注册"页面

8.3 技术选型

在技术选型方面，本案例前端采用 uni-app 框架，并使用官方的 uni-ui 组件库。后端采用 Spring Boot 框架，数据持久化使用 MyBatis-Plus 框架，关系数据库使用 MariaDB 10.11。考虑到有的读者不一定熟悉 Spring Boot，因此本书提供了后端程序的可执行 Java JAR 包，获取方式见前言，环境搭建和运行方法见附录 6。

8.4 数据库表设计

本案例创建了 4 张表，分别是 user 表（用户表）、blog 表（博客文章表）、like 表（点赞博客文章表）和 favorite 表（收藏博客文章表）。

1. user 表

user 表用来存储用户的信息，其结构如表 8-1 所示。

表 8-1 user 表结构

字段名	数据类型	说明
id	int(11)	主键
username	varchar(255)	登录用的账号，必填
nickname	varchar(255)	昵称，显示在个人信息中，作为博客文章的发布者，选填。若用户未指定昵称，则由系统默认生成
password	varchar(50)	登录用的密码。案例中为简化处理，直接使用了明码，必填

字段名	数据类型	说明
city	varchar(255)	所在城市，选填
gender	tinyint(2)	性别。0 表示男；1 表示女
avatar	varchar(255)	用户的头像，选填。若用户自己未上传头像，系统使用默认图片作为头像
registertime	datetime	注册时间。取服务器的时间

username 要求唯一，因此在用户注册时会检测输入的账号是否已经被注册了。avatar 存储的是头像的 URL，能够通过浏览器访问该 URL 并将头像显示出来。

2. blog 表

blog 表用来存储用户所发布的博客文章信息，其结构如表 8-2 所示。

表 8-2 blog 表结构

字段名	数据类型	说明
id	int(11)	主键
title	varchar(100)	博客文章的标题
content	longtext	博客文章的正文
posttime	datetime	博客文章的发布时间，取服务器时间
modifytime	datetime	博客文章的修改时间，取服务器时间
thumbnail	varchar(500)	博客文章的封面图片
viewcount	int(11)	浏览数量
likecount	int(11)	点赞数量
favoritecount	int(11)	收藏数量
userid	int(11)	外键，指向 user 表的 id 字段的 id 字段

字段 content 用来存储博客文章的正文，它的数据类型是 longtext，即长文本，允许放入 HTML 标签，比如<img>标签、<b>标签、<p>标签等。前端获取到这些 HTML 标签后，需要使用合适的技术将这些 HTML 标签解析出来，这将使得博客文章的内容更为丰富。

3. like 表

like 表用来存储用户所点赞的博客文章，其结构如表 8-3 所示。userid 表示用户的 id，blogid 表示博客文章的 id。

表 8-3 like 表结构

字段名	数据类型	说明
id	int(11)	主键
userid	int(11)	外键，指向 user 表的 id 字段
blogid	int(11)	外键，指向 blog 表的 id 字段

4. favorite 表

favorite 表用来存储用户所收藏的博客文章，其结构如表 8-4 所示。userid 表示用户的

id, blogid 表示博客文章的 id。

表 8-4　favorite 表结构

字段名	数据类型	说明
id	int(11)	主键
userid	int(11)	外键，指向 user 表的 id 字段
blogid	int(11)	外键，指向 blog 表的 id 字段

8.5　项目初始化

项目初始化工作包括但不限于以下内容。

（1）创建相关目录，比如 static/tabs、static/fonts、components、utils、store 等。

（2）复制 tabs、iconfont 等资源文件到 static/tabs 和 static/fonts 目录下面。

本项目用到的一些图标字体，可从本书配套资料的项目中获取。

（3）导入 uni-forms、uni-file-picker、uni-easyinput 组件等。

本项目用到的一些 uni-ui 组件，导入的方法参见 5.4 节。

（4）封装公共函数。

将重复出现的代码封装为公共函数。比如本项目中很多操作都需要判断用户是否登录，实现这个功能的代码就可以封装为一个公共函数。

有些项目初始化工作并不是一步到位的，比如封装组件和公共函数，在开发过程中需要适时补充和完善相关内容。

本项目采用 tabBar 导航的方式，因此需要配置系统的 tabBar，依次创建 pages/index/index.vue 和 pages/mine/mine.vue 页面，并在 pages.json 中加入如下配置项：

```
1    "tabBar": {
2        "list":[
3          {
4            "text":"主页",
5            "pagePath": "pages/index/index",
6            "iconPath": "static/tabs/home.png",
7            "selectedIconPath": "static/tabs/home-active.png"
8          },
9          {
10           "text":"我的",
11           "pagePath": "pages/mine/mine",
12           "iconPath": "static/tabs/member.png",
13            "selectedIconPath": "static/tabs/member-active.png"
14         }
15       ]
16   }
```

给 App.vue 的<style>标签添加如下代码：

```
1    <style>
2        /* 导入图标字体的样式文件 */
3        @import "@/static/fonts/iconfont.css";
4    </style>
```

所创建的项目的目录结构如图 8-9 所示。

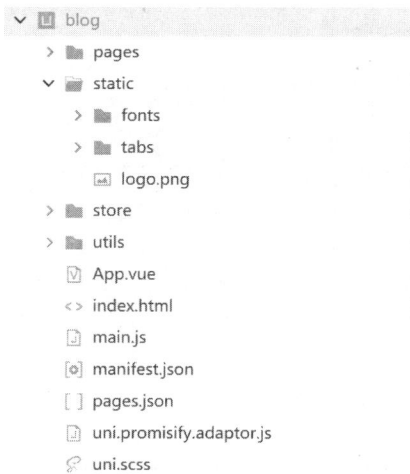

图 8-9　项目的目录结构

8.6　功能实现

本项目开发的总体思路是从"我的"页面开始，先解决用户的注册、登录和退出问题，这是因为不少功能要判断用户的登录状态，比如用户收藏或点赞博客文章、用户查看自己所发布的或收藏的博客文章等。接着开发主页功能，以触底刷新的方式显示博客文章列表，用户点击标题时进入博客文章详情页面，该页面显示博客文章的详细信息。在博客文章详情页面实现用户点赞和收藏两个主要功能。最后回到"我的"页面，完善"我的博客"、"我的收藏"和"我的点赞"功能。

在开发具体的页面时先根据 8.2 节所描述的功能，整理实现的思路，对比较复杂的功能绘制程序流程图，接着分析该页面所需的后端 API，了解清楚页面中数据的来源。做好这些工作后，再根据第 7 章所介绍的"先静态，后动态；先结构，后样式"的开发方法完成编码和测试。

本案例中，当用户未登录时（或者游客）能进入主页或"我的"页面，能看到博客文章列表，查看博客文章详情页面，但不能收藏、点赞博客文章，也不能看到个人信息。

8.6.1　"我的"页面

1. 后端 API

当用户登录后，"我的"页面需要展示用户的昵称、头像等信息（见图 8-5），提供这些数据的后端 API 规范如表 8-5 所示。

表 8-5　获取用户详细信息的后端 API 规范

请求地址	/user/getUserInfo	
请求方式	GET	
请求示例	/user/getUserInfo?userid=1	
参数名	含义	备注
userid	用户的 id	

返回值示例

```
{
 "status": 200,
 "describe": "获取用户信息成功",
 "message": {
  "id": 1,
  "username": "test",
  "nickname": "test",
  "avatar": "https://mp-4334ddfc-d9a2-4bb7-8eaf-178ecb0b0ffc.cdn.com/e96da7e.png",
  "ownscount": 1,
  "favoritescount": 2,
  "likescount": 0
 }
}
```

对于返回值示例，要注意 status 的值是服务器端对本次请求的完成情况的编码，由服务器端开发人员自定义。在本案例中，用 200 表示业务操作成功，而 500 表示的内容有两种可能：其一是服务器端代码出现异常；其二是业务操作不成功，比如登录时账号或密码不正确。在 5.3.2 小节将 status 与 uni-app 框架所提供的 statusCode 做过区分，开发时根据需要进行选择。

当需要向前端返回数据时，就将数据放在 message 属性里。describe 属性的值是服务器端对此次请求的描述信息。

2. 页面实现

"我的"页面的状态分为登录前和登录后两个状态，但两个状态对应的代码都是写在同一个页面的代码中的。

核心代码 1：将整个页面分成上下两个部分，上部分显示用户的信息，下部分显示"我的博客"等操作链接以及"退出登录"。

上部分的结构代码：

```
1    <!-- 上部分-->
2    <view class="top">
3       <view class="userinfo">
4        <view class="group">
5         <view class="pic">
6          <image v-if="user.avatar!=null" :src="user.avatar"></image>
7          <image v-else src="/static/tabs/member.png" mode="aspectFit"></image>
8          </view>
9
10        <view>
11          <text v-if="user.username!=null" v-text="user.nickname"></text>
12          <text v-else class="login" @tap="gotoLogin" v-text="'登录'"></text>
13         </view>
14        </view>
15
16        <view class="more">
17         <text class="iconfont icon-a-10-you"></text>
18        </view>
19       </view>
20
21       <view class="bloginfo">
22        <view><text v-text="user.ownscount">--</text>发文</view>
23        <view><text v-text="user.favoritescount">--</text>收藏</view>
```

```
24        <view><text v-text="user.likescount">--</text>点赞</view>
25    </view>
26 </view>
```

这部分结构代码可以看作两部分：第 3～19 行代码定义了用户信息，包括头像、昵称等，它的样式定义在 ".userinfo" 类里面；第 21～25 行代码定义了发文、收藏和点赞的统计信息，它的样式定义在 ".bloginfo" 类里面。

```
1  .top{
2      display: flex;
3      flex-direction: column;
4      justify-content: space-between;
5      .userinfo{
6          display: flex;
7          flex: row;
8          justify-content: space-between;
9          align-items: center;
10         .group{
11             display: flex;
12             align-items: center;
13             .pic{
14                 width: 120rpx;
15                 height: 120rpx;
16                 border-radius: 50%;
17                 overflow: hidden;
18                 border:2rpx solid red;
19                 margin-right: 10rpx;
20                 image{
21                     width: 100%;
22                     height: 100%;
23                 }
24             }
25             .login{
26                 margin-left: 16rpx;
27                 font-size: 40rpx;
28             }
29         }
30         .more{
31             .iconfont{
32                 font-size: 40rpx;
33             }
34         }
35     }
36
37     .bloginfo{
38         display: flex;
39         flex: row;
40         margin-top: 20rpx;
41         view{
42             margin-right: 30rpx;
43             font-size: 26rpx;
44         }
45     }
46 }
```

userinfo 和 bloginfo 两个样式被包含在 top 样式里面，top 样式采用 Flex 布局（第 2～4 行代码），选择 "column"（纵向）作为主轴，因此所包含的两个样式是上下排列的。

而 userinfo 又包含两个样式：group（第 10～29 行代码）和 more（第 30～34 行代码）。它的显示效果如图 8-10 所示。

test

图 8-10　样式 userinfo 的显示效果

在图 8-10 中，左侧的是 group 样式，右侧的"箭头"是 more 样式。而 group 样式采用了 Flex 布局（第 11、12 行代码），包含 pic（第 13～24 行代码）和 login（第 25～28 行代码）样式，这两个样式分别用于渲染所包含的头像和昵称。

当用户登录后，页面的下部分由下面的结构代码显示出来：

```
1    <!--下部分-->
2    <view v-if="user.username!=null">
3        <!-- 我的博客，我的收藏，我的点赞 -->
4        <view class="itemgroup">
5            <view class="item" @tap="gotoMyBlogList">
6                <view class="left">
7                    <text class="iconfont icon-a-24-bianji"></text>
8                    <text>我的博客</text>
9                </view>
10               <view>
11                   <text class="iconfont icon-a-10-you"></text>
12               </view>
13           </view>
14
15           <view class="item" @tap="gotoMyFavoList">
16               <view class="left">
17                   <text class="iconfont icon-a-34-fenlei"></text>
18                   <text>我的收藏</text>
19               </view>
20               <view>
21                   <text class="iconfont icon-a-10-you"></text>
22               </view>
23           </view>
24
25           <view class="item" @tap="gotoMyLikeList">
26               <view class="left">
27                   <text class="iconfont icon-a-106-xihuan"></text>
28                   <text>我的点赞</text>
29               </view>
30               <view>
31                   <text class="iconfont icon-a-10-you"></text>
32               </view>
33           </view>
34       </view>
35
36       <!--退出登录-->
37       <view class="itemgroup">
38           <view class="item">
39               <view class="left" @tap="gotoLogout">
40                   <text class="iconfont icon-a-73-tuichu"></text>
41                   <text>退出登录</text>
42               </view>
43               <view>
44                   <text class="iconfont icon-a-10-you"></text>
45               </view>
46           </view>
47       </view>
48   </view>
```

这段代码由两个样式为 itemgroup 的<view>标签组成：第 4～23 行代码包含"我的博

客""我的收藏""我的点赞"3 对<view>标签；第 37～47 行代码包含"退出登录"这一对<view>标签。

核心代码 2：功能相关代码如下。

```
1   import {hasLogin,logout,getUserid} from '@/store/index.js'
2
3   data() {
4       return {
5           user:{
6               nickname:null,          //昵称
7               avatar:null,            //头像
8               ownscount:'--',         //发文数量
9               favoritescount:'--',    //收藏数量
10              likescount:'--',        //点赞数量
11          }
12      };
13  },
14  onLoad() {
15      if(hasLogin()){
16          this.getUserInfo();
17      }
18  },
19  methods:{
20      getUserInfo(){
21
22      },
23      gotoMyBlogList(){
24
25      },
26      gotoLogout(){
27
28      }
29
30  }
```

第 1 行代码从 store/index.js 导入 3 个函数，分别是 hasLogin()、logout()和 getUserid()，它们在其他页面也会被调用，所以就将它们单独写在一个文件中，再根据需要导入。

> **注意**　这行导入代码写在 export default{}的外面。

第 5～11 行代码在 data()函数中定义一个 user 对象，并对页面需要渲染的几个重要数据先设置一些初始值，当用户没有登录时使用这些初始值，其中对于 3 个统计数字使用"--"作为初始值。

第 14～18 行代码在页面的 onLoad()生命周期函数中对用户的登录状态进行判断，如果用户已经登录，就调用 getUserInfo()函数取出用户信息展示在页面中。如果用户未登录，user 对象的各个属性就使用初始值。

在 methods 属性中所定义的 getUserInfo()函数代码如下：

```
1   getUserInfo(){
2       this.userid = getUserid();
3       if(this.userid!=null){
4           uni.request({
5           url:`http://localhost:8000/user/getUserInfo?userid=${this.userid}`,
6               method:"GET",
7               success:(res)=>{
8                   this.user = res.data.message;
```

```
9              }
10           });
11        }
12    },
```

这段代码主要向后端请求/user/getUserInfo 接口，根据表 8-5 所示的 API 规范调用接口和获取返回结果即可（第 8 行代码）。

在页面中点击"我的博客"会跳转到"我所发布的博客文章"页面，代码如下：

```
1    gotoMyBlogList(){
2        uni.navigateTo({
3            url:"/pages/mybloglist/mybloglist"
4        });
5    },
```

点击"退出登录"会调用函数 gotoLogout()，代码如下：

```
1    gotoLogout(){
2        uni.showModal({
3            title:"是否确定退出",
4            success:res=>{
5                if(res.confirm){
6                    logout();
7                    this.user= {
8                        username:null,
9                        avatar:null,
10                       ownscount:'--',
11                       favoritescount:'--',
12                       likescount:'--',
13                   }
14               }
15           }
16       });
17   }
```

为了避免用户误操作，第 2 行代码首先弹出一个模态框询问用户是否确定退出，得到确认后再退出，退出时调用 logout()函数完成一些清理工作（第 6 行代码）。

核心代码 3：本系统不少地方的操作都要判断用户是否登录（如显示用户收藏或点赞的博客文章等），所以最好把这些功能封装为函数写在一个模块中，然后在需要的地方导入和调用，从而避免重复编写代码，使代码的可复用性和可维护性都比较好。

在项目根目录下创建 store 目录，同时在 store 目录下创建 index.js 文件，该文件中的 3个公共函数的代码如下：

```
1    export function hasLogin(){
2        let userid = uni.getStorageSync("userid");
3        if(userid!=null){
4            return true;
5        }else
6          return false;
7    }
8    //获取 userid
9    export function getUserid(){
10       let userid = uni.getStorageSync("userid");
11       if(userid!=null)
12           return userid;
13   }
14
15   export function logout(){
16       // 退出时清除本地存储中的 userid
```

```
17          uni.removeStorageSync("userid");
18          uni.reLaunch({
19              url:"/pages/mine/mine"
20          });
21      }
```

这些代码基本上都在操作本地存储，并不难理解。判断用户是否登录的问题，涉及系统开发时一个很重要的议题：用户鉴权。对于解决这个问题，目前在前后端分离架构下多采用基于 Token 的技术方案，而本案例使用了一种简化的做法：登录成功后将 userid 保存在本地存储中，而在判断用户是否登录时取这个值，查看其是否存在（如 hasLogin()函数所示）。这里仅演示这个环节，并不具有实用性。

8.6.2 "登录"页面

1. 后端 API

"登录"页面（见图 8-7）主要实现用户的登录功能，登录成功后需要将用户的一些数据比如 id 缓存到本地存储中。提供"登录"功能的后端 API 规范如表 8-6 所示。

表 8-6 提供"登录"功能的后端 API 规范

请求地址	/user/login	
请求方式	POST	
请求示例	/user/login	
参数名	含义	备注
username	用户输入的账号	长度为 2~20 个字符
password	用户输入的密码	长度为 2~20 个字符

返回值示例

```
// 登录成功时
{
 "status": 200,
 "describe": "用户登录成功",
 "message": {
   "id": 1,
   "username": "test",
   "nickname": "test",
   "password": null,
   "gender": true,
   "city": "wuhan",
   "avatar":"https://mp-4334ddfc-d9a2-4bb7-8eaf-178ecb0b0ffc.cdn.com/e96da7e.png",
   "registertime": "2023-08-09 18:00:00"
   }
}
// 登录不成功时
{
 "status": 500,
 "describe": "账号或密码不正确",
 "message": null
}
```

这里设计的是当用户登录成功时将用户的一些信息返回前端，但将密码设置为 null，以保护密码的安全；而当用户登录不成功时将 message 属性设置为 null。

2. 页面实现

"登录"表单及其实现在 5.4 节进行了讲解，此处对"登录"页面做一些改动：添加跳转到"注册"页面的操作、调用后端 API 实现登录等。

核心代码：对 submitForm()方法的改动如下所示。

```
1   submitForm(){
2       this.$refs.form.validate().then((res)=>{
3           uni.request({
4               url:"http://localhost:8000/user/login",
5               method:"POST",
6               data:{
7                   username:this.user.username,
8                   password:this.user.password
9               },
10              success:(result)=>{
11                  if(result.data.message!=null){
12                      uni.showToast({
13                          title:"登录成功",
14                          icon:"success",
15                          duration:2000
16                      });
17                      setTimeout(()=>{
18                          this.user = { },
19                  uni.setStorageSync("userid",result.data.message.id);
20                          uni.reLaunch({
21                              url:"/pages/mine/mine"
22                          })
23                      },2000);
24
25                  }else{
26                      uni.showToast({
27                          title:result.data.describe,
28                          icon:"error"
29                      });
30                  }
31              }
32          });
33      });
34  },
```

登录成功后最重要的操作之一就是第 19 行代码实现的操作，即将用户的 userid 保存到本地存储中。

当登录成功后就跳转到"我的"页面（第 20～22 行代码），这里使用的是 uni.reLaunch()。因为"我的"页面需要根据用户的 id 获取用户信息，比如头像、昵称等，在页面的 onLoad() 中从后端获取这些信息是比较合适的（8.6.1 小节的核心代码 2 的第 14～18 行代码）。但 onLoad()只有在页面加载的时候才被调用，在跳转到"登录"页面之前，"我的"页面就已经加载了，使用 uni.navigateTo()再回到"我的"页面时无法再次调用 onLoad()。为了确保"我的"页面的 onLoad()能被调用，此处登录成功后的页面跳转使用了 uni.reLaunch()，这样就能使回到"我的"页面时再次调用 onLoad()函数。

在测试这个登录功能时，配套资料中的数据库表中已经预设了 test/123456 和 test2/123456 这两组账号/密码，可以使用它们进行测试。

8.6.3 "注册"页面

1. 后端 API

"注册"页面（见图 8-8）主要实现用户注册功能，提供"注册"功能的后端 API 规范如表 8-7 所示。

表 8-7　提供"注册"功能的后端 API 规范

请求地址	/user/register	
请求方式	POST	
请求示例	/user/register	
参数名	含义	备注
username	用户的账号	长度为 2～20 个字符
password	用户的密码	长度为 2～20 个字符
nickname	用户的昵称	长度为 2～20 个字符
gender	用户的性别	0 表示男、1 表示女
city	用户所在的城市	
avatar	用户头像的 URL	

返回值示例

```
// 注册成功时
{
  "status": 200,
  "describe": "用户注册成功",
  "message": true
}
// 账号已被注册导致注册失败时
{
  "status": 500,
  "describe": "账号已经被注册",
  "message": false
}
//其他原因导致注册失败时
{
  "status": 500,
  "describe": "用户注册失败",
  "message": false
}
```

从前述对图 8-8 所示的"注册"页面的功能描述中可以得知，用户注册时需要特别对账号是否唯一进行校验，所以这个 API 会单独将"账号已经被注册"的出错信息返回给前端，而其他原因导致注册失败时会笼统地将出错信息描述为"用户注册失败"，实际开发时还可以再细化出错信息。

2. 页面实现

在"登录"页面一般会提供一个跳转到"注册"页面的链接， 5.4 节实现了一个比较简单的用户注册功能，与之相比，图 8-8 所示的"注册"页面的功能更复杂，但二者的实现原理是一样的。

核心代码 1：页面的结构代码如下。

```
1    <template>
2      <view class="registerform">
3        <uni-forms ref="form" :model="user"
4            :rules="rules" :labelWidth="85">
5          <uni-forms-item label="账号" name="username" required >
6            <uni-easyinput type="text" v-model="user.username" placeholder=
   "请输入账号" />
7          </uni-forms-item>
8          <uni-forms-item label="昵称" name="nickname" required >
9            <uni-easyinput type="text" v-model="user.nickname" placeholder=
```

```
             "请输入昵称" />
10               </uni-forms-item>
11               uni-forms-item label="密码" name="password" required >
12                <uni-easyinput type="password" v-model="user.password" placeholder=
       "请输入密码" />
13               </uni-forms-item>
14               <uni-forms-item label="再次输入" name="passwordconfirm" required >
15                  <uni-easyinput type="password" v-model="user.passwordconfirm
       " placeholder="再次输入密码" />
16               </uni-forms-item>
17               <uni-forms-item label="性别" name="gender">
18                  <uni-data-checkbox v-model="user.gender" :localdata="genders">
       </uni-data-checkbox>
19               </uni-forms-item>
20               <uni-forms-item label="城市" name="city">
21                  <uni-data-picker v-model="user.city" placeholder="请选择地址"
       popupTitle="请选择城市"
22                     :localdata="cityarray"></uni-data-picker>
23               </uni-forms-item>
24               <uni-forms-item label="头像" name="avatar">
25                  <uni-file-picker
26                     ref="file"
27                     v-model="user.avatar"
28                     fileMediatype="image"
29                     mode="grid"
30                     :autoUpload="false"
31                     limit=1
32                     @select="onSelect">
33                  </uni-file-picker>
34               </uni-forms-item>
35            </uni-forms>
36        <view class="bottom"
37           <button @tap="submitForm" class="submit">注册</button>
38           <button @tap="cancel" class="cancel">取消</button>
39        </view>
40     </template>
```

账号、昵称、密码、性别和城市这几个数据的收集都借助了 v-model，但"头像"使用了 uni-file-picker 组件，使用该组件上传图片后得到图片保存在服务器中的 URL，这个数据才是注册所要存储的信息。

由于 uni-file-picker 组件的 autoUpload 属性设置为了 false（第 30 行代码），表示需要手动上传图片，并且由于需要监听该组件的 select 事件，对该组件的 select 事件绑定了函数 onSelect()（第 32 行代码），代码如下：

```
1     onSelect(e){
2       uni.uploadFile({
3           // 使用 3.2.2 小节用于文件上传的后端程序，仅用作示例，不具有实用性
4           url:"http://localhost:3000/upload",
5           filePath:e.tempFilePaths[0],
6           name:"file",
7           success: (res) => {
8               // console.log(res.data)
9               let f = JSON.parse(res.data);
10              // console.log(typeof f);
11              // 取出服务器返回的图片 URL
12              this.user.avatar = f.files.file.path;
```

```
13          }
14      });
```

第 4 行代码的 url 参数指定处理图片上传的后端服务器 URL，第 5 行代码的 filePath
参数指定待上传图片的路径，此处从 uni-file-picker 组件的 select 事件参数 e 中获取路径。
第 7～13 行代码从 success 回调函数的参数 res 中取出图片在服务器中的存储地址。

> **注意** 本例中图片被存储到了本地，故所返回的是本地地址，该地址不能在网络上访问。实际开发时根据系统需求修改第 4 行代码中的 url 的值，由后端程序返回能在网络上访问的 URL。

第 7 行代码中的 success 回调函数的参数 res 里的 data 属性的数据类型是字符串，因此需要通过第 9 行代码将之转换成对象后，再从中取出图片的 URL（第 12 行代码）。

此处所展示的 uni-file-picker 的用法与 6.3 节所展示的用法不一样。在 6.3 节该组件被绑定到了云服务空间，所以代码很简洁。而本案例并没有将该组件绑定到云服务空间，所以需要使用 uni.uploadFile()（该方法的重要属性在 5.3.4 小节进行了介绍）来处理图片的上传。

核心代码 2：对于"再次输入密码"，通过配置校验规则的方式来核对两次输入的密码是否一致。

```
1   passwordconfirm:{
2       rules:[
3       {
4           required: true,
5           errorMessage: '请输入密码',
6       },
7       {
8           minLength: 2,
9           maxLength: 20,
10          errorMessage: '密码长度为 {minLength}到{maxLength} 个字符',
11      },
12      {
13      validateFunction:function(rule,value,data,callback){
14          if(value!==data.password){
15              callback("两次输入的密码不一致");
16          }
17          return true;
18      }
19      }
20      ]
21  }
```

第 13 行代码使用了 uni-app 提供的"自定义校验规则"validateFunction，其中参数 value
表示所要校验的字段的值（此处指再次输入的密码），而参数 data 表示所有校验字段的值
（此处指表单中的各字段）。

核心代码 3：当点击"注册"按钮时，所绑定的 submitForm()函数被调用，代码如下。

```
1   submitForm(){
2       this.$refs.form.validate().then((res)=>{
3           // console.log('校验后的值',res);
4           // 删除多余的passwordconfirm属性，不删除也可以，此时由后端忽略该值
5           Reflect.deleteProperty(this.user,"passwordconfirm");
6           // console.log('user模型',this.user);
7
8           uni.request({
```

```
9              url:"http://localhost:8000/user/register",
10             method:"POST",
11             data:{
12                 username:this.user.username,
13                 nickname:this.user.nickname,
14                 password:this.user.password,
15                 gender:  this.user.gender,
16                 city:    this.user.city,
17                 avatar:  this.user.avatar
18             },
19             success: (result) => {
20                 if(result.data.message){
21                     uni.showToast({
22                         title:"用户注册成功",
23                         duration:2000
24                     });
25
26                     //注册成功则跳转到"登录"页面
27                     setTimeout(()=>{
28                         uni.redirectTo({
29                             url:"/pages/login/login"
30                         });
31                         this.user = {};
32                     },2000);
33                 }else{
34                     uni.showToast({
35                         title:result.data.describe,
36                         duration:2000,
37                         icon:"error"
38                     })
39                 }
40
41             } // success 回调函数结束
42
43         });
44     }).catch(err=>{
45         // console.log(err);
46     })
47 },
```

运行后，将第 3 行和第 6 行代码输出的值对比可知：表单校验通过后的返回值 res 与表单双向绑定的 user 模型对象的值几乎是一样的，二者唯一的区别是 res 多了 passwordconfirm 属性。

8.6.4　主页

主页（见图 8-2）的实现过程在 7.2 节已经做了详细的介绍，下面介绍在第 7 章中该页面还未实现的两个小功能。

1．博客文章的显示时间

这个小功能除了主页外，其他页面，如博客文章详情页面也会用到，为避免重复编写代码，可以将这个小功能的代码放在单独的模块中，需要的时候再导入使用。

核心代码 1：在项目的根目录下新建 utils/tools.js 文件，将解析显示时间的函数写在这里。

```
1  export function parseTime(time){
2      let temp = new Date(time);
3      let year = temp.getFullYear();
4      let month = temp.getMonth() + 1;
5      let day = temp.getDate();
```

```
6        return '${year}年${month}月${day}日'  // 模板字符串
7    }
```

在 pages/index /index.vue 页面中导入这个函数，并修改 showBlogs()函数的代码：

```
1   <script>
2   import {parseTime} from '@/utils/tools.js'
3   methods:{
4       showBlogs(){
5           uni.request({
6               url:"http://localhost:8000/blog/getPageBlogs",
7               method:"POST",
8               data:{
9                   pageNum:this.pageNum,
10                  pageSize:8
11              },
12              success:(res)=>{
13                  console.log(res.data);
14                  let tempblogs = res.data.message.records;
15                  for(let blog of tempblogs){
16                      if(blog.thumbnail==null){
17                          blog.thumbnail = "/static/logo.png";
18                      }
19                      blog.posttime = parseTime(blog.posttime);
20
21                  }
22
23                  this.blogs.push(...tempblogs);
24                  console.log(this.blogs);
25              }
26          });
27      }
28  }
29  </script>
```

2. 点击搜索框跳转到搜索页面

核心代码 2：创建好搜索页面 pages/search/search.vue，然后对搜索框所在的 view 组件监听点击事件，并在 methods 中添加相应的事件处理函数。

```
1   <view class="search-container">
2     <view class="search-box" @tap="gotoSearch">
3       <image class="icon" src="/static/search.png"></image>
4         <text class="placeholder">请输入……</text>
5       </view>
6     </view>
7   </view>
8
9   <!--在 methods 中添加函数 gotoSearch() -->
10  gotoSearch(){
11    uni.navigateTo({
12       url:"/pages/search/search"
13    });
14  }
```

8.6.5 博客文章详情页面

1. 后端 API

通过博客文章详情页面（见图 8-3）的功能介绍，可以概括出这个页面要实现如下功能：显示博客文章详情，用户对博客文章点赞或取消点赞，用户收藏博客文章或取消收藏。实际上该页面还隐含几个功能：对博客文章的浏览数量增加 1；判断博客文章是否被用户收藏；判断博客文章是否被用户点赞。因此这个页面一共要使用 8 个后端 API，本小节列出其中的 5 个，剩余的 3 个将在 8.8 节的习题中介绍。

（1）获取单条博客文章详情

显示博客文章详情时需要博客文章的 id、title、content、posttime、viewcount、likecount 和 favoritecount 等数据，提供这些数据的后端 API 规范如表 8-8 所示。

表 8-8　获取单条博客文章详情的后端 API 规范

请求地址	/blog/getBlogInfo	
请求方式	GET	
请求示例	/blog/getBlogInfo?id=11	
参数名	含义	备注
id	博客文章的 id	
返回值示例		

```
{
  "status": 200,
  "describe": "获取单条博客文章详情成功",
  "message": {
    "id": 11,
    "title": "宣城绩溪：寻觅古城，寻找美味",
    "thumbnail": null,
    "posttime": "2023-09-10 18:00:00",
    "modifytime": "2023-09-20 10:00:00",
    "viewcount": 101,
    "likecount": 9,
    "favoritecount": 9,
    "content": "<p>走进一条韵味十足的街巷品尝美味的特色佳肴，或者住进山间民宿……这个周末，来到宣城绩溪，
安排一场徽菜美食体验之旅吧！</p>",
    "userid": 2,
    "nickname": "jerry"  // 页面需要展示博客文章发布者的昵称
  }
}
```

（2）给博客文章的浏览数量加 1

这个功能需要将博客文章的 id 传递给后端，实现该功能的后端 API 规范如表 8-9 所示。

表 8-9　给博客文章的浏览数量加 1 的后端 API 规范

请求地址	/blog/increaseBlogView	
请求方式	GET	
请求示例	/blog/increaseBlogView?id=1	
参数名	含义	备注
id	博客文章的 id	
返回值示例		

```
{
  "status": 200,
  "describe": "成功增加一次浏览数量",
  "message": null
}
{
   "status": 500,
  "describe": "增加一次浏览数量出错",
  "message": null
}
```

（3）判断用户是否收藏博客文章

这个功能需要将博客文章的 id 和当前登录用户的 id 传递给后端，后端会返回一个判断结果。实现该功能的后端 API 规范如表 8-10 所示。

表 8-10　判断用户是否收藏博客文章的后端 API 规范

请求地址	/favorite/isUserFavoBlog	
请求方式	GET	
请求示例	/favorite/isUserFavoBlog?userid=1&blogid=2	
参数名	含义	备注
userid	用户的 id	
blogid	博客文章的 id	
返回值示例		

```
// 用户收藏了该博客文章
{
    "status": 200,
    "describe": "用户收藏了该博客文章",
    "message": true
}

// 用户没有收藏该博客文章
{
    "status": 500,
    "describe": "用户没有收藏该博客文章",
    "message": false
}
```

（4）用户收藏博客文章

这个功能需要将博客文章的 id 和当前登录用户的 id 传递给后端，后端会返回一个判断结果以及更新后的收藏数量。实现该功能的后端 API 规范如表 8-11 所示。

表 8-11　用户收藏博客文章的后端 API 规范

请求地址	/favorite/addUserFavoBlog	
请求方式	GET	
请求示例	/favorite/addUserFavoBlog? userid=1&blogid=2	
参数名	含义	备注
userid	用户的 id	
blogid	博客文章的 id	
返回值示例		

```
// 收藏成功
{
    "status": 200,
    "describe": "成功收藏博客文章",
    "message": {
      "isAddSuc": true,
      "favoritecount": 29   // 更新后的收藏数量
    }
}

// 收藏失败
{
    "status": 500,
    "describe": "收藏博客文章失败",
    "message": {
      "isAddSuc": false,
    }
}
```

（5）用户取消收藏博客文章

这个功能需要将博客文章的 id 和当前登录用户的 id 传递给后端，后端会返回一个操作结果以及更新后的收藏数量。实现该功能的后端 API 规范如表 8-12 所示。

表 8-12　用户取消收藏博客文章的后端 API 规范

请求地址	/favorite/cancelUserFavoBlog	
请求方式	GET	
请求示例	/favorite/cancelUserFavoBlog? userid=1&blogid=2	
参数名	含义	备注
userid	用户的 id	
blogid	博客文章的 id	

返回值示例

```
// 取消收藏成功
{
  "status": 200,
  "describe": "成功取消收藏博客文章",
  "message": {
    "isCancelSuc": true,
    "favoritecount": 28  // 更新后的收藏数量
  }
}
// 取消收藏失败
{
  "status": 500,
  "describe": "取消收藏博客文章失败",
  "message": {
    "isCancelSuc": false
  }
}
```

2. 页面实现

核心代码 1：结构和样式的代码如下。

```
1   <template>
2     <view class="bloginfo">
3
4       <view class="title">
5         {{blog.title}}
6       </view>
7
8       <view class="subtitle">
9         <view>
10          <text>发布者: </text><text class="author">{{blog.nickname}}</text>
11        </view>
12
13        <view class="posttime">
14          {{blog.posttime}}
15        </view>
16      </view>
17
18      <view class="content" v-html="blog.content">
19      </view>
20
21      <view class="likeviewfavinfo">
22        <view class="views">
23          <text class="iconfont icon-a-27-liulan icon"></text>
```

```
24              <text class="num" v-text="blog.viewcount"></text>
25          </view>
26
27          <view class="favo">
28              <text class="iconfont icon" :class="isFavo?'icon-collection-fill':
'icon-collection' " @tap="gotoFavo"></text>
29              <text class="num" v-text="blog.favoritecount"></text>
30          </view>
31
32          <view class="like">
33              <text class="iconfont icon" :class="isLike?'icon-good-fill':
'icon-a-106-xihuan'" @tap="gotoLike"></text>
34              <text class="num" v-text="blog.likecount"></text>
35          </view>
36      </view>
37
38  </view>
39  </template>
40
41  <style lang="scss" scoped>
42  .bloginfo{
43      .title{
44          font-size: 46rpx;
45          text-align: center;
46          margin-bottom: 20rpx;
47      }
48      .subtitle{
49          display: flex;
50          justify-content: space-between;
51          background-color: #F6F6F6;
52          color:#666;
53          padding:20rpx 24rpx;
54          .author{
55              font-size: 32rpx;
56              color: #0199FE;
57          }
58          .posttime{
59              font-size: 26rpx;
60          };
61      }
62
63      .content{
64          font-size: 38rpx;
65          padding: 30rpx;
66          line-height: 50rpx;
67          border-bottom: 1px gainsboro solid ;
68      }
69      .likeviewfavinfo{
70          display: flex;
71          flex-direction: row;
72          justify-content: space-between;
73          align-items: center;
74          padding:30rpx 50rpx 0rpx 50rpx;
75          .views, .favo, .like{
76              display: flex;
77              align-items: center;
78              .icon{
79                  font-size: 50rpx;
80                  color:#666;
81                  margin-right: 6rpx;
82              }
83              .num{
84                  font-size: 36rpx;
85                  color:#0199FE
```

```
86              }
87          }
88
89      }
90
91  }
92  </style>
```

这段代码将整个页面分成 4 个部分：title、subtitle、content 和底部。从 SCSS 代码可以看出这 4 个部分内部的布局方式。在页面的底部分别罗列出"浏览数量""点赞""收藏"3 个图标，这里在 Flex 布局的主轴使用了"space-between"（第 72 行代码）以确保这 3 个图标间距相同。

核心代码 2：在显示博客文章的详情页面时，除了展示博客文章的内容，同时也需要展示出当前博客文章的浏览数量，因此需要在页面生命周期函数 onLoad()中从后端获取这两个数据。

```
1   // 给 data()函数增加一个 blogId 变量和 blog 变量
2   data() {
3       return {
4           blogId:0,
5           blog:{}
6       };
7   },
```

增加 onLoad()函数，代码如下：

```
1   // options 用于接收从其他页面跳转到该页面所携带的参数，主要是博客文章的 id
2   onLoad(options){
3       this.blogId = options.id;
4       this.getBlogInfo(this.blogId);
5       this.incrementBlogView(this.blogId);
6   }
```

同时在 methods 属性中增加 getBlogInfo()和 increaseBlogView()函数，代码如下：

```
1   getBlogInfo(blogid){
2     uni.request({
3       url:`http://localhost:8000/blog/getBlogInfo?id=${blogid}`,
4       method:"GET",
5       success: (res) => {
6         // console.log("in getBlogInfo...",res.data);
7         this.blog = res.data.message;
8       }
9     });
10  }
11
12  increaseBlogView(blogid){
13    uni.request({
14  url:`http://localhost:8000/blog/increaseBlogView?id=${blogid}`,
15      success: (res) => {
16        // console.log(res.data);
17      }
18    })
19  },
```

核心代码 3："收藏"的实现。

这个功能所涉及的流程有些复杂：在页面加载时要考虑"收藏"和"点赞"图标的显示状态，这首先要判断用户是否登录。如果用户没有登录，要将这两个图标设置为空心样式。如果用户登录了，那么接着要判断用户是否收藏或点赞该博客文章，如果用户收藏或点赞了该博客文章，才会将图标设置为实心样式。当用户点击这两个图标时也要判断用户是否登录，如果用户没有登录，则跳转到"登录"页面。如果用户登录了，将图标切换到相反的状态，比如由"实心样式"切换为"空心样式"或由"空心样式"切换为"实心样式"，同时收藏的数量要更新：前者减 1，后者加 1。对于这些略显复杂的流程，可以使用流程图来帮助思考，如图 8-11 和图 8-12 所示。

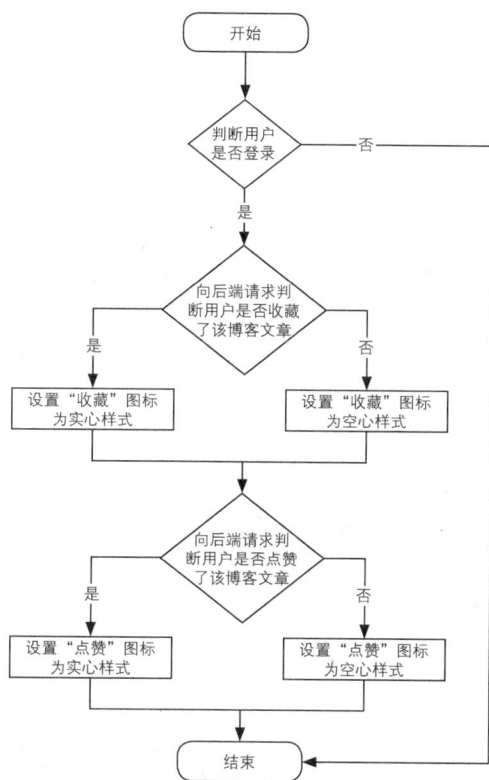

图 8-11　判断博客文章是否被用户收藏或点赞的流程

（1）在页面刚加载时，onLoad()页面生命周期函数需要进行用户登录与否的判断，用户登录后才需要对用户是否收藏或点赞了该博客文章进行判断。

先导入判断用户是否登录的公共函数。在<script>标签里导入 store/index.js：

```
1    import {getUserid,hasLogin} from "@/store/index.js"
```

在 onLoad()页面生命周期函数里增加判断代码：

```
1    this.userId = getUserid();
2    if(hasLogin()){
3      // 查看是否获取到了 userId 和 blogId
4      // console.log('judge',this.userId,this.blogId);
5      // 判断用户是否收藏了该博客文章
6      this.judgeUserFavoBlog(this.userId,this.blogId);
7      // 判断用户是否点赞了该博客文章
8      this.judgeUserLikeBlog(this.userId,this.blogId);
9    }
```

"收藏"或"点赞"功能的核心点在于根据用户的操作切换图标。对于这种功能，常见的编程技巧就是设置一个标志变量，当它的值发生改变时，图标的样式也发生改变。在 data()函数里新增一个标志变量，用于记录用户是否收藏了该博客文章：

```
1    isFavo:false,  // 记录用户是否收藏了该博客文章的标志变量
```

比如刚开始 isFavo 的值为 false，那么根据核心代码 1 的第 28 行代码，此时图标的样式就是"icon-collection"，表示用户未收藏该博客文章：

```
1    <text class="iconfont icon"
2      :class="isFavo?'icon-collection-fill':'icon-collection'"
3      @tap="gotoFavo">
4    </text>
```

如果此时用户点击了"收藏"图标，表示用户想收藏该博客文章，那么 isFavo 的值就修改为 true，图标的样式就变为"icon-collection-fill"。这种样式绑定的编程技巧在 4.1.3 小节提及过。

相应地在 methods 属性里定义 judgeUserFavoBlog()函数：

```
1    judgeUserFavoBlog(userId, blogId){
2      uni.request({
       url:`http://localhost:8000/favorite/isUserFavoBlog?userid=${this.userId}&blogid=${this.blogId}`,
3        success: (res) => {
4          //console.log(res.data);
5          if(res.data.message){
6              this.isFavo = true;
7          }
8        }
9      })
10   }
```

judgeUserLikeBlog()函数的定义留给读者作为练习。

（2）当用户点击"收藏"或"点赞"图标时，所发生的流程类似，下面就以点击"收藏"图标为例来说明，如图 8-12 所示。

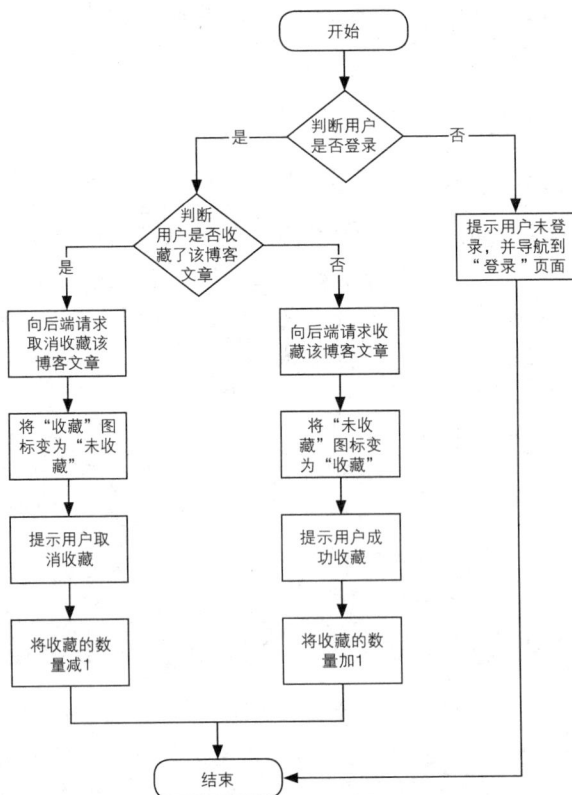

图 8-12 用户对博客文章进行收藏的流程

当用户点击"收藏"图标时会触发所绑定的函数 gotoFavo()，因此需要在 methods 中新增这一函数：

```
1   gotoFavo(){
2    if(!hasLogin()){
3     uni.showToast({
4        title:"请先登录"
5     });
6    }else{
7     // isFavo 为 true，说明已经收藏了，此时点击"收藏"图标则表明要取消收藏
8     if(this.isFavo){
9      uni.request({
    url:`http://localhost:8000/favorite/cancelUserFavoBlog?userid=${this.userId}
    &blogid=${this.blogId}`,
10       success: (res) => {
11        console.log('取消收藏',res.data.message);
12        if(res.data.message.isCancelSuc){
13         this.isFavo = false;
14         uni.showToast({
15           title:"取消收藏"
16          });
17        this.blog.favoritecount= res.data.message.favoritecount;
18         }
19       }//success 回调函数结束
20      });//uni.request()函数结束
21     }else{
22      // 收藏博客文章
23      uni.request({
    url:`http://localhost:8000/favorite/addUserFavoBlog?userid=${this.userId}
    &blogid=${this.blogId}`,
24       success: (res) => {
25        //console.log('成功收藏',res.data.message);
26        if(res.data.message.isAddSuc){
27         this.isFavo = true;
28         uni.showToast({
29          title:"成功收藏"
30         });
31        this.blog.favoritecount = res.data.message.favoritecount;
32         }
33       }// success 回调函数结束
34      });// uni.request()函数结束
35     }
36    }//结束
37   }
```

这段代码的外层用了一个 if...else...语句来区分用户登录和未登录的情况，而在 else 分支里又用了一个 if...else...语句区分用户的操作是收藏还是取消收藏。这段代码的结构与图 8-11 和图 8-12 所示的流程是相符的。剩下的工作就是调用不同的后端 API （第 9 行和第 23 行代码）来完成取消收藏或收藏。当后端完成相应的功能后，返回了最新的收藏数量给前端（第 17 行和第 31 行代码）。

对于"点赞"的处理与这里对于"收藏"的处理非常相似，将对于"点赞"的处理作为练习留给读者实现。

8.6.6 "我所发布的博客文章"页面

1. 后端 API

"我所发布的博客文章"页面（见图 8-6）列出用户所发布的博客文章，提供用户所发布的博客文章列表数据的后端 API 规范如表 8-13 所示。

表 8-13　提供用户所发布的博客文章列表数据的后端 API 规范

请求地址	/blog/listUserBlogs	
请求方式	GET	
请求示例	/blog/listUserBlogs?userid=1	
参数名	含义	备注
userid	用户的 id	

返回值示例

```
// 用户发布了博客文章
{
    "status": 200,
    "describe": "成功获取用户发布的博客文章列表",
    "message": [
      {
        "id": 3,
        "title": "世界杯开幕",
        "modifytime": "2023-12-13 09:30:00"
      },
      {
        "id": 8,
        "title": "国产操作系统惊艳亮相",
        "modifytime": "2023-07-23 18:00:00"
      },
      {
        "id": 10,
        "title": "宁夏的酸甜滋味，是西红柿给的！",
        "modifytime": "2023-08-30 20:00:00"
      }
    ]
}}

// 用户没有发布博客文章，message 为空数组
{
    "status": 200,
    "describe": "成功获取用户发布的博客文章列表",
    "message": []
}
```

页面只需要博客文章的 id、title 和 modifytime 这 3 个数据，其他的数据没有返回给前端。这里没有实现分页功能。

2. 页面实现

核心代码 1：结构和样式代码如下。

```
1    <view>
2      <view class="item" v-for="blog in blogs" :key="blog.id">
3        <view>
4          <text v-text="blog.title" class="title" @tap="gotoBlogInfo(blog.
   id)"></text>
5        </view>
6        <view>
```

```
7          <text v-text="blog.modifytime" class=modifytime></text>
8        </view>
9      </view>
10  </view>
11
12  // 相应的样式
13  .item{
14     display: flex;
15     flex-direction: column;
16     justify-content: space-between;
17     border-bottom: 1px gray solid;
18     margin: 10rpx 20rpx;
19     .title{
20        font-size: 40rpx;
21        text-overflow: -o-ellipsis-lastline;
22        overflow: hidden;                    //隐藏溢出内容
23        text-overflow: ellipsis;             //文本溢出部分用省略号表示
24        display: -webkit-box;                //特别显示模式
25        -webkit-line-clamp: 1;               //行数
26        line-clamp: 2;
27        -webkit-box-orient: vertical;        //盒子中内容竖直排列
28     }
29     .modifytime{
30        font-size: 26rpx;
31     }
32  }
```

核心代码 2：在 onLoad()中调用 getMyBlogList()。当点击博客文章标题时，跳转到博客文章详情页面，代码如下。

```
1   // 从 store/index.js 导入 getUserid()函数
2   // 这句代码要写在 import default{}外面
3   import {getUserid} from "@/store/index.js"
4
5   // 在 data()函数中定义变量 blogs
6   data() {
7       return {
8          blogs:[]
9       };
10  }
11
12  onLoad(){
13      this.getMyBlogList();
14  }
15  // 在 methods 中定义 getMyBlogList()和 gotoBlogInfo()
16  getMyBlogList(){
17      this.userid = getUserid();
18      uni.request({
19      url:`http://localhost:8000/blog/listUserBlogs?userid=${this.userid}`,
20         success: (res) => {
21             // console.log(res.data.message);
22             this.blogs = res.data.message;
23         }
24      });
25  },
26  gotoBlogInfo(id){
27      uni.navigateTo({
28         url:`/pages/showbloginfo/showbloginfo?id=${id}`
29      })
30  }
```

8.6.7 "我所收藏的博客文章"页面

1. 后端 API

"我所收藏的博客文章"页面列出用户收藏的博客文章,提供用户所收藏的博客文章列表数据的后端 API 规范如表 8-14 所示。

表 8-14 提供用户所收藏的博客文章列表数据的后端 API 规范

请求地址	/favorite/listFavoBlogs	
请求方式	GET	
请求示例	/favorite/listFavoBlogs? userid=1	
参数名	含义	备注
userid	用户的 id	
返回值示例		

```
// 用户收藏了博客文章
{
    "status": 200,
    "describe": "成功获取用户收藏的博客文章列表",
    "message": [
      {
        "id": 3,
        "title": "世界杯开幕",
        "modifytime": "2023-12-13 09:30:00"
      },
      {
        "id": 7,
        "title": "中国航天技术专家:中国取回"南海漂浮物"合情合理",
        "modifytime": "2023-07-21 22:30:00"
      }
    ]
}

// 用户没有收藏博客文章
{
    "status": 200,
    "describe": "成功获取用户收藏的博客文章列表",
    "message": []
}
```

2. 页面实现

"我所收藏的博客文章"和"我所点赞的博客文章"这两个页面与"我所发布的博客文章"页面功能类似,样式也类似,它们的不同之处在于:从博客文章详情页面返回我所收藏的博客文章页面时,如果用户在博客文章详情页面取消了对某篇博客文章的收藏,那么回到"我所收藏的博客文章"页面时,这篇博客文章不应该在列表中再出现。实际上,从博客文章详情页面返回的时候,所显示的是之前加载进页面栈中的"我所收藏的博客文章"页面,这篇被取消收藏的博客文章仍然在列表中。这是不正确的。

究其原因可以发现,实际上此时应该重新向后台发起网络请求,获取用户最新的博客文章收藏列表数据,由于第一次加载"我所收藏的博客文章"页面时已经通过 onLoad()发起的网络请求获取数据,因此从其他页面返回时无法再调用 onLoad()了。

下面提供一种解决方案:使用 uni-app 中的 uni.$emit()、uni.$on()和 uni.$off()跨页面、

跨组件通信机制。

具体做法是：当从博客文章详情页面返回的时候，使用 uni.$emit()发送事件和数据，而"我所收藏的博客文章"页面监听这个事件，再在绑定的事件处理函数中发起网络请求获取最新的博客文章收藏列表数据。这个博客文章详情页面也可能是从主页或其他页面跳转来的，再返回的时候，只要目的页面不监听博客文章详情页面发送的事件就不会受到影响。

步骤 1：修改 pages/showbloginfo/showbloginfo.vue 页面，加上 onUnload()生命周期函数，在这里发送事件和数据。

```
1  onUnload() {
2      uni.$emit('refresh',{refresh:true});
3  }
```

该页面通过 uni.$emit()函数主动发送一个事件，这里的事件名是"refresh"，第二个参数为发送的数据。

步骤 2：修改 pages/myfavolist/myfavolist.vue 页面，修改 onLoad()生命周期函数的代码。

```
1  onLoad(){
2      // 添加如下代码
3      uni.$on("refresh",(data)=>{
4          if(data.refresh){
5              this.getMyBlogList();
6          }
7      });
8  },
```

可以认为第 3 行代码中的 uni.$on()是 v-on 指令，用于监听事件并绑定处理函数，只是后者写在组件标签里。

同时加上 onUnload()生命周期函数：当页面被卸载时，不再监听 refresh 事件。

```
1  onUnload() {
2      uni.$off('refresh');
3  }
```

从解决问题的角度看，这里提供的解决方案并不完美：当用户没有取消收藏博客文章，即用户的博客文章收藏列表没有发生变化时，uni.$emit()发出的事件仍会被监听并执行 this.getMyBlogList()函数定义的操作，从而再次向后端发起网络请求。且当系统规模逐渐增大时，跨页面发送数据不利于寻找源头，会影响阅读和排错。

8.7 本章小结

本章从需求描述到原型界面设计以及各功能的实现，较完整地展示了博客系统的开发过程，系统代码规模和功能实现难度适中，非常适合作为初学者开发系统的入门案例。本章所开发的系统代表了一类系统：资讯类系统。这类系统除了博客，还有论坛等，常见的"今日头条""小红书""知乎"App 等都属于此类系统，其他 App 中也会包含"资讯"模块，如短视频类 App 中的点赞、关注、评论功能，微信中的"朋友圈"功能，电商类 App 中的评论、提问功能，等等。因此，熟练掌握本章的内容将有助于读者设计和开发其他类型的移动应用程序。

从案例的角度讲，本书的第 7、8 章主要针对资讯类 App 的开发。其实第 6 章也涉及了几类 App：位置服务类 App、短视频类 App 等。读者可以在这些案例的基础上进行完善，以熟悉这些 App 的开发。除此之外，点餐购物类 App、学习类 App、社交类 App 等在日常生活中都很常见，读者应该熟悉这些 App 的设计与开发。慕课、腾讯课堂、哔哩哔哩等网站有许多这方面的资料，读者可以进行参考。

8.8 习题

基于本章所开发的博客系统，对主页、博客文章详情页面和"我的"页面做如下改进。

1. 主页

（1）每篇博客文章的发布时间采用的是"xxxx 年 xx 月 xx 日"的形式，将其修改为：10 分钟内发布的博客文章显示发布时间为"刚刚"；24 小时内发布的博客文章显示发布时间为"xx 小时前"；超过 24 小时但在 48 小时之内发布的博客文章，显示发布时间为"1 天前"；超过 48 小时发布的博客文章则显示发布时间为"xxxx 年 xx 月 xx 日"。

（2）改变主页博客文章列表的显示方式。不少 App（比如小红书等）在显示信息时采用了"瀑布流"显示方式，在 uni-app 插件市场搜索"瀑布流"插件或自定义样式完成这个修改。

2. 博客文章详情页面

（1）完成判断用户是否点赞了博客文章的函数 judgeUserLikeBlog()，注意要定义点赞的标志变量 isLike。

这里所用到的后端 API 规范如表 8-15 所示。

表 8-15 判断用户是否点赞了博客文章的后端 API 规范

请求地址	/like/isUserLikeBlog	
请求方式	GET	
请求示例	/like/isUserLikeBlog?userid=1&blogid=2	
参数名	含义	备注
userid	用户的 id	
blogid	博客文章的 id	
返回值示例		

```
// 用户点赞了该博客文章
{
    "status": 200,
    "describe": "用户点赞了该博客文章",
    "message": true
}

// 用户没有点赞该博客文章
{
    "status": 200,
    "describe": "用户没有点赞该博客文章",
    "message": false
}
```

（2）用户点赞或取消点赞博客文章功能由 gotoLike()实现，该函数的结构与 gotoFavo()的结构类似。

点赞博客文章所用到的后端 API 规范如表 8-16 所示。

表 8-16　用户点赞博客文章的后端 API 规范

请求地址	/favorite/addUserFavoBlog	
请求方式	GET	
请求示例	/favorite/addUserFavoBlog? userid=1&blogid=2	
参数名	含义	备注
userid	用户的 id	
blogid	博客文章的 id	
返回值示例		

```
// 点赞成功
{
    "status": 200,
    "describe": "点赞博客文章成功",
    "message": {
        "isAddSuc": true,
        "likecount": 101    // 博客文章最新的点赞数量
    }
}

// 点赞失败
{
    "status": 500,
    "describe": "点赞博客文章失败",
    "message": {
        "isAddSuc": false
    }
}
```

用户取消点赞博客文章所用到的后端 API 规范如表 8-17 所示。

表 8-17　用户取消点赞博客文章的后端 API 规范

请求地址	/like/cancelLikeFavoBlog	
请求方式	GET	
请求示例	/like/cancelLikeBlog? userid=1&blogid=2	
参数名	含义	备注
userid	用户的 id	
blogid	博客文章的 id	
返回值示例		

```
// 取消点赞成功
{
  "status": 200,
  "describe": "取消点赞博客文章成功",
  "message": {
    "isCancelSuc": true,
    "likecount": 28  // 博客文章最新的点赞数量
  }
}
// 取消点赞失败
{
    "status": 500,
    "describe": "取消点赞博客文章失败",
    "message": {
        "isCancelSuc": false
    }
}
```

（3）未登录用户点击博客文章的"收藏"或"点赞"图标时，将用户引导至"登录"页面。更进一步，当用户登录完后还能返回这个博客文章详情页面。

（4）在博客文章发布者后面加一个"关注"按钮，为以后关注发布者留下操作入口。

（5）在博客文章详情后面增加"评论"，列出有关该博客文章的评论信息。在底部增加文本框可以让用户发布评论。

3."我的"页面

（1）点击"我的点赞"，跳转到"我所点赞的博客文章"页面，在该页面列出用户所点赞的博客文章列表（包括标题和最后修改时间）。

这里所用到的后端 API 规范如表 8-18 所示。

表 8-18　列出用户所点赞的博客文章列表的后端 API 规范

请求地址	/like/listLikeBlogs	
请求方式	GET	
请求示例	/like/listLikeBlogs? userid=1	
参数名	含义	备注
userid	用户的 id	
返回值示例		

```
// 获取用户点赞的博客文章列表
{
    "status": 200,
    "describe": "成功获取用户点赞的博客文章列表",
    "message": [
      {
        "id": 1,
        "title": "神舟飞船要发射了",
        "modifytime": "2023-05-01 09:00:00"
      }
    ]
}
```

（2）点击"头像"图片或昵称，跳转到显示个人信息的页面。

8.9　设计题：个人网盘系统

本设计题可以由个人独立完成，也可以由 2～3 人组成的小组合作完成。下面给出个人网盘系统的需求分析，请读者在需求分析的基础上完成后续的设计和开发。

8.9.1　项目背景

随着互联网的普及，个人数据存储需求日益增长。为满足用户对便捷、安全、高效的数据存储和分享的需求，需要开发一套个人网盘系统。该系统将提供文件存储、分享、同步等功能，让用户能够方便地管理自己的数据。

（1）为用户提供便捷的文件存储、分享和同步功能。

（2）确保用户数据的安全性，防止数据泄露。

（3）支持多种平台（如 Windows、macOS、iOS、Android 等）访问。

（4）提供良好的用户体验，操作简单易懂。

（5）支持丰富的文件类型，满足用户的多样化需求。

8.9.2 功能需求

该系统的功能需求如下。

（1）文件存储：支持多种类型（如文档、图片、音频、视频等）的文件存储，文件大小无限制。

（2）文件分享：支持将文件分享给其他用户，可设置分享文件的权限（如查看权限、下载权限等）。

（3）文件同步：支持多设备间的文件同步，确保用户在不同设备上的文件保持一致。

（4）文件管理：提供文件上传、下载、删除、移动、重命名等基本操作，支持批量操作。

（5）文件预览：支持在线预览文件，无须下载即可查看文件内容。

（6）文件搜索：支持根据文件名、类型、大小等条件进行文件搜索，快速找到所需文件。

（7）用户登录和注册：个人网盘系统需要用户注册后在已登录的情况下才能使用。

非功能需求如下。

（1）数据备份：支持自动或手动备份数据，确保数据安全。

（2）多语言支持：支持多种语言，满足不同用户需求。

（3）跨平台支持：支持 Windows、macOS、iOS、Android 等平台访问。

8.9.3 需求分析

根据图 7-1 给出的移动应用开发过程，应先根据给定的功能需求描述进行需求分析，这里的"需求分析"指对需求进行进一步的细化，然后进行原型界面设计，接着分别由前端开发人员和后端开发人员确认好 API，而后独立进行开发和测试，最后进行联调测试和部署上线。

1. 需求细化

以"文件存储"功能为例，它可以这样细化。

（1）系统支持存储如下格式的文件：.docx、.xlsx、.ppt、.jpg、.mp3、.mp4、.pdf 等。

（2）系统支持存储大文件，对单个文件没有大小限制，但总存储空间应有一定限制。

（3）系统支持批量上传文件，以便提高用户上传文件的效率。

（4）系统支持创建和管理文件夹，方便用户对文件进行分类管理。

根据这一细化的方法，将其他系统功能逐一细化，补充更多的细节。

2. 原型界面设计

在这个阶段需要考虑系统可以设计多少个页面，每个页面需要实现哪些功能。前述的每一个系统功能与页面并非一一对应：并非文件存储在一个页面，文件分享又在另一个页面。因此在设计原型界面之前，要对原型界面进行一番规划。这个阶段的自由度非常高，不同的人想法也不尽相同，可以说是"仁者见仁，智者见智"。

下面给出一种设计方案。

（1）"登录"页面：本系统需要用户登录后才能使用。当用户未注册时，可以从"登录"页面跳转到"注册"页面。

（2）"注册"页面：在该页面用户填入用户名、密码、联系方式、邮箱、头像等信息进行注册，注册成功后再回到"登录"页面。

（3）主页：这个页面集成文件管理、文件搜索、文件存储功能。该页面列出文件夹或单个文件。文件搜索和文件存储功能则作为每个页面都具有的功能。

对于文件，主页能够执行分享、重命名、移动、下载、预览、删除、查看文件的基本信息等操作。

对于文件夹，主页能够执行分享、重命名、移动等操作，还可进入文件夹详情页面，在文件夹详情页面可以查看文件夹里面的文件或文件夹。文件夹里面的文件或文件夹仍具备前述功能。

对于文件预览功能，由于不同类型的文件打开的方式不一样，因此还需要设计一个预览页面。

对于文件同步功能，主页可以在用户登录时将设备上的文件与服务器的文件一一进行对比，以获取最新的文件。在对文件做了移动、重命名、删除等操作后，也执行文件同步操作。

（4）文件夹详情页面：显示文件夹包含的子文件夹和文件，显示方式可以在图标和列表之间切换。以列表方式显示时要列出文件夹或文件名称、大小、类型、修改时间等信息，而以图标方式显示时仅列出文件夹或文件名称。

（5）个人信息页面：在这个页面管理诸如头像、昵称等信息，可以实现查看存储空间等常规操作。

在这种设计方案中基本上囊括了系统的功能需求，而后就在每个页面中根据细化的功能需求设计原型界面，考虑页面的布局和所包含的组件。

第9章 重构

本章内容是第 8 章内容的延续。从"软件质量"的角度来讲，第 8 章的开发焦点始终是"正确性"：所写的代码运行后实现的功能符合用户的期望。系统的正确性固然是软件质量的第一要素：如果用户所期望的功能都没有实现，这样的系统对于用户而言就没有任何使用价值了。但它不是系统开发时考虑的全部要素，其他要素还包括稳健性、效率、可读性等。本章在保证系统正确性的基础上，着重讨论系统的"可复用性"。

9.1 软件质量概述

软件质量可以分为外部质量和内部质量，其中外部质量包括以下几方面，而内部质量与源代码和文档关系更紧密，用户并不关心内部质量。

（1）正确性

正确性指软件正确执行任务，完成既定的功能。比如对于教务系统，学生能选到课；对于电商网站，用户付了款，商品能被买到并能送达用户手中；等等。这是软件最基本的要求。

（2）稳健性

有的资料将"稳健性"表示为"健壮性"等。其指软件的容错能力。初学者往往比较关注正确性，而容易忽视稳健性。要达到比较高的稳健性，需要考虑尽量多的异常、失败场景，设计比较全面的测试数据。

（3）易用性

易用性主要是针对用户的软件使用体验来谈的。易用性并不等同于界面美观、漂亮。易用性强的软件应该具备直观的用户界面、清晰的操作流程、简明的提示信息等。

（4）效率

效率可以分为时间效率和空间效率，但用户更关注的是时间效率。用户对软件运行效率的体验是非常感性的，比如 App 的运行速度，有时就能直接决定用户对软件的取舍。

（5）可读性

可读性指软件源代码和文档易于理解和使用。代码结构清晰、注释充分、遵循编程规范等都是保证软件可读性的有效手段。

（6）可复用性

可复用性指将已有的软件或软件成分用于构造新的软件或系统。这是软件开发者最为熟知的软件特性之一。充分利用已有的开发成果（不仅仅是源代码，还包括可行性分析报告、产品需求文档、设计文档、测试用例等），能够提高软件的开发效率。

（7）可测试性

软件测试是保证软件质量的可靠手段。可测试性指软件工件（如软件模块）在给定的测试环境下能够支持测试的程度。较高的可测试性有利于测试人员设计测试用例、执行测试和发现软件存在的问题。

（8）可维护性

可维护性指软件被理解、调整和改进的难易程度。可以认为可维护性与前面的可读性、可复用性及可测试性有很强的关联关系。软件内在的生命力体现在其"可维护性"，尤其是面对不断变更的需求时。

在这 8 个方面的外部质量之外，还有一些其他的方面，比如"安全性"。如何保障安全性是一个历久弥新的话题。

9.2 重构

对于具体的代码，最常见的问题之一就是代码的重复问题，比如写某个功能时发现该功能与之前写的某个功能类似，只需要改动几个地方就可以了，所以程序员常用的操作就是按"Ctrl+C"快捷键和"Ctrl+V"快捷键。这就给系统后期带来了脆弱的"可维护性"：如果后期因为某个需求的变动，导致这几段相近的代码都要一起变动，可想而知这种变动带来的枯燥与乏味。

《重构：改善既有代码的设计》一书的作者马丁·福勒（Martin Fowler）建议在开发过程中当要复用某段代码时，不要图省事用按"Ctrl+C"快捷键和"Ctrl+V"快捷键来解决，而是停下来思考如何重构代码，改进代码的质量。重构有很多技巧和方法，恰当地使用重构手段能有效地提高软件的可读性、可复用性、可测试性和可维护性。本章仅使用基础但很有效的重构手段——"封装"，将重复的代码提取出来，根据需要将代码封装成函数、类、组件等。

9.2.1 封装网络请求

1. 问题的缘起

在第 8 章所写的代码中，几乎每个页面都会发出网络请求，纵观这些代码，这样几个问题尤其突出。

（1）网络请求的 URL 重复

由于是向本地运行的服务器程序发起请求，所以 URL 都是 http://localhost:8000。这个 URL 就明显重复了，带来的后果就是当服务器程序的 IP 地址变动甚至仅仅改了端口号时，每个页面都要进行相应的修改。很明显，这样的修改是枯燥而乏味的。

对于这个问题，最常用的解决方案之一就是定义一个全局变量，比如 BASE_URL，然后在页面中使用该全局变量。当需要修改时，只改这个全局变量就可以了。

（2）对网络请求的 fail 未进行处理

每个页面发起的网络请求都只对 success 回调函数做了处理，而没有考虑 fail 回调函数。这样做导致的问题就是当网络请求不成功的时候，系统没有任何回应，这对用户是不友好的，会影响易用性。比如用户发表了一个评论，因为网络问题，服务器端并未收到这个请求，那么在用户的眼中此时 App 既没有显示出评论，也没有在界面上显示错误提示信息，用户就会疑惑刚才的评论是否发表成功，甚至怀疑系统宕机了。

而如果给每个网络请求都加上 fail 回调函数，不外乎显示用户刚才的操作因为网络问题没有成功，再操作一次之类的错误提示信息，这样所写的代码基本上也是重复的。所以有必要在某个地方集中进行网络请求的异常处理。

2. 解决方案

前述的问题在实际开发中都已经有了许多成熟的解决方案，也能做到"开箱即用，拿来就用"。业界常说不要重复造轮子，就是说在实际开发中不要做前人已经做过的工作，不过在学习阶段，要试着造一造轮子，探究一下内部原理，这样可以体会别人的代码的优秀之处。

【示例 9-1】 封装网络请求，重构第 8 章的案例。

步骤 1：封装 request() 函数。在第 8 章的博客项目的 utils 目录下新建一个 request.js 文件，代码如下：

```
1    // 将服务器的 IP 地址和端口号定义在此处
2    const BASE_URL = "http://localhost:8000"
3
4    export const request = (options)=> {
5        return new Promise((resolve,reject)=>{
6            uni.request({
7                url: BASE_URL + options.url,
8                method: options.method || 'GET',
9                data:options.data || {},
10               success: (res)=>{
11                   if(res.statusCode!=200){
12                       uni.showToast({
13                           icon:'error',
14                           title:"获取数据失败"
15                       });
16                   }else if(res.data.status===500){
17                       uni.showToast({
18                           icon:'error',
19                           title:res.data.describe
20                       });
21                   }
22
23                   resolve(res)
24               },
25               fail:(err)=>{
26                   uni.showToast({
27                       title:"请求失败"
28                   })
29                   reject(err)
30               }
31           })
32       })
33   }
```

request() 函数接收一个参数 options，返回 Promise 对象（5.3.2 小节中的 Promise 构造函数）。options 用于封装 uni.request() 所需要的参数，比如 url、method、data 等。

第 25～30 行代码用来统一处理网络请求发生异常的情形：比如服务器连接超时、宕机、没有启动等。

而第 11～21 行代码则用来统一处理网络请求被接收的情形。当 statusCode 不等于 200 时，表明此次网络请求并未被服务器成功处理，比如发生了 404 错误。当 status 等于 500 时，表明服务器端程序未能正确地完成业务操作，如登录不成功，或者遇到了异常。

步骤 2：在 Vue 的 prototype 中挂载。修改图 8-9 中的 main.js 文件：

```
1    import App from './App'
2    import {request} from "./utils/request.js"  // 这是新增的
3
4    // #ifndef Vue  3
5    import Vue from 'vue'
6    import './uni.promisify.adaptor'
7    Vue.config.productionTip = false;
8    Vue.prototype.$request = request; // 这是新增的
9    App.mpType = 'app'
10   const app = new Vue({
11     ...App
12   })
13   app.$mount()
14   // #endif
```

步骤 3：以 index/index.vue 为例来说明 request()函数的使用方法。修改 index.vue 中的 showBlogs()函数，代码如下：

```
1    showBlogs(){
2        const options = {
3            url:"/blog/getPageBlogs",
4            method:"POST",
5            data:{
6                pageNum:this.pageNum,
7                pageSize:8
8            }
9        };
10       this.$request(options).then(res=>{
11           // console.log(res);
12           let tempblogs = res.data.message.records;
13           for(let blog of tempblogs){
14               if(blog.thumbnail==null){
15                   blog.thumbnail = "/static/logo.png";
16               }
17           }
18           this.blogs.push(...tempblogs);
19       });
20
21   },
```

第 2～9 行代码将 request()函数的 options 参数设置好，此时不需要再写上服务器的 IP 地址和端口号了。第 10 行代码调用挂载到了 Vue 原型的$request()函数。由于该函数返回的是 Promise，此处采用了 then()来处理成功状态。

通过下面的做法来验证 request()函数是如何发挥作用的。

（1）不启动服务器程序，直接启动 uni-app 程序。

此时因为发送的请求无法与后端服务器连接，即没有服务器响应这个请求，步骤 1 的第 25～30 行代码会被执行。

（2）将第 3 行代码的 url 写错（比如写成/blog/getPageBlog），查看所封装的网络请求所报的错误。

这样做会使得 res.statusCode 值为 404，步骤 1 的第 11～15 行代码会被执行。

步骤 4：修改 login/login.vue 的 submitForm()函数，代码如下。

```
1    submitForm(){
2        this.$refs.form.validate().then((res)=>{
```

```
3            const options = {
4                url:"/user/login",
5                method:"POST",
6                data:{
7                    username:this.user.username,
8                    password:this.user.password
9                    }
10            };
11            this.$request(options).then(result=>{
12                // console.log(res);
13                if(result.data.message!=null){
14                    uni.showToast({
15                        title:"登录成功",
16                        icon:"success",
17                        duration:2000
18                    });
19                    setTimeout(()=>{
20                        this.user = { },
21                        uni.setStorageSync("userid",result.data.message.id);
22                        uni.reLaunch({
23                            url:"/pages/mine/mine"
24                        })
25                    },2000);
26                }
27
28            }); // this.$request()函数结束
29
30        });
31    }
```

当输入的账号或密码不正确时，会执行步骤 1 的第 16～21 行代码，而这种情况就不需要再在 submitForm()函数中处理了。

步骤 5：从 index.vue 和 login.vue 的重构情况看，在页面中所发出的网络请求基本上只考虑正确获取到数据的情形就可以了（上面步骤 3 和步骤 4 的代码对 Promise 的 error 状态就没有用 catch()处理），这是因为各种异常情形都交由 request()函数处理了。既然如此，何不用 async…await 来写步骤 3 和步骤 4 的代码。比如步骤 3 的代码就可以写成：

```
1    async showBlogs(){
2        const options = {
3            url:"/blog/getPageBlogs",
4            method:"POST",
5            data:{
6                pageNum:this.pageNum,
7                pageSize:8
8            }
9        };
10        // 不要忘记写 await
11        let res = await this.$request(options);
12        // console.log(res);
13        let tempblogs = res.data.message.records;
14        for(let blog of tempblogs){
15            if(blog.thumbnail==null){
16                    blog.thumbnail = "/static/logo.png";
17            }
18        }
19        this.blogs.push(...tempblogs);
20    },
```

步骤 4 的代码可以写成：

```
1   submitForm(){
2       // 注意此处的 async 的位置，它用来修饰 form.validate()的 then()的回调函数，因为
    this.$request()是在这个回调函数中被调用的
3       this.$refs.form.validate().then( async (res)=>{
4           const options = {
5               url:"/user/login",
6               method:"POST",
7               data:{
8                   username:this.user.username,
9                   password:this.user.password
10              }
11          };
12          // 不要忘记写 await
13          let result = await this.$request(options);
14          if(result.data.message!=null){
15              uni.showToast({
16                  title:"登录成功",
17                  icon:"success",
18                  duration:2000
19              });
20              setTimeout(()=>{
21                  this.user = { },
22                  uni.setStorageSync("userid",result.data.message.id);
23                  uni.reLaunch({
24                          url:"/pages/mine/mine"
25                  })
26              },2000);
27          }
28      }); // this.$refs.form 结束
29  }
```

从以上内容可见，通过使用所封装的 request()减轻了页面中编写网络请求代码的负担，本小节的代码与第 8 章的代码相比，高下立判。当然，这对 request()函数的编写提出了很高的要求，如果它出现了问题，受影响的就是各个页面了。

9.2.2 封装组件

uni-app 页面大多由组件标签组成，除了常见的将页面拆分为多个子组件的做法，对于重复度较高的内容也可以将它们抽取出来封装为组件。比如查看"我所发表的博客文章""我所收藏的博客文章"和"我所点赞的博客文章"这 3 个页面，可以发现"以列表的形式显示博客文章"这部分内容是一样的，因此可以将这部分内容抽取出来封装成一个组件。

【示例 9-2】 封装组件，重构第 8 章的案例。

步骤 1：在 pages 下创建 components 目录，新建 mylist/mylist.vue 页面，从 mybloglist.vue 中将以下的内容挪到 mylist.vue 页面。

```
1   <template>
2       <view>
3           <view class="item" v-for="blog in blogs" :key="blog.id">
4               <view>
5                   <text v-text="blog.title" class="title" @tap="gotoBlogInfo(blog.id)">
    </text>
6               </view>
7               <view>
8                   <text v-text="blog.modifytime" class="modifytime"></text>
9               </view>
10
```

```
11              </view>
12          </view>
13      </template>
14
15      <script>
16          export default {
17              name:"mylist",
18              data() {
19                  return {
20
21                  };
22              },
23              props:["blogs"],
24              methods:{
25                  gotoBlogInfo(id){
26                      this.$emit("bloginfoevent",id);
27                  }
28              }
29          }
30      </script>
31
32      <style lang="scss" scoped>
33      .item{
34          display: flex;
35          flex-direction: column;
36          justify-content: space-between;
37
38          border-bottom: 1px gray solid;
39          margin: 10rpx 20rpx;
40          .title{
41              font-size: 40rpx;
42              text-overflow: -o-ellipsis-lastline;
43              overflow: hidden;                    //隐藏溢出内容
44              text-overflow: ellipsis;             //文本溢出部分用省略号表示
45              display: -webkit-box;                //特别显示模式
46              -webkit-line-clamp: 1;               //行数
47              line-clamp: 2;
48              -webkit-box-orient: vertical;        //盒子中内容竖直排列
49          }
50          .modifytime{
51              font-size: 26rpx;
52          }
53      }
54      </style>
```

这个封装的 mylist 组件定义了一个属性——blogs，用于从父组件接收 blogs 列表数据。对于当点击标题时跳转到博客文章详情页面，这里采用的方法是触发一个事件给父组件，由父组件监听这个事件再做处理，而不是由封装的子组件直接跳转到相应的页面。其用意是尽量提高组件的可复用性，将跳转的选择权交给父组件。如果子组件直接封装在 mylist 组件里，那就意味着必须跳转。

步骤 2：修改 mybloglist.vue 页面，将<template>标签内的代码修改如下。

```
1   <template>
2       <view>
3           <bloglist :blogs="blogs"  @bloginfoevent="gotoBlogInfo"></bloglist>
4       </view>
5   </template>
```

<script>标签里的代码如下：

```
1    <script>
2        import {getUserid} from "@/store/index.js"
3        import bloglist from '@/pages/components/mylist/mylist.vue'
4
5        export default {
6            data() {
7                return {
8                    blogs:[]
9                };
10           },
11           components:{
12               bloglist
13           },
14           onLoad(){
15               this.getMyBlogList();
16           },
17           methods:{
18               async getMyBlogList(){
19                   this.userid = getUserid();
20                   const options = {
21                       url:`/blog/listUserBlogs?userid=${this.userid}`,
22                   }
23                   let res = await this.$request(options);
24                   this.blogs = res.data.message;
25               },
26               gotoBlogInfo(id){
27                   uni.navigateTo({
28                       url:`/pages/showbloginfo/showbloginfo?id=${id}`
29                   })
30               }
31           }
32       }
33   </script>
```

<style>标签里面的样式代码都被挪到了 mylist.vue 中，此时<style>标签为空。

9.3 Clean Code

罗伯特·C.马丁（Robert C. Martin）的经典作品《代码整洁之道》从代码的角度介绍了保持代码"整洁"的许多做法，相比于写完一堆代码后再重构，写代码时就时刻保持"Clean Code"（整洁代码）的意识无疑更具积极作用。

下面就用此书的一些观点来修改第 5 章的示例 5-16 的"小学口算"的代码。

【示例 9-3】 使用 Clean Code 方法来修改"小学口算"的代码，并解决被减数不够减、乘数的积过大、被除数除不尽的问题。

首先通篇考虑：第 5 章所写的 generateEquations()函数比较长，如果还要解决被减数不够减、被除数除不尽的问题，这个函数会继续膨胀。根据 Clean Code 提倡的"函数短小"的原则，需要对其进行拆分。

其次考虑，generateEquations()函数定义了几个局部变量：

```
1    let op1,op2 = 0;
2    let operators = ['+','-','×','÷'];
3    let operator = '';
4    let answer = 0;
5    let optimes= 0;
```

如果仅将该函数拆分为小函数，那么这些变量就会成为这些函数的参数，调用这些函数时就需要传入参数，接收函数的返回值，这样使用起来就显得琐碎了。

解决方案是：将函数封装到一个类中，将该函数的局部变量定义为类的成员变量，将拆分的小函数定义为类的成员方法，这些成员方法能直接使用成员变量，这样就避免了使用起来显得琐碎的问题。

步骤 1：封装为类。所封装的类不适合定义在 vue 页面中，所以定义在单独的.js 文件中，通过模块导入。

在根目录下创建 utils/equation.js 文件，代码如下：

```
1   class Equation{
2       constructor(type,level){
3           this.type = type;
4           this.level = level;
5       }
6
7       equations = [];  // 存放所生成的算式
8
9       // 将原来的 generateEquations()函数里的核心代码复制到此处
10      // 为了区分，这里的方法名为 generateEquation
11      generateEquation(){
12          this.equations.splice(0);
13          let op1,op2 = 0;
14          let operators = ['+','-','×','÷'];
15          let operator = '';
16          let answer = 0;
17          let optimes= 0;
18          // 获得倍数，将其与随机数相乘后得到操作数
19          switch(this.level){
20              case 0:
21                  optimes = 10;
22                  break;
23              case 1:
24                  optimes = 20;
25                  break;
26              case 2:
27                  optimes = 100;
28                  break;
29              case 3:
30                  optimes =1000;
31                  break;
32          }
33
34          for(let i =0;i< 10;i++){
35              // 所生成的一个算式
36              let equation = [];
37              // 第一个操作数
38              op1 = Math.floor(Math.random() * optimes) + 1;
39              equation.push(op1);
40              // 操作符
41              if(this.type<4){
42                  operator = operators[this.type];
43              }else if(this.type===4){
44                  operator = operators[Math.floor(Math.random()*2)]
45              } else {
46                  operator = operators[Math.floor(Math.random()*4)];
47              }
```

```
48        equation.push(operator);
49        // 第二个操作数
50        op2 = Math.floor(Math.random() * optimes) + 1;
51        equation.push(op2);
52        // 根据操作符，计算算式的结果
53        switch(operator){
54            case '+':
55                answer = op1 + op2;
56                break;
57            case '-':
58                answer = op1 - op2;
59                break;
60            case '×':
61                answer = op1 * op2;
62                break;
63            case '÷':
64                answer = op1 / op2;
65                break;
66        }
67        equation.push(answer);
68        // 把这个算式存到 equations 数组中
69        this.equations.push(equation);
70    }
71    return this.equations;
72  }
73 }
74
75 export {Equation};
```

在 vue 页面中主要修改<script>标签里的代码：

```
1  <script>
2      import {Equation} from '@/utils/equation.js';   //新增的代码
3
4      methods: {
5          // 修改这个函数
6          generateEquations(){
7              let equation = new Equation(this.type, this.level);
8              this.equations = equation.generateEquation();
9          },
10
11     }
12 </script>
```

运行修改后的代码，验证方案是否可行。如果发现页面功能正常运转，就说明此处"封装为类，再使用模块导入"的方案可行。

步骤 2：函数拆分。

拆分 Equation 类的 generateEquation()方法。Clean Code 提倡"函数短小"的原则，怎样理解这个原则呢？"函数只做一件事!"，也就是函数只完成一个功能，比如这个方法生成算式的过程：先生成一个操作数，再生成操作符，接着生成第二个操作数，最后生成答案。这个过程中的每一步都可以定义为一个函数。

按照这个原则，可以得到下面的代码：

```
1  // 拆分为小函数
2  class Equation{
3      constructor(type,level){
4          this.type = type;
5          this.level = level;
```

```
6          }
7
8          operators = ['+','-','×','÷'];
9          op1 = 0;
10         op2 = 0;
11         operator = '';
12         answer = 0;
13         optimes = 0;
14         equations = [];
15
16         generateEquation(){
17             this.equations.splice(0);
18             this.generateTimes();
19
20             for(let i=0;i<10;i++){
21                 // 所生成的一个算式
22                 let equation = [];
23                 // 第一个操作数
24                 this.op1 = this.generateOperand();
25
26                 this.generateOperator();
27                 // 第二个操作数
28                 this.op2 = this.generateOperand();
29
30                 this.generateAnswer();
31                 // 将 push 操作集中起来
32                 equation.push(this.op1);
33                 equation.push(this.operator);
34                 equation.push(this.op2);
35                 equation.push(this.answer);
36                 // 把这个算式存到 equations 数组中
37                 this.equations.push(equation);
38             }
39             return this.equations;
40         }
41
42         generateTimes(){
43             // 获得倍数，将其与随机数相乘后得到操作数
44             switch(this.level){
45                 case 0:
46                     this.optimes = 10;
47                     break;
48                 case 1:
49                     this.optimes = 20;
50                     break;
51                 case 2:
52                     this.optimes = 100;
53                     break;
54                 case 3:
55                     this.optimes =1000;
56                     break;
57             }
58         }
59
60         generateOperand(){
61             return Math.floor(Math.random() * this.optimes) + 1;
62         }
63
64         generateOperator(){
65             // 操作符
```

```
66              if(this.type<4){
67                  this.operator = this.operators[this.type];
68              }else if(this.type===4){
69                  this.operator = this.operators[Math.floor(Math.random()*2)]
70              } else {
71                  this.operator = this.operators[Math.floor(Math.random()*4)];
72              }
73          return this.operator;
74      }
75
76      generateAnswer(){
77          // 根据操作符，计算算式的结果
78          switch(this.operator){
79              case '+':
80                  this.answer = this.op1 + this.op2;
81                  break;
82              case '-':
83                  this.answer = this.op1 - this.op2;
84                  break;
85              case '×':
86                  this.answer = this.op1 * this.op2;
87                  break;
88              case '÷':
89                  this.answer = this.op1 / this.op2;
90                  break;
91          }
92      }
93  }
94
95  export {Equation};
```

第 8～13 行代码的几个变量原本是局部变量，先被拿出来定义为类的成员变量，这样就减少了方法之间的参数传递。

接着拆分出了 generateTimes()、generateOperand()、generateOperator()、generateAnswer() 这 4 个方法（这 4 个小函数是定义在类 Equation 里面的，所以将它们称为"方法"）。

这 4 个方法的代码不是一次性拆分出来的，而是依次拆分出来的，比如先把步骤 1 的第 19～ 32 行代码拿出来定义为 generateTimes()，而在步骤 2 的第 18 行代码调用这个方法，随之马上进行测试。比如现在有些代码需要加 this 关键字，如果哪个地方忘记加了，系统就会报错。通过测试后，再拆分出 generateOperand()，马上进行测试。采取这种"小步前进"的做法能及时处理所出现的问题。由于每一小步都是坚实可行的，因此最后的结果是可行的。本书没有将这 4 个方法的拆分过程一一展示出来，而直接给出了最后的结果，希望读者自己动手依次进行拆分。

拆分后得到的 generateEquation()代码规模小了很多，其实这里还可以进行"抽象"：比如将第 23～35 行代码抽取出来也定义为一个方法，因为这几行代码做的事情是生成一个算式。不过目前 generateEquation()比较精简，其结构也比较清晰，可以先不进行抽象。

generateTimes()、generateOperand()、generateOperator()、generateAnswer()的排列顺序与它们在 generateEquation()中的调用顺序是一致的，这样可以达到"自顶向下读代码"的效果。如果借助开发工具的代码折叠功能，就可以使阅读更便利，如图 9-1 所示。

步骤 3：追加新的功能。

需要解决被减数不够减、乘数的积过大、被除数除不尽的问题。略微思考就会发现前两个问题比较容易解决，而第三个问题要多费些工夫。

```
24        this.generateTimes();
25
26 ⊟      for(let i =0;i< 10;i++){
27            // 所生成的一个算式
28            let equation = [];
29            // 第一个操作数
30            this.op1 = this.generateOperand();
31
32            this.generateOperator();
33            // 第二个操作数
34            this.op2 = this.generateOperand();
35
36            this.generateAnswer();
37            // 将push操作集中起来
38            equation.push(this.op1);
39            equation.push(this.operator);
40            equation.push(this.op2);
41            equation.push(this.answer);
42            // 把这个算式存到equations数组中
43            this.equations.push(equation);
44        }
45        return this.equations;
46    }
47
48 ⊞  generateTimes(){ [...] }
65
66 ⊞  generateOperand(){ [...] }
69
70 ⊞  generateOperator(){ [...] }
81
82 ⊞  generateAnswer(){ [...] }
```

图 9-1 将函数折叠后的代码显示效果

接着考虑在哪里进行修改。

方案一：当算式生成后，对所生成算式进行检验，即在步骤 2 的第 36 行代码处添加一个方法 checkEquation()，如果发现出现上述 3 个问题，则修正所生成的算式。但对于这个方案，稍微动手操作就会发现问题：checkEquation()需要写几个分支判断语句来判断这 3 个问题对应的情形何时出现，这样会使这个方法比较复杂，代码膨胀得比较快。

方案二：这 3 个问题出现在"得到算式结果"这一步，所以在 generateAnswer()方法中进行修改比较合适。修改后的方法如下：

```
1  generateAnswer(){
2      // 根据操作符，计算算式的结果
3      switch(this.operator){
4          case '+':
5              this.answer = this.op1 + this.op2;
6                  break;
7          case '-':
8              this.answer = this.op1 - this.op2;
9              this.checkSubtractionAnswer();
10             break;
11         case '×':
12             this.answer = this.op1 * this.op2;
13             this.checkMultiplicationAnswer();
14             break;
15         case '÷':
16             this.answer = this.op1 / this.op2;
17             this.checkDivisionAnswer();
18             break;
19     }
20 }
21 checkSubtractionAnswer(){
```

```
22          if(this.answer<0){
23              [this.op1,this.op2] = [this.op2,this.op1];   // 解构语法
24              this.answer = this.op1 - this.op2;
25          }
26      }
27      checkMultiplicationAnswer(){
28          if(this.level === 3){
29              if(this.op1>100 && this.op2>100){
30                  this.op1 = Math.floor(this.op1 / 10);
31                  his.op2 = Math.floor(this.op2 / 10);
32                  this.answer = this.op1 * this.op2;
33              }
34          }
35      }
36      checkDivisionAnswer(){
37
38      }
```

因为有了前述根据"函数短小"的原则编写代码的经验,所以这里新增了 3 个方法 checkSubtractionAnswer()、checkMultiplicationAnswer()和 checkDivisionAnswer(),分别用来解决这 3 个问题,它们分别在第 9、13、17 行代码被调用,排列顺序与被调用的顺序一致。

checkSubtractionAnswer()的解决思路就是如果发现被减数不够减,那么将被减数和减数互换。这里使用了 ES6 的解构语法来交换两个变量的值。

checkMultiplicationAnswer()的解决思路是发现两个乘数都大于 100 时,就将它们缩小 10 倍。当然,这种解决思路不一定恰当。

checkDivisionAnswer()暂时空着,略微思考就会发现第三个问题不是几行代码能解决的问题,需要若干个小方法的协助。

做完这些操作,别忘了运行页面进行验证。

步骤 4:解决"被除数除不尽"的问题。

运行几次页面,算式类型选择"除法",就会发现所生成的除法算式中的被除数十之八九都是除不尽的。所以单纯依靠随机数生成除法算式效率很低,需要再设计一种算法。

方案一:变除法为乘法。先生成乘法算式,再将其转变为除法算式,这样就能保证被除数能够被除尽。使用这个方案时要注意控制乘法算式的结果在级别范围内(比如 1000 以内),这样将乘法算式转变为除法算式时才能使得被除数在级别范围内。

方案二:使用"合数"数学原理。

除法算式要保证被除数除尽,那么需要区分被除数是合数还是质数,如果是质数,那么除数只能是 1 或者质数本身。根据这个数学原理,生成除法算式的要点在于区分出随机生成的第一个操作数(被除数)是质数还是合数:如果是质数,那么除数就只能是 1 或它本身;如果是合数,就找它的因数,从中选一个出来作为除数。想到这一步,就应该敏锐地意识到这里需要考虑算法的时间效率或空间效率,主要考虑的是时间效率。因为不同的合数的因数不尽相同,每次都要将这些因数寻找出来,同时为了使算式具有随机性,还要从这些因数中挑选一个出来作为除数。

下面提供一种算法作为参考。

(1)新建 utils/compositeNumber.js 文件,代码如下:

```
1    function generateCompositeNumber(){
2        let compositeNumberMap = new Map();
3        let numbers =[];
```

```
4          for(let i = 1;i<=1000;i++){
5              numbers.push(i);
6          }
7          numbers.forEach(item =>{
8              let composites = [];
9              for(let i = 1;i<=item;i++){
10                 if(item % i ==0){
11                     composites.push(i);
12                 }
13             }
14             if(composites.length===0){
15                 compositeNumberMap.set(item,[1,item]);
16             }else{
17                 compositeNumberMap.set(item,composites);
18             }
19         });
20         return  compositeNumberMap;
21     }
22
23     export {generateCompositeNumber};
```

这段代码特意不加注释，读者能看出来它做了一件什么事情吗？

（2）在页面中导入这个函数。

```
1   <script>
2       import {Equation} from '@/utils/equation.js';
3       import {generateCompositeNumber} from '@/utils/compostieNumber.js'; //导入函数
4       // 其他的代码不动
5   </script>
```

（3）给 data()函数新增一个变量：

```
1   data(){
2       return {
3         // 其他的变量保留
4         // 新增的变量
5         compositeNumbers: new Map()
6       }
7   }
```

（4）给 onLoad()函数增加代码：

```
1   onLoad() {
2       //新增的代码
3       this.compositeNumbers = generateCompositeNumber();
4       // console.log(this.compositeNumbers);
5   },
```

到这里为止做了一件事情：在页面加载时通过 generateCompositeNumber()函数提前将
1～1000 的每个数能除尽的数计算出来，然后将其放到 compositeNumbers 这个 Map 变量里
面。具体的形式可以查看 onLoad()函数中注释语句的输出结果。

这里采用的是一种用空间换时间的策略。下面将这个 Map 变量传给 Equation 类。

（5）给 Equation 类的构造器增加一个参数：

```
1   constructor(type,level,compostieNumbers){
2       this.type = type;
3       this.level = level;
4       // 新增的参数
```

```
5        this.compostieNumbers = compostieNumbers;
6     }
```

相应的页面中的 generateEquations()函数也要修改：

```
1    generateEquations(){
2        let equation = new Equation(this.type, this.level,this.compositeNumbers);
     //此处做了修改
3        this.equations = equation.generateEquation();
4    },
```

（6）现在可以完善还空着的 checkDivisionAnswer()函数了，代码如下：

```
1    checkDivisionAnswer(){
2        // 这个判断条件表示被除数没有被除尽
3        if((this.answer * 10) % 10 !== 0 ){
4            switch(this.level){
5                case 0:
6                    this.generat eDivsionEquation(10);
7                    break;
8                case 1:
9                    this.generateDivsionEquation(20);
10                   break;
11               case 2:
12                   this.generateDivsionEquation(100);
13                   break;
14               case 3:
15                   this.generateDivsionEquation(1000);
16                   break;
17           }
18       }
19
20   }
21
22   generateDivsionEquation(level){
23       // 随机选取不大于 level 的数作为被除数
24       let dividend = Math.floor(Math.random()*level) + 1;
25       // 从 Map 变量中获取的是能除尽这个被除数的除数数组
26       let divisorList = this.compostieNumbers.get(dividend);
27       // 从除数数组中随机挑选除数
28       let index = Math.floor(Math.random() * divisorList.length);
29       let divisor = divisorList[index];
30       this.op1 = dividend;
31       this.op2 = divisor;
32       this.answer = this.op1 / this.op2;
33   }
```

运行页面发现这个算法基本可行。出现的新问题就是除法算式还不够"随机"，level 越小越容易发生重复，比如 level=10、type 为"除法"时，算式的重复度非常高。

再次回顾所编写的 Equation 类，可以发现代码在整体结构上还是比较清晰的。对于代码，读者需要把握住两点：其一是函数短小；其二是按自顶向下的阅读顺序排列函数。代码的不足之处有：其一，存在一些"魔数"，即未定义的常量，它们突然就出现在代码中，比如 generateEquation()函数中出现的"10"，generateOperator()函数中出现的"2"和"4"，魔数的存在会降低代码的可读性，一般用常量名来代替"魔数"；其二，这个类的最大隐患之一在于新增或减少 type、level 时代码所呈现的脆弱性，generateTimes()、generateOperator()、 checkMultiplicationAnswer()和 checkDivisionAnswer()都需要改动,几乎改动了这个类一半的代码。虽然目前的代码能完成需求里的 type 和 level,但这个需求变更的可能性是比较大的,要做好重构 Equation 类的准备。

想达到的效果就是:无论是新增还是减少 type 或 level,Equation 类几乎不用改动,或者改动越少越好。比如 generateCompositeNumber()函数,改动了 level,只需要改动一个地方即可。

```
1    for(let i = 1;i<=1000;i++){  // 改动此处的1000
2        numbers.push(i);
3    }
```

如果从外界传递参数,这个地方都不用改动,这种做法符合 OCP(Open Closed Principle,开闭原则):对于功能的扩展是开放的,对于代码的改动是关闭的。

9.4 本章小结

当对 uni-app 的学习从语法和 API 跨越到系统开发时,就应该把软件质量放在第一位,而不能只满足于页面实现了用户所期望的功能。本章所用的重构方法其实就是人们常说的"抽取重复代码,封装成模块",这种方法容易理解和掌握,仅此一种方法已经能解决不少问题了。

9.3 节介绍了一个示例,虽然代码还未达到尽善尽美,但这个示例重在通过重构过程展示 Clean Code 的理念。

本书所呈现的重构方法与技巧只是"冰山一角"。希望读者能以本章的内容为起点参阅相关图书,学习到更多的重构方法。

9.5 习题

使用 9.2.1 小节的封装网络请求的函数修改博客系统案例的其他页面。

附录

附录 1 开发工具 VS Code 和 HBuilder X

本书使用了两款开发工具，即 VS Code 和 HBuilder X。

1. VS Code

（1）下载与安装

VS Code 为免费软件，可以从官网下载。

从官网下载与读者的计算机操作系统（Windows、Linux 或 mac OS）所匹配的版本。本书选用的是 Windows 系统下的 1.7 版本。

VS Code 安装成功并启动后会提示安装"中文语言包"，可以根据提示信息进行安装。

（2）插件

VS Code 是一款非常优秀的开发工具，易于上手。其异常便利的插件机制更拓展了 VS Code 的能力，使之能承担许多编程语言的开发工作。

在 VS Code 中安装和卸载插件非常方便。打开 VS Code 后，一般在窗口的左侧有 5 个图标，如图附 1-1 所示。

单击第 5 个图标，进入"扩展"窗口，在文本框中输入插件的关键字并按"Enter"键，从出现的插件列表中选择想安装的插件。如图附 1-2 所示，在文本框中输入"live server"，并按"Enter"键，在出现的插件列表中单击第一个"Live Server"的"安装"按钮，等待安装完毕。如果要禁用或卸载插件，单击图附 1-3 所示的插件介绍信息中的"禁用"或"卸载"按钮。

图附 1-1　VS Code 窗口左侧的 5 个图标

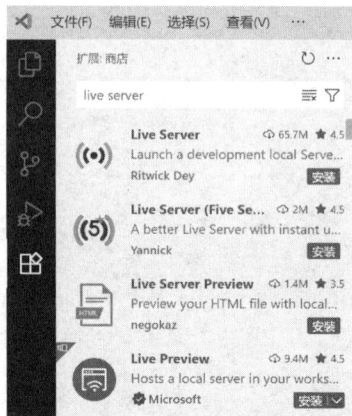

图附 1-2　搜索插件

Live Server

Ritwick Dey | ⏷ 65,737,773 | ★★★★⯪(505)

Launch a development local Server with live reload feature for static & dynamic pages

禁用 卸载 ⌄ ☑ 自动更新 ⚙

图附 1-3　插件的禁用或卸载

如果要使用其他插件，可采用上述方法安装。本书的代码用到了表附 1-1 中的插件。

表附 1-1　本书代码用到的插件

插件名	说明
Live Server	开启一个本地的服务器。第 2 章的 ES6 模块化语法需要使用该插件
Mithril Emmet	该插件可以提高编写 HTML 标签的效率。比如输入 div*5，并按 "Tab" 键后，就出现 5 对<div>标签
Vetur	Vue 编写助手，可以实现的功能如 Vue 高亮显示、语法检查等
Vue 3 Snippets	Vue 2/3 语法提示助手

（3）VS Code 常用快捷键

VS Code 的快捷键非常丰富，表附 1-2 列举了几个使用频率非常高的快捷键。

表附 1-2　VS Code 常用快捷键

快捷键	功能
Ctrl + Enter	使光标从上一行跳到下一行，也就是另起一个新行。这个快捷键非常有用
Alt + Shift + ↓	复制选中的一行或多行文本
Ctrl + Shift + E	显示所编辑的文件在工程目录中的位置
Ctrl + X	删除光标所在的行或选中的多行文本
Ctrl + /	注释当前行或选中的多行 JavaScript 代码
Alt + ↓	将当前行与下一行互换顺序

2．HBuilder X

从官网下载 HBuilder X 安装包，将其解压缩后就能运行。从整体上看，这款工具的使用方法与常见的开发工具的使用方法比较相似。

（1）创建 uni-app 应用程序

选择 "文件" → "新建" → "项目"，在图附 1-4 所示的对话框左侧的项目类型中选择 "uni-app"。右侧的 Vue 版本根据需要进行选择，本书使用的是 Vue 2。然后，输入项目名称以及选择项目的存放路径。

选择菜单栏中的 "运行"，出现图附 1-5 所示的命令。

这些命令表明 uni-app 项目可以运行到多种平台，"运行到浏览器" 表示运行到各 PC 端的浏览器，如 Chrome、Firefox 等。如果需要对 uni-app 项目进行调试，则选择 "运行到内置浏览器"，内置浏览器是由 HBuilder X 开发工具所提供的浏览器，方便开发人员在调试过程中查看变量值等。选择 "运行到手机或模拟器" 则指运行到 Android 或 iOS 平台，选择 "运行到小程序模拟器" 则指运行到各个小程序平台，比如微信小程序平台、支付宝小程序平台等。初学时可以选择运行到浏览器或者微信小程序平台。

图附 1-6 所示为运行到 Firefox 浏览器的效果。

图附 1-4　新建 uni-app 项目

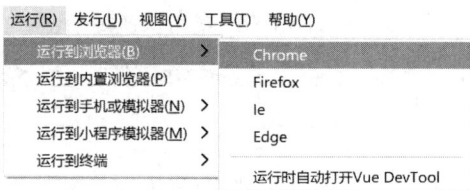

图附 1-5　运行 uni-app 项目

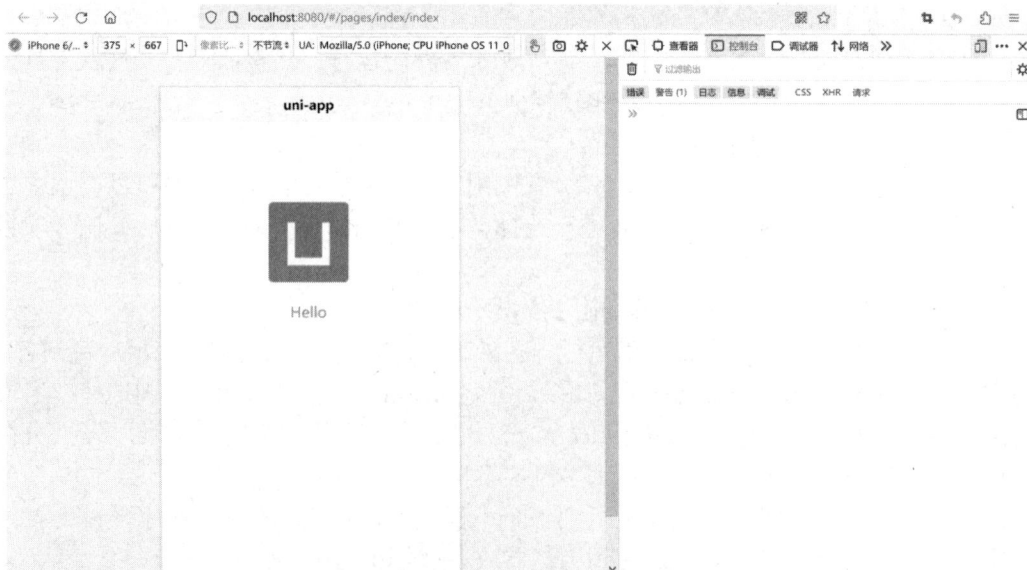

图附 1-6　运行到 Firefox 浏览器的效果

在页面的空白处单击鼠标右键，在出现的关联菜单中选择"检查"，即出现图附 1-6 右侧的"Web 开发者工具"，单击右上角的 图标，左侧的页面将切换到"响应式设计模式"，然后选择设备类型，推荐选择"iPhone SE 2nd gen iOS14.6"，此时设备的宽度为 375px。

同时在图附 1-6 右侧的"Web 开发者工具"中，还需要切换到"控制台"视图模式，这样方便查看代码中 console.log()的输出结果。

（2）改变快捷键方案

如果读者对其他开发工具，比如 VS Code 的快捷键比较熟悉，那么可以选择"工具"菜单中的"预设快捷键方案切换"，选择读者所熟悉的开发工具即可，如图附 1-7 所示。

（3）插件管理

HBuilder X 的许多任务需要插件的帮助才能完成，如果对应的插件没有安装，此时 HBuilder X 会提示是否安装对应的插件，选择"是"即可。所安装的插件可以在"工具"菜单中的"插件安装"命令中找到。

如果要安装第三方插件，建议注册

图附 1-7　HBuilder X 快捷键方案切换

一个 HBuilder X 账号。这个账号在后期打包运行于各种平台的应用程序时也是需要的。本书安装了图附 1-8 所示的插件。

App云打包 1.1.23.2022091916	用于App打包插件
App真机运行 3.6.4-2022092221	App开发真机运行
HBuilderX English la... 0.1.0.2022090116	HBuilderX English language pack
scss/sass编译 0.0.7	编译SCSS/SASS为CSS。uni-app编译或对文件... >>
uni-app（Vue 2）编译 3.6.4-2022092116	uni-app（Vue 2）编译到各端的编译器
uni-helpers 1.0.0-2022030111	uni-app的编译器辅助工具
uni_modules插件 1.0.0-2022091511	管理符合uni_modules规范的uni-app插件，...
uniCloud本地调试运... 2.0.46-2022091816	uniCloud本地调试插件，支持云函数右键本...
内置终端 1.0.10.2022090614	内置的命令行终端，可在菜单视图中呼出

图附 1-8　HBuilder X 已安装的插件

附录 2　Node 的安装与配置

1. Windows 环境变量

（1）在后续会提到修改 Windows 环境变量。对于 Windows 10 系统，相关对话框的打开方法是：在"此电脑"（有的叫"计算机"）图标上单击鼠标右键，在弹出的快捷菜单中选择"属性"，再在出现的窗口中选择"高级系统设置"，接着出现"系统属性"对话框，如图附 2-1 所示，单击"环境变量"。

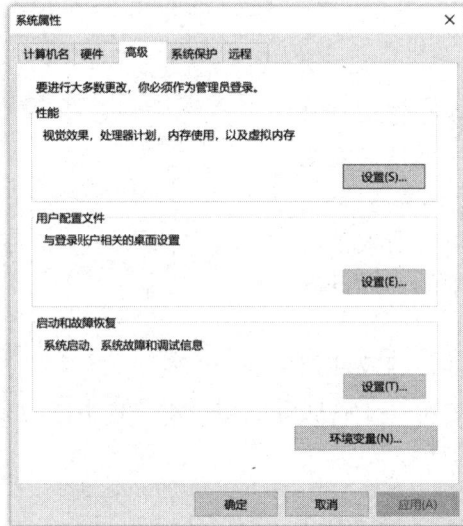

图附 2-1　"系统属性"对话框

（2）在出现的"环境变量"对话框中，找到"系统变量"里的"Path"，双击后出现"编辑环境变量"对话框。如果要增加 Windows 环境变量，则单击"新建"按钮；如果要修改 Windows 环境变量，则选中条目后，单击"编辑"按钮，如图附 2-2 所示。

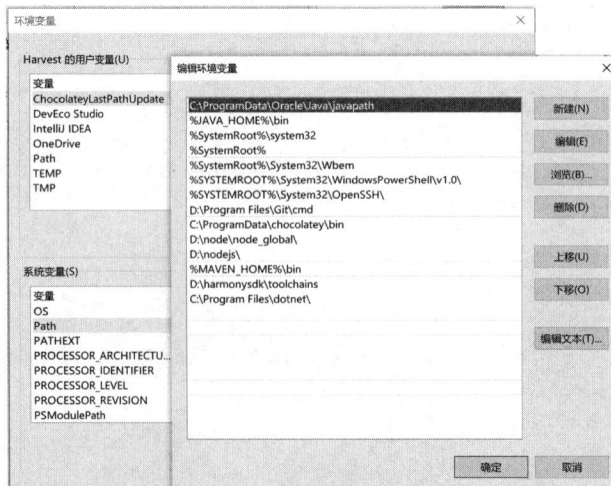

图附 2-2　编辑环境变量

2. 命令提示符窗口

命令提示符窗口有很多种打开方法。一种方法是按"Win+R"快捷键，在出现的"运行"对话框中输入"cmd"并按"Enter"键。另一种方法是在底部任务栏的搜索框中输入"cmd"并按"Enter"键。

有时需要在某个目录下打开命令提示符窗口，方法是先定位到这个目录，然后在显示路径的文本框中输入"cmd"并按"Enter"键。如图附 2-3 所示，已经定位到了"E:\vue"，那么在文本框中输入"cmd"并按"Enter"键，所打开的命令提示符窗口就在 E:\vue 目录下了。

图附 2-3　打开命令提示符窗口的方法

3. 安装 Node

（1）下载 Node 安装包并安装

从 Node 官网下载 Node 安装包，建议选择 LTS 版本。本书所用的是 Node v14.17。

安装过程中，注意可以更改安装路径，比如更改为 D:\nodejs，其余步骤中选择"下一步"即可。安装完成后查看 Windows 环境变量，如图附 2-2 所示，可以看到"D:\nodejs\"已经配置为了 Windows 环境变量。如果没有看到，则单击右侧的"新建"按钮，将这个路径添加到左侧的 Windows 环境变量中。这个 Windows 环境变量设置好后，打开任意命令提示符窗口，都能运行 node 与 npm 命令。

打开一个命令提示符窗口，依次输入：

```
node -v
npm -v
```

执行后，如果能看到版本号，则说明安装成功。

（2）配置 npm

在 D 盘创建 D:\node\node_global 和 D:\node\node_cache 两个文件夹，然后在命令提示符窗口下输入以下 3 个命令并执行：

```
npm config set registry https://registry.npm.taobao.org
npm config set prefix "D:/node/node_global"
npm config set cache "D:/node/node_cache"
```

第一个命令用于给 Node 配置淘宝镜像，这样后续用 npm 进行下载和安装操作时速度会比较快。

给 Windows 环境变量增加路径"D:\node\node_global\"（这一步不能少）。从图附 2-2 中可以看到"D:\node\node_global\"已经配置为了 Windows 环境变量。这个 Windows 环境变量是为了保证以全局方式安装 NPM 包后，它的命令能够在任意命令提示符窗口中运行。

这一步完成后，在 D 盘下应该能看到图附 2-4 所示的目录。

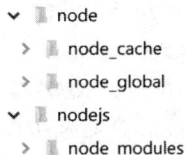

图附 2-4　配置 npm 后的目录

4. NPM 的使用

Node 平台的包管理和分发工具 NPM 的常用命令如表附 2-1 所示。

表附 2-1　NPM 的常用命令

命令	功能
npm init	初始化项目，通过一步步的交互式询问配置项目，生成 package.json 文件
npm init --yes npm init -y	初始化项目，在初始化时省略按"Enter"键的步骤，生成默认的 package.json 文件
npm i 包名	1. 仅安装模块到项目的 node_modules 目录下。 2. 不会将模块依赖写入 devDependencies 或 dependencies 节点。 3. 运行 npm install 初始化项目时不会下载模块
`npm i 包名 -S npm i 包名 --save	1. 安装模块到项目的 node_modules 目录下。 2. 会将模块依赖写入 dependencies 节点。 3. 运行 npm install 初始化项目时，会将模块下载到项目目录下
npm i 包名 -D npm i 包名 --save -dev	1. 安装模块到项目的 node_modules 目录下。 2. 会将模块依赖写入 devDependencies 节点。 3. 运行 npm install 初始化项目时，会将模块下载到项目目录下
npm i 包名 -g	1. 安装模块到全局，不会在项目的 node_modules 目录下保存模块包。 2. 不会将模块依赖写入 devDependencies 或 dependencies 节点。 3. 运行 npm install 初始化项目时不会下载模块
npm config ls	查看 Node 的配置信息
npm root -g	查看全局包的安装位置
npm uninstall 包名	删除所安装的模块

* 以上命令中的"i"是 install 的简写，上述各个包含 i 的命令都可以写成完整的"npm install xxx"形式。

（1）使用 npm init 初始化项目

选择一个文件夹，比如 E:\nodepro，进入其命令提示符窗口，执行命令：

```
npm init --yes //直接生成默认的 package.json 文件
```

如果项目已经被初始化了，那么这个命令就不需要再执行。

（2）安装第三方包

安装第三方包，执行命令：

```
npm i qrcode -S

npm i number-precision -S
```

安装第三方包时要区分是全局安装、开发依赖，还是运行依赖，这决定了命令行中的参数使用-g、-D，还是-S。可以在 NPM 网站查询第三方包的相关信息。

Node 项目可以用 VS Code 打开和编辑。在 Node 项目名上单击鼠标右键，出现图附 2-5 所示的关联菜单，选择"通过 Code 打开"。

此时可以看到图附 2-6 所示的目录结构。

从图附 2-6 可见，NODEPRO 下面有一个 node_modules 文件夹，该文件夹下的 qrcode 和 number-precision 就是所安装的第三方包。

VS Code 提供了终端窗口用于输入命令。在 VS Code 中按快捷键"Ctrl + `（反引号）"即可打开终端窗口，一般而言终端窗口出现在 VS Code 的右下部分，如图附 2-7 所示。

图附 2-5　在 Node 项目名上单击鼠标右键
出现的关联菜单

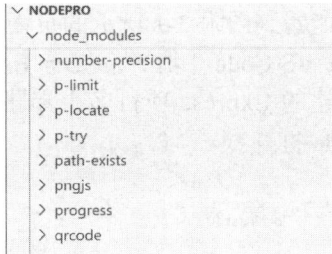

图附 2-6　安装了第三方包后的
目录结构

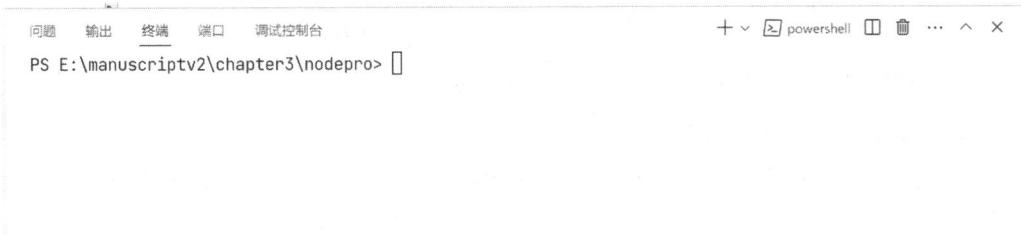

图附 2-7　VS Code 的终端窗口

如果要给这个项目安装第三方包，也可以在这里输入 npm 命令。

附录 3　Express 的安装和运行

1. 安装 Express 框架和创建 Express 项目

确保附录 2 中的 Node 已经安装成功，选择一个文件夹（比如 E:\express），打开这个文件夹所在的命令提示符窗口（方法见图附 2-3），执行如下命令：

```
npm install express-generator -g
```

该命令将以全局安装的方式安装 Express 框架。

如果已经安装了 Express 框架，那么以后创建新的 Express 项目，则从下面的步骤开始。
接着执行命令：

```
express --view=ejs server
```

此时会在当前文件夹下面创建一个 server 文件夹，server 是 Express 项目名（根据需要自定义），如果这一步不成功，则根据附录 2 介绍的内容，查看 node_global 是否设置到了 Windows 环境变量中。现在，依次执行命令：

```
cd server
```

```
npm install
```

npm install 命令会在 server 文件夹下创建 node_modules 文件夹，并安装运行 Express 程序所需要的包。

执行项目启动命令：

```
npm start
```

在浏览器的地址栏中输入以下地址，并按"Enter"键：

```
http://localhost:3000
```

如果能看到图附 3-1 所示的页面，则表示 Express 开发环境搭建成功。

2. 在 VS Code 中打开和运行 Express 程序

在创建的 Express 项目名上单击鼠标右键，在出现的关联菜单（见图附 3-2）中选择"通过 Code 打开"。

图附 3-1 Express 程序运行效果

图附 3-2 在 Express 项目名上单击鼠标右键出现的关联菜单

此时出现图附 3-3 所示的窗口。

按快捷键"Ctrl + `"打开终端窗口，在此便可以输入命令了，比如输入 npm start，如图附 3-4 所示。

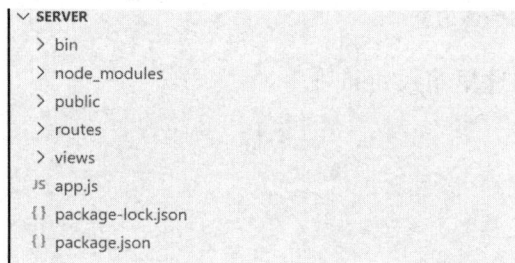

图附 3-3 VS Code 打开 SERVER 项目

图附 3-4 终端窗口

附录 4 将 uni-app 程序运行到微信小程序平台

本附录主要讲解将 uni-app 程序运行到微信小程序平台的方法。

首先打开微信公众平台网页，选择图附 4-1 的"小程序"，随之进入图附 4-2 的页面，选择"立即注册"，根据页面的提示完成注册（注册类型选"小程序"）。

注册完后，再返回到图附 4-2 的页面，使用个人微信扫描图中的二维码，在手机上出现的页面中选择刚才所注册的账号，登录进入图附 4-3 的小程序管理页面。

图附 4-1 微信公众平台首页

图附 4-2 注册和登录入口页面

登录成功后就进入了图附 4-3 所示的页面，在该页面可对自己开发的小程序进行管理。选择左侧菜单中的"开发管理"，在页面的右侧看到图附 4-4 所示的内容，记住这里的 AppID。

图附 4-3　微信小程序管理页面

图附 4-4　获取 AppID

回到 HBuilder X 开发工具，找到 uni-app 程序的 manifest.json 文件，如图附 4-5 所示，在"微信小程序配置"中填入 AppID，可以勾选"ES6 转 ES5"和"上传代码时自动压缩"两个复选框。

打开微信开发者工具（读者可自行安装该工具），用前面所注册的小程序开发账号登录进去（最方便的做法是用微信扫描二维码登录），然后打开菜单栏中的"设置"，出现如图附 4-6 所示的设置项，将"安全"中的"服务端口"开启。

此时在 HBuilder X 中选择菜单栏的"运行"→"运行到小程序模拟器"→"微信开发者工具"，经过一段时间的编译后，就能在微信开发者工具中看到该项目了。

在微信开发者工具中可以将项目进行编译，然后通过微信扫描二维码的方式使其在真机上运行，特别是对于需要移动特性功能的项目，比如地图、相机、传感器等，这样可以更好地查看小程序的运行效果。

图附 4-5　填入 AppID

在微信开发者工具中如果要单独查看某一个页面的运行效果，可以选择菜单栏的编译下拉列表中的"添加编译模式"选项，如图附 4-7 所示。

图附 4-6　在微信开发者工具中开启"服务端口"

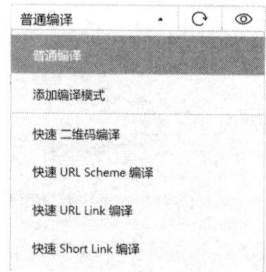

图附 4-7　选择"添加编译模式"

在出现的窗口的"启动页面"中选择页面的地址，如图附 4-8 所示。

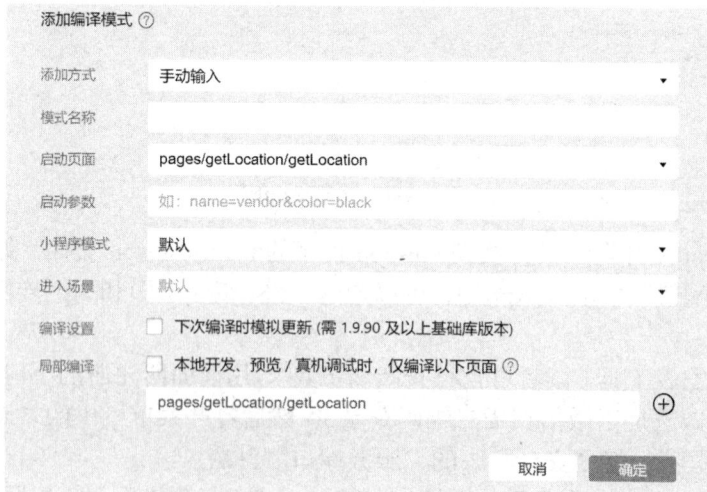

图附 4-8　选择页面的地址

此时在微信开发者工具中就可以对单独指定的页面进行编译和运行了。这种方式在小程序测试时比较常用，避免了必须从其他页面跳转到单独指定页面的麻烦。

创建 uniCloud 云服务空间

在 HBuilder X 中按照图附 1-4 的步骤新建一个项目，此时还要勾选"启用 uniCloud"，如图附 5-1 所示。

图附 5-1　新建项目

截至本书编写之时，阿里云和腾讯云均提供商业付费版本，读者可以根据产品的开发需求进行选择，而阿里云还提供一个免费的云服务空间，可以供初学者使用。

此时项目的目录结构如图附 5-2 所示。

在"uniCloud"上单击鼠标右键，出现图附 5-3 所示的关联菜单。如果已经创建好了云服务空间，则可以选择"关联云服务空间或项目…"。如果还没有创建，则选择"打开 uniCloud Web 控制台…"。

图附 5-2　项目的目录结构

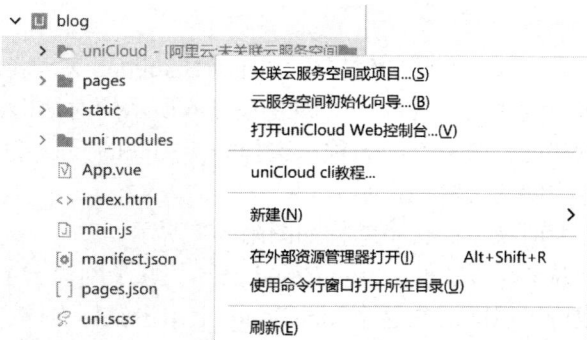

图附 5-3　打开 uniCloud 关联菜单

如果已经注册了 HBuilder X 账号，此时会打开图附 5-4 所示的 uniCloud Web 控制台首页，在该页面会列出已经创建的云服务空间。

图附 5-4 uniCloud Web 控制台首页

从图附 5-4 可知，该账号已经创建了一个免费的阿里云服务空间。如果还没有创建，单击右上角的"新建服务空间"按钮。如果读者还没有阿里云或腾讯云账号，网站接下来会引导用户注册阿里云或腾讯云账号以及实名认证，根据提示完成操作即可（一般要提供身份证的正、反面照片）。

当阿里云或腾讯云账号创建完成和实名认证通过后，回到 uniCloud Web 控制台首页，再次单击"新建服务空间"，出现图附 5-5 所示的界面，在该界面选择"服务商"和"付费方式"，输入"服务空间名称"。注意，阿里云账号只允许创建一个免费的云服务空间，该云服务空间具有 5GB 的云存储容量，基本上能满足初学者的要求。

图附 5-5 服务空间新建

当云服务空间创建好后，回到 HBuilder X，选择图附 5-3 所示的关联菜单中的"关联云服务空间或项目..."，出现图附 5-6 所示的对话框，该对话框会列出当前 HBuilder X 账号所创建的云服务空间名称，选择需要关联的云服务空间名称，再点击"关联"按钮完成云服务空间的关联操作。

此时项目的目录结构如图附 5-7 所示。

从图附 5-7 可见，uniCloud 已经关联了阿里云上名称为"blog"的云服务空间。在后续开发中可以随时在这个 uniCloud 上单击鼠标右键，打开图附 5-3 所示的关联菜单，打开 uniCloud Web 控制台。通过控制台来查看云服务空间的云数据库、云函数/云对象、云存储等信息，如图附 5-8 所示。

图附 5-6　选择需要关联的云服务空间名称

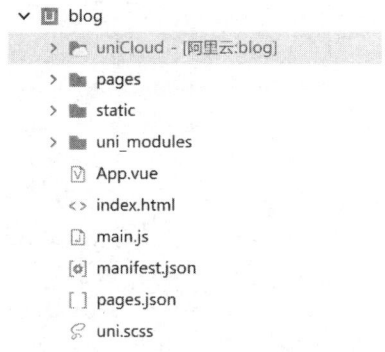

图附 5-7　关联云服务空间后的项目的目录结构

图附 5-8　云服务空间主页

附录 6　可执行的 Spring Boot JAR 包的运行方法

本书提供了可执行的 Spring Boot JAR 包，运行后可以作为第 8 章示例的后端程序，但需要安装数据库和 JDK（Java Development Kit，Java 开发工具包）。

本书的配套资料中提供了 MySQL 和 MariaDB 两个版本的数据库脚本文件。如果计算机没有安装任何数据库，则推荐安装 MariaDB。如果已经安装了 MySQL 或 MariaDB，则运行相应的数据库脚本文件。

1.　安装 MariaDB

MariaDB 的作者就是早期开发 MySQL 的那一批人，所以 MariaDB 与 MySQL 兼容，而前者完全开源、免费，推荐使用 MariaDB。

本书所用的是 10.11 版本。双击安装包，见到图附 6-1 所示窗口，单击 "Next"。

在图附 6-2 所示的窗口中，勾选 "I accept the terms in the License Agreement"，再单击 "Next"。

在图附 6-3 所示的窗口中，可以修改 MariaDB 的安装路径，本书将安装路径修改到了

D 盘下面，然后单击"Next"。

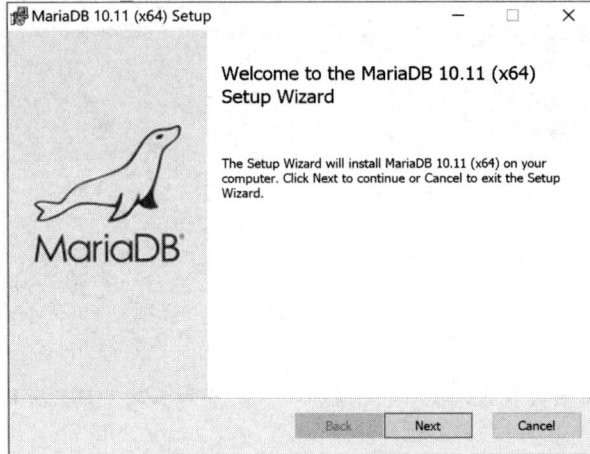

图附 6-1　安装初始窗口

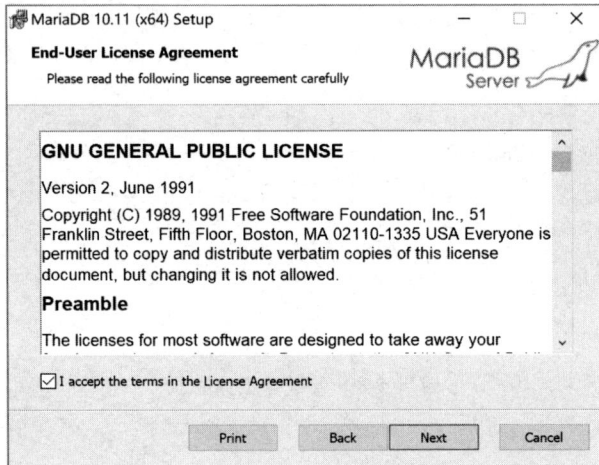

图附 6-2　接受协议

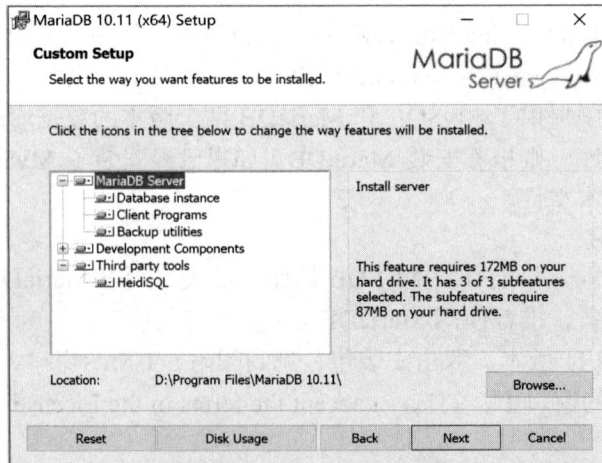

图附 6-3　修改安装路径

在图附 6-4 所示的窗口配置 root 用户密码时，输入两次密码，然后单击"Next"。因后续项目启动需要，这里必须将密码设置为"123456"。

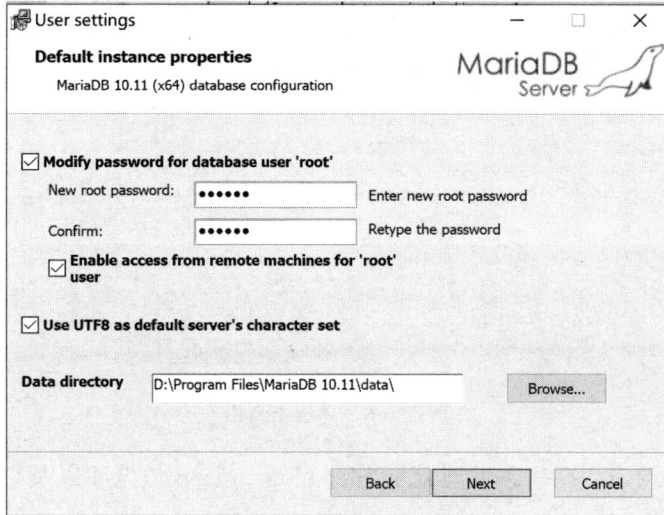

图附 6-4　设置 root 用户密码

在图附 6-5 所示的窗口中配置端口号，默认为 3306，因后续项目启动需要，这里不要更改端口号。

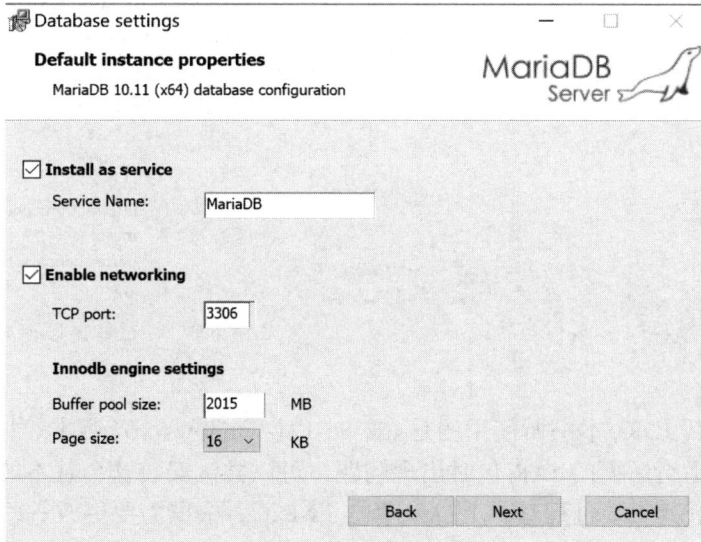

图附 6-5　配置端口号

2. 使用 HeidiSQL 导入数据库脚本文件

MariaDB 提供了一个图形化界面工具 HeidiSQL，安装好 MariaDB 后，可以在 Windows 的开始菜单中找到 HeidiSQL（如果不容易找到，就直接使用任务栏的"搜索"功能）。

在图附 6-6 所示的窗口，单击"Install"按钮，随后开始文件的安装。当文件复制和配置完成后，进入图附 6-7 所示的界面表明安装成功。单击"Finish"按钮结束安装。

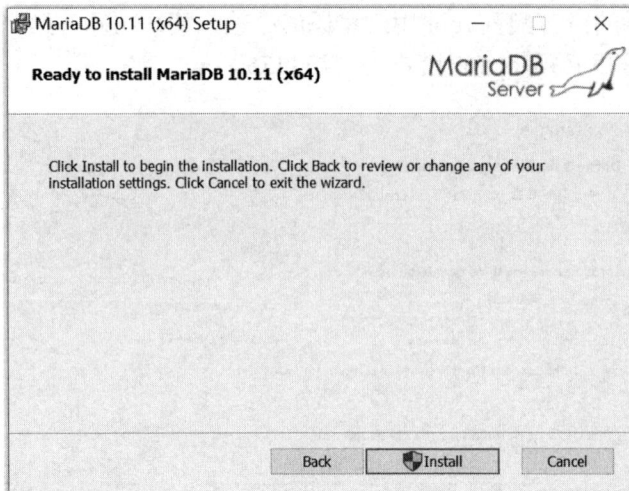

图附 6-6　单击 Install

随后按 "F5" 键进行刷新，此时就能看到 blog_uniapp 数据库以及它所拥有的几张表，如图附 6-8 所示。

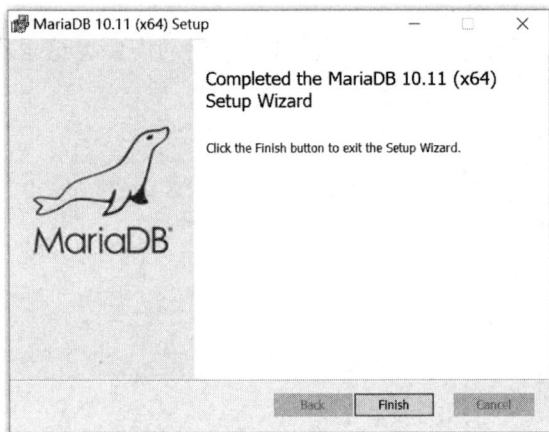

图附 6-7　安装成功界面

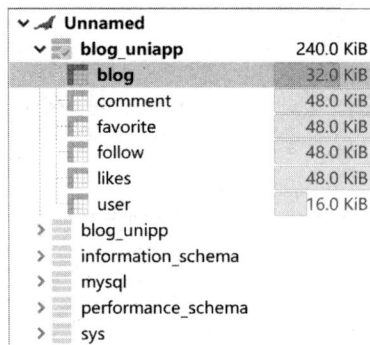

图附 6-8　运行数据库脚本文件成功后的情形

3. 安装 JDK

通过官网下载 JDK，本书所使用的是 jdk-8u-121-windows-x64 版本。如果已经安装 JDK 的高版本，并且运行后面的 JAR 包时出现问题，可以尝试安装这个版本的 JDK。

双击安装包，其安装过程基本上也是单击 "Next"，根据需要更改一些安装配置，比如安装路径等。安装完成后，打开一个命令提示符窗口，执行 java -version。如果能显示 Java 版本号，则说明 JDK 安装成功。

4. 启动项目

下载配套资料的 blog-0.0.1-SNAPSHOT.jar 包，把它放置在某个盘（比如 D 盘）的根目录下，然后进入该盘的命令提示符窗口，输入并执行：

```
java -jar blog-0.0.1-SNAPSHOT.jar
```

此时便启动了 blog 后端程序，出现图附 6-9 所示的画面。

```
D:\>java -jar blog-0.0.1-SNAPSHOT.jar

  ／＼＼      ＼＼＼＼＼
（（ ＼＼   Spring   ＼＼＼＼
  ＼＼ ＝＝＝＝＝｜＿＿＿＿｜ ＼＼＼
    ＼＼／            ＼＼＼＼
:: Spring Boot ::        (v2.3.8.RELEASE)

2023-11-12 08:55:27.642  INFO 4580 --- [           main] cn.edu.hbue.blog.BlogApplication         : Starting BlogApplica
tion v0.0.1-SNAPSHOT on DESKTOP-16PSQHL with PID 4580 (D:\blog-0.0.1-SNAPSHOT.jar started by Harvest in D:\)
2023-11-12 08:55:27.645 DEBUG 4580 --- [           main] cn.edu.hbue.blog.BlogApplication         : Running with Spring
Boot v2.3.8.RELEASE, Spring v5.2.12.RELEASE
2023-11-12 08:55:27.646  INFO 4580 --- [           main] cn.edu.hbue.blog.BlogApplication         : No active profile se
t, falling back to default profiles: default
2023-11-12 08:55:29.640  INFO 4580 --- [           main] o.s.b.w.embedded.tomcat.TomcatWebServer  : Tomcat initialized w
ith port(s): 8000 (http)
```

图附 6-9 后端程序启动画面

在浏览器的地址栏中输入 http://localhost:8000/doc.html，并按"Enter"键，出现图附 6-10 所示的界面则说明后端程序启动成功。

图附 6-10 后端程序的 Swagger 界面

这个后端程序是基于 Spring Boot 框架开发的，集成了 Swagger 工具，熟悉该工具的读者可以通过图附 6-10 的界面了解各个后端 API 的详情。

5. 常见问题

（1）数据库脚本文件运行不成功，未能创建出数据库表。

答：本书所提供的数据库脚本文件是通过 HeidiSQL 所导出的，如果读者所使用的是其他图形化界面工具，比如 Navicat，可能会运行不成功。此时，可以将数据库脚本文件中的 SQL（Structure Query Language，结构查询语言）语句复制到图形化界面工具的"查询"窗口中再运行。

（2）计算机上已经安装了 MySQL，如何创建数据库表？

答：首先确定所安装的 MySQL 版本低于 8.0.31（<8.0.31），blog 后端程序对于 MySQL 8.0.31 及以上版本不适用。然后导入本书提供的针对 MySQL 的数据库脚本文件。如果发现运行数据库脚本文件报错，就将数据库脚本文件中的 create table 和 insert 语句单独复制出来，在 MySQL 的图形化界面工具，比如 Navicat、SQLyog 中运行。

（3）计算机上所安装的 MySQL 或 MariaDB 的 root 用户密码不是 123456。

答：blog-0.0.1-SNAPSHOT.jar 可以使用 WinRAR 这样的压缩工具打开（不是双击打开，而是在文件名上单击鼠标右键，选择"用 WinRAR 打开"），然后找到 BOOT-INF 文件夹下的 classes 下的 application.yaml 文件，将该文件拖动到桌面上，用 VS Code 等开发工具打开该文件，内容如图附 6-11 所示。修改图中第 14 行代码的"password"为计算机上的 MySQL 或 MariaDB 的 root 用户密码。如果计算机上的 MySQL 或 MariaDB 的端口号不是 3306，可以修改第 15 行代码中的"3306"为计算机所用的端口号。修改完后再将文件拖回 WinRAR 窗口的 classes 文件夹下，WinRAR 提示是否保存所做的修改，选择"是"即可。

```
7   spring:
8     #表示是否开启Swagger,一般在线上环境中Swagger是关闭的
9     swagger2:
10      enabled: true
11    datasource:
12      driver-class-name: com.mysql.cj.jdbc.Driver
13      username: root
14      password: 123456
15      url: jdbc:mysql://localhost:3306/blog_uniapp?useUnicode=tr
16      type: com.zaxxer.hikari.HikariDataSource
```

图附 6-11　application.yaml 文件内容

（4）java -version 命令运行后提示找不到该命令。

答：首先确定计算机上安装了 JDK，一般而言，安装 JDK 后，需要执行 java -version 命令检查是否安装成功。如果确定安装了 JDK，执行 java -version 后仍然提示找不到该命令，那么找到 JDK 的安装路径，为该路径加上"\bin"后再将其设置到 Windows 环境变量中。